高等职业教育土木建筑大类专业系列规划教材——工程管理类

U0749316

建筑工程经济

时 思 子重仁 胡一多 ▣ 编 著

清华大学出版社
北 京

内 容 简 介

本书系统介绍了建筑工程经济的基本原理及其主要分析方法,以及在工程中的应用,并将 PPP、装配式建筑、BIM 等相关热点内容结合到相应章节中。本书紧紧围绕工程建设活动和与之相伴的资金运动,列举了大量工程设计、施工及建设项目评价和运营中的经济分析案例,突出高等职业教育以技术技能培养为主线的职业教育思想。主要内容有:装配式建筑项目可行性研究,资金等值计算,财务基础数据估算,PPP 的理解、分析、运作与实践,工程经济分析与评价的基本方法,不确定性分析,价值工程,建设项目的经济评价与环境评价、社会评价,特大型建设项目区域经济和宏观经济影响分析等,以及 4 个开放式"课程实践与应用项目"。每章后面均附思考题,并附参考答案及解题要点。各主要章节后面均编有一套模拟自测题及答案,以便掌握和巩固所学内容。

本书可作为工程造价、建筑工程技术、建筑工程管理、工程监理等工程管理类和建筑工程类的高职专业教材,也可作为工程规划、管理、投资决策咨询、施工、设计等单位和部门的工程技术、工程经济与管理以及拟参加注册造价师、注册建造师、注册监理工程师等执业资格考试的专业技术人员的参考书。

图书在版编目(CIP)数据

建筑工程经济/时思,子重仁,胡一多编著.—北京:清华大学出版社,2018(2020.8重印)
(高等职业教育土木建筑大类专业系列规划教材.工程管理类)
ISBN 978-7-302-49617-5

Ⅰ.①建… Ⅱ.①时… ②子… ③胡… Ⅲ.①建筑经济学-高等职业教育-教材 Ⅳ.①F407.9

中国版本图书馆 CIP 数据核字(2018)第 028816 号

责任编辑:杜　晓
封面设计:曹　来
责任校对:刘　静
责任印制:宋　林

出版发行:清华大学出版社
　　　　　网　　　址:http://www.tup.com.cn,http://www.wqbook.com
　　　　　地　　　址:北京清华大学学研大厦 A 座　　　　　邮　　编:100084
　　　　　社 总 机:010-62770175　　　　　　　　　　　　邮　　购:010-62786544
　　　　　投稿与读者服务:010-62776969,c-service@tup.tsinghua.edu.cn
　　　　　质量反馈:010-62772015,zhiliang@tup.tsinghua.edu.cn
　　　　　课件下载:http://www.tup.com.cn,010-83470410
印 装 者:小森印刷霸州有限公司
经　　销:全国新华书店
开　　本:185mm×260mm　　　印　张:16　　　　　字　　数:385 千字
版　　次:2018 年 5 月第 1 版　　　　　　　　　　　印　　次:2020 年 8 月第 2 次印刷
定　　价:49.00 元

产品编号:078593-01

高等职业教育土木建筑大类专业系列规划教材
工程管理类教材编写指导委员会名单

顾　问：杜国城

主　任：胡兴福

副主任：胡六星　丁　岭

委　员：（按姓氏拼音字母排列）

程　伟	杜绍堂	冯　钢	郭保生
郭起剑	侯洪涛	华　均	胡一多
黄春蕾	刘孟良	刘晓敏	刘学应
齐景华	时　思	斯　庆	孙　刚
孙曰波	孙仲健	王　斌	王付全
王　群	吴立威	吴耀伟	夏清东
袁建刚	张　迪	张学钢	郑朝灿
郑　睿	祝和意	子重仁	

秘　书：杜　晓

序

BIM(Building Information Modeling,建筑信息模型)源于欧美国家,21世纪初进入中国。它通过参数模型整合项目的各种相关信息,在项目策划、运行和维护的全生命周期过程中进行共享和传递,为各方建设主体提供协同工作的基础,在提高生产效率、节约成本和缩短工期方面发挥重要作用,在设计、施工、运维方面很大程度上改变了传统的模式和方法。目前我国已成为全球BIM技术发展最快的国家之一。

建筑业信息化是建筑业发展战略的重要组成部分,也是建筑业转变的发展方式、提质增效、节能减排的必然要求。为了增强建筑业信息化发展能力,优化建筑信息化的发展环境,加快推动信息技术与建筑工程管理发展深度融合,2016年9月,住房和城乡建设部发布了《2016—2020年建筑业信息化发展纲要》,提出:"建筑企业应积极探索'互联网+'形势下管理、生产的新模式,深入研究BIM、物联网等技术的创新应用,创新商业模式,增强核心竞争力,实现跨越式发展"。可见,BIM技术被上升到了国家发展战略层面,必将带来建筑行业广泛而深刻的变革。BIM技术对建筑全生命周期的运营管理,是实现建筑业跨越式发展的必然趋势,同时,也是实现项目精细化管理、企业集约化经营的最有效途径。

然而,人才缺乏已经成为制约BIM技术进一步推广应用的瓶颈,培养大批掌握BIM技术的高素质技术技能人才,成为工程管理类专业的使命和机遇,这对工程管理类专业教学改革特别是教学内容改革提出了迫切要求。

教材是体现教学内容和教学要求的载体,在人才培养中起着重要的基础性作用,优秀的教材更是提高教学质量、培养优秀人才的重要保证。为了满足工程管理类专业教学改革和人才培养的需求,清华大学出版社借助清华大学一流的学科优势,聚集全国优秀师资,启动"基于BIM技术应用的工程管理类专业信息化教材"建设工作。该系列教材具有以下特点。

(1)规范性。本系列教材以《普通高等学校高等职业教育专科(专业)目录(2015年)》和教育部、全国住房和城乡建设职业教育教学指导委员会颁布的专业教学标准为依据,同时参照各高职院校的教学实践。

（2）科学性。教材建设遵循职业教育的教学规律。开发理实一体化教材，内容选取、结构安排体现了职业性和实践性特色。

（3）灵活性。鉴于我国地域辽阔，自然条件和经济发展水平差异很大，本系列教材编写了不同课程体系的教材，以满足各院校的个性化需求。

（4）先进性。教材建设体现新规范、新技术、新方法，以及最新法律、法规及行业相关规定，不仅突出了 BIM 技术的应用，而且反映了装配式建筑、PPP、营改增等内容。同时，配套开发数字资源（包括但不限于课件、视频、图片、习题库等），80% 的图书配套有富媒体素材，通过二维码的形式链接到出版社平台，供学生扫描学习。

教材建设是一项浩大而复杂的千秋大业，为培养建筑行业转型升级所需的合格人才贡献力量是我们的夙愿。BIM 技术在我国的应用尚处于起步阶段，在教材建设中有许多课题需要探索，本系列教材难免存在不足，恳请专家和读者批评指正，希望更多的同仁与我们共同努力！

丛书主任：胡兴福

2018 年 1 月

前　言

　　本书是"高等职业教育土木建筑大类专业系列规划教材——工程管理类"系列中的教材。建筑工程经济课程是高职建筑工程类相关专业的一门综合性、理论性及实践性均较强的专业课程,是注册造价师、注册一级建造师、注册监理工程师等执业资格考试的主要内容之一。

　　本书主要针对高等职业教育工程造价、建筑工程技术等建筑类相关专业对"建筑工程经济"课程的基本要求,对照高等职业教育建筑类相关专业教学基本要求的精神,参考建筑类相关注册师的考试内容,结合高等职业教育教学改革的理念、经验及成果编写的。本书重点凸显了以下特色。

　　(1) 在科学性和前瞻性方面紧跟行业的发展与技术创新,体现国家的制度创新,体现建设行业的发展理念和发展模式的转变,以及国家和行业一批重要法律法规的密集颁布实施。本书内容以 2006 年《建设项目经济评价方法与参数》(第三版)为指南,将 PPP、装配式建筑、BIM 等国家主导的新模式、新科技、新方法结合到教材相应的章节中,以便能学以致用。

　　(2) 在逻辑结构和内容的取舍上,全书重点突出、详略得当、层次清晰、概念准确、案例典型,融合了工程建设行业热点与高职教育以实际应用为目的的培养目标,凸显高职特色与教育理念。

　　(3) 将高等职业教育的教改成果和方法、人才培养理念和方式与课程的教学实践和活动有机结合,从教学方法和手段上解决了教与学的问题。本书针对课程的特点、难点,在保证学生掌握建筑工程经济的基本原理和常用分析方法的基础上,强调理实互动与渗透,提升学生在教学中的主体地位。在教学过程中倡导学生在"做中学""学中做",教师在"做中教"的学训融和的教学理念与模式,融"教、学、做"于课内、课外,引导学生在课程实践训练过程中学习、巩固、应用所学知识。为此,在本书第 8 章针对职业岗位的要求,参考建筑行业执业资格证书考试内容的要点,以项目驱动、任务引领,引入职业活动训练。本书按项目教学法设计了 4 个循序渐进、与理论教学内容同步、开放的"课程实践与应用项目",提供符合高职培养目标要求的理论教学、实践教学和职业能力训练三位一体的教学模式和参考样题。同时为教学设计了教学方法与实施步骤。教师可参考样题,与教学进程同步选择对应的"课程实践与应用项目",学生则分小组动手完成这些实训项目,即第 2、3、4、5 章分别——对应"课程实践与应用项目"中的 1、2、3、4,使教学组织和实施更为方便。通过实训还培养了学生的团队精神和创新思维意识。

(4)本书完整地提出了一套对学生学习成绩评定的过程考核方法。通过评分方法设计,将学习的竞争机制引入教学全过程。每个学生在学习过程中的表现,将决定其该课程的最终学习成绩,将学习过程与结果有机结合起来,从机制上改变了学生抄袭作业的不良习惯。

本书建议教学时数为 40~45 学时。对于约 30 学时的某些专业可重点讲授前 4 章的原理部分和相关章节,以便掌握本学科的基本理论和基本方法。同时学生完成第 8 章"课程实践与应用项目"1、2 即可。

本书具体编写分工如下:云南经贸外事职业学院时思撰写第 1、3、5、8 章及附录 1、附录 2、附录 3,云南工程职业学院子重仁撰写第 2、4 章,昆明工业职业技术学院胡一多撰写第 6 章,潍坊职业学院孙曰波撰写第 7 章。时思教授对全书统一修改、定稿,并撰写各章提要。

本书是校企合作的成果。一砖一瓦教育科技有限公司总经理容绍波工程师和昆明冶金高等专科学校邢彦如担任主审。

本书在修订过程中参阅了大量的文献资料,在此谨向相关作者表示衷心的感谢。由于作者的水平有限,不足之处在所难免,敬请读者批评指正。

时　思

2018 年 1 月

目 录

第1章 建筑工程经济总论

本章介绍建筑工程经济的定义和内涵、研究对象和特点以及与 BIM 技术的关系；介绍基本建设程序、建设项目经济评价的概念与内涵；装配式建筑项目可行性研究报告的案例。本章对贯穿全书的基本思想进行论述，指出工程经济学是研究工程技术领域的经济问题、研究技术进步与经济增长之间的相互关系及规律的一门边缘学科，它从项目的经济性角度出发，为项目的投资决策提供科学依据。

1.1 建筑工程经济的研究对象和特点

1.1.1 建筑工程经济的定义与内涵

1. 工程经济学

工程经济学(Engineering Economics)是工程与经济的交叉学科，是研究工程技术实践活动经济效果的学科。工程经济学涉及两个大领域，即工程学科与经济学科。在经济社会中，一个项目或产品能获得成功，取决于三个方面：一是技术上先进、可行；二是经济上合理、可靠；三是产品具有竞争力、市场认可。

工程经济学的产生源于这样的需求：解决从经济角度对技术方案的选择问题，这也是其区别其他经济学的显著标志。于是，工程经济学的概念可描述为：工程经济学是一门研究工程(技术)领域经济问题和经济规律的学科，即为实现一定功能而提出的、在技术上可行的技术方案、生产过程、产品或者服务，通过经济上的计算、分析、比较和评价，科学决策出最优方案的学科。

工程经济学中研究的各种工程技术方案的经济效益，是指各种技术在使用过程中如何以最小的投入获得预期产出；或者说，如何以等量的投入获得最大产出；也可以说，如何用最低的寿命周期成本实现产品、作业以及服务的必要功能。

2. 工程经济方法的局限性

工程经济分析方法作为一个理性决策方法对项目评价与决策做出了重要贡献。然而，面对复杂的社会环境和广泛的应用背景，该方法在某些方面的有效性受到了质疑。例如：若对失败的项目进行统计就会发现，它们都曾通过了工程经济分析或项目可行性分析，为什么通过了可行性分析的项目仍会失败呢？除了项目实施过程中管理控制问题外，更重要的是现有的工程经济方法对处理不确定性问题存在缺陷。工程经济分析的核心问题是决策，而决策依赖于对未来许多因素的预测与判断。由于未来影响决策的因素具有很大的不确定性,如成本与收益在未来若干年难以准确判断。因此,导致目前的投资分析方法失效,从而给项目投资带来风险。解决该问题的思路有两条:其一,仍然遵循理性决策方法寻找新的突破口,改善已有的工程经济分析方法,如 BIM 技术的采用;其二,将某些投资项目视为复杂系统,按照利用非理性决策思维进行决策,即运用体现决策者魄力和胆识、理性决策能力所不及的直觉判断。

3. 建设工程与建筑工程的关系

建设工程是指为人类生活、生产提供物质技术基础的各类建筑物和工程设施的统称。建设工程是人类有组织、有目的、大规模的经济活动,是固定资产再生产过程中形成综合生产能力或发挥工程效益的工程项目。它既指按照一定的程序所进行的勘测、设计、施工、保养维修等技术活动和工程技术;也指工程建设的对象,即建造在地上或地下、陆上或水中、直接或间接为人类生活、生产、军事、科研服务的各种工程设施,例如房屋、道路、桥梁、铁路、隧道、运河、堤坝、港口、海洋平台、电站、飞机场、运输管道、给水和排水以及防护工程等。建设工程按照自然属性可分为土木工程、建筑工程、线路管道和设备安装工程及装修工程。

建筑工程专指各类房屋建筑及其附属设施和与其配套的线路、管道、设备的安装工程,因此也被称为房屋建筑工程。显然,建设工程涵盖了建筑工程。

4. 建筑工程经济的定义

建筑工程经济是以建筑工程项目为主体,把经济学原理应用到与工程经济相关的问题和投资上,以技术—经济系统为核心,研究如何有效利用资源,提高经济效益的科学。

本书是以建筑工程为背景来讨论、分析工程经济学问题。

5. 建筑工程经济的特点

1) 综合性

建筑工程经济既包括工程技术内容,也包括经济的内容。从工程技术的角度考虑经济的问题,又从经济的角度考虑工程技术的问题。从工程经济学的性质看,它既不是自然科学,也不是社会科学,而是一门技术科学与经济科学相互融合而成的交叉学科。

2) 实用性

建筑工程经济产生于实践,是一门应用学科。它不仅研究工程经济的理论和原则,更重要的是研究经济效益的计算方法和评价方法,并具体应用这些方法,去优选技术上先进、经济上合理的最佳方案。

3) 系统性

建筑工程经济系统是跨越工程技术领域和经济领域的复杂系统,面临的问题涉及技术、经济、社会、环境、资源等多个方面,研究一个技术方案,不仅要从经济、技术方面进行综合研究,还要把它置于社会环境系统中进行分析与论证,并以综合效益选优,因而是一项复杂的系统工程。

4) 定量性

建筑工程经济的研究方法是定性分析和定量分析相结合,以定量分析为主。任何技术方案,首先要调查收集反映历史及现状的数据、资料,然后采用数学方法进行分析、计算。在计算过程中还要尽量将定性的指标定量化,以定量结果提供决策依据。

5) 选择性

多方案比较选优是现代科学化、民主化决策的要求,也是建筑工程经济最突出的特点。

要对每个备选方案进行技术分析、经济分析、确定单个方案的可行性,然后再通过多方案比较、分析、评价,选取综合效益最优的方案。

6)预测性与不确定性

建筑工程经济主要是对未来实施的工程项目和技术政策、技术措施、技术方案进行事前分析论证。它是依据类似方案的历史统计资料及现状调查数据,通过各种预测方法,进行预测和估计。因此它是建立在预测基础上的一门科学,与之全程相伴的是不确定性和风险。

6. 建筑工程经济的研究对象

建筑工程经济的研究对象是具体的建设项目、技术方案和技术政策,即以建设项目为主体,研究工程技术方案的经济效益,通过计算、分析、比较和评价,寻求最优的工程技术方案。其主要内容包括以下几个。

1)方案的评价方法

研究投资方案的评价指标,以分析方案的可行性。

2)投资方案的选择

一个投资项目往往具有多个方案,分析各方案之间的关系,进行多方案选择。

3)筹资分析

研究如何建立筹资主体和筹资机制,分析各种筹资方式的成本和风险。

4)财务分析

研究建设项目对各投资主体的贡献,从企业财务角度分析项目的可行性。

5)经济分析

研究建设项目对国民经济的贡献,从国民经济角度分析项目的可行性。

6)环境分析与社会分析

研究建设项目对环境和社会的影响,从环境角度和社会角度分析项目的可行性。

7)不确定性分析与风险分析

任何一项经济活动,由于各种不确定因素的影响,会使期望的目标与实际状况发生差异,可能会造成经济损失。为此,需要识别和估计风险,进行不确定性分析。

1.1.2 BIM 技术与经济管理

1. BIM 概念

BIM 全称是 Building Information Modeling(建筑信息模型),BIM 包含了不同专业的所有的信息、功能要求和性能,把一个工程项目的所有信息包括在设计过程、施工过程、运营管理过程的信息全部整合到一个建筑模型中。

BIM 体现了三维空间、四维时间、五维成本,甚至更多维度应用的信息集成技术;它囊括了与建设项目相关的所有参与方,包括政府主管部门、业主、设计、施工、监理、造价、运营管理、项目用户等,项目从概念阶段到拆除的整个生命周期内都能够在模型中应用信息,从而从根本上改变从业人员依靠符号、文字、图纸进行项目建设和运营管理的工作方式,较大地提升了沟通效率和工作效率,提高了工程项目的质量,降低了风险,有效控制了返工、延误等造成的高成本。

2. BIM 技术与经济管理

随着 BIM 技术的普及应用,其对于工程项目的经济价值也越来越大,具体表现在以下几个方面。

1) 方案优化

在项目方案设计阶段,通过 BIM 三维可视化的特点,快速实现项目方案的设计、比选,以减少后续的设计变更和更改造成的浪费;在方案设计阶段,还可以通过 BIM 的模拟性,对项目的采光、通风、能耗、功能、消防疏散等建筑物的性能进行模拟,以提升建筑物的使用性能,优化空间布局、房间功能布局,减少能耗,提升建筑物的品质,有效控制项目投资。

2) 深化设计

在项目设计和深化设计阶段,通过建筑、结构、机电等多专业的模型数据的集成,通过动态漫游、碰撞检查、设备、管线布置等,优化施工图,结合限额设计,进一步优化钢材含量、装修方案、空间布局等,有效控制返工、材料浪费等,大大节省了成本。

3) 场地布置

在 BIM 模型集成过程中,除项目主体模型外,还可以集成场地模型、安全措施等模型,BIM 模型可将施工现场材料堆场、钢筋加工场地、施工机具布置、场内交通线路、脚手架、安全网、视频监控、塔吊等设施模型进行集成,以便优化现场管理流程,减少材料运输、二次搬运,提升施工组织效率和安全性,大大节省项目成本。

4) 合同管理

在项目建设过程中,会涉及劳务、材料、咨询、施工等诸多的项目合同,如何有效地将项目各合同对象与相应的工程范围、工作内容、工程量、价款绑定,以便后期进行快速结算?成熟的 BIM 平台很好地实现了项目模型与相关数据和信息的关联、共享,实时反映了项目的进度、合同执行情况,并将合同文件、合同台账及相关资料完整地保存下来,以便后续进行结算、复核和审计。

5) 成本管理

通过三者对比,即合同成本(合同价与定额消耗量)、目标成本(项目开工前参照以往类似工程确立的项目成本控制指标)、实际成本(商务人员根据实际进度及时录入的工程实际结算成本)三者之间的动态对比分析,实现人工、材料、机械、税费等多维度的实时对比,对整个项目的成本进行前期成本策划、过程控制、及时预判和纠偏、实时结算与管理,有效控制了风险,减少在项目结算过程中扯皮、延误等情况。

6) 物料管理

在 BIM 平台中,商务人员可实时查看项目的物资计划。根据项目进度计划,商务人员提取项目材料用量,制订物资采购计划,避免了物资管理中劳务公司多报计划导致竣工后产生大量物资剩余和浪费的情况。商务人员按照实际进度,每周从 BIM 平台提取下周材料用量,避免了上述问题的产生,有利于项目资金的合理投入;同时,通过提前制订物料计划并备料,有效控制现场工人超额领料,商务人员对实际用量和计划用量进行对比,与工程部、材料管理部进行差额材料量分析,避免了工程量"错、漏、跑、丢",对工程量进行追根溯源,以便项目对物料管理进行有针对性的预防和管理措施;通过更多计划与实际数据的对比分析,可进行材料损耗率分析,为劳务班组评价体系的建立提供数据支持。

7）资金管理

在 BIM 平台中,可根据项目施工进度计划,提前制订资金投入计划,以便进行资金准备和工程款支付,通过 BIM 平台中的计划成本与实际成本差异分析,项目管理者能够及时掌握项目整体盈亏情况,商务部门可快速进行实时成本统计、申报,改变了以往项目管理仅能在结算阶段才得知盈亏的情况和后续申报进度款难的问题。通过实时、动态掌握资金使用情况,发挥资金的时间价值。

8）大数据应用

通过运用 BIM 协同平台进行项目管理,将模型数据、形象进度、进度照片、质量安全、成本数据、施工规范、验收规范、项目合同、项目文档等大量信息和数据进行沉淀、分析,并将分析结果共享给企业各职能部门,为他们提供海量工程数据,帮助企业进行资源分析,辅助决策,为后续的项目投资和成本管理提供最真实的数据服务,提升了项目投资决策的效率。

9）运维管理

传统的资产管理安保工作无法对被监视资产进行定位,只能够对关键的出入口等地方进行排布和检查处理。没有互联网技术时,虽然可以从某种程度上加强设施的定位,但是缺乏直观性,难以提高安保人员的反应速度,经常发现资产遗失后没有办法及时追踪。

信息技术的发展推动了管理手段的进步。基于 BIM 技术的物联网资产管理,大大提升了建筑设施的运营、维修和管理效率,改变了资产管理的流程和工作方式,使资产管理的精细化程度得到极大提高,确保了资产价值的最大化。

10）BIM 与 PPP

随着国家投融资模式及工程建造模式的转变,越来越多的项目采用 PPP 和 EPC 模型进行投资、建造,极大地改变了工程咨询服务的深度和范围,也改变了投资方、业主方、施工方、咨询方等项目参与各方的角色和关系,让工程建造更加绿色、节能。经济是参与各方越来越重视、关注的焦点。项目参与各方必须从项目策划、设计、施工、运维全生命周期考虑项目的投资回报,力求找到最佳的经济价值。BIM 技术的不断成熟和深入应用,为项目决策提供了可视化、海量的大数据支持,较好地解决了这一难题,也大大地降低了项目的不确定性,减少了项目或 PPP 项目的风险,提升了项目的经济性和价值。

1.1.3　科学技术工程三元论

讲到工程,不可避免地涉及科学与技术,即通常所说的"科学技术工程三元论"。在日常生活中,科学与技术常被视为一体,但严格说来,科学和技术是有着根本区别的。科学是一种理论知识体系,是人类认识世界和改造世界的社会实践经验的概括和总结;而技术是人类活动的技能和人类在改造自然的过程中采用的方法、手段。要实现资源向产品或服务的转变,必须依赖于一定的技术。工程既不同于科学,也不同于技术,它是人们综合应用科学理论和技术手段改造客观世界的具体实践活动,以此取得实际成果。所以,科学、技术、工程是三种不同的社会活动。

1. 科学、技术、工程的异同

首先,内容和性质不同。科学活动是以发现为核心的活动;技术是以发明为核心的活动;工程则是以建造为核心的活动。

其次,"成果"的性质和类型不同。科学活动成果的主要形式是科学理论,它是全人类的共同财富,是"公有的知识";技术活动成果的主要形式是发明、专利、技术诀窍(当然也可能是技术文献和论文),它往往在一定时间内是"私有的知识",是"产权"的知识;工程活动成果的主要形式是物质产品、物质设施,一般来说,它是直接的物质财富本身。

再次,主体或主角不同。科学活动的主角是科学家;技术活动的主角是发明家;工程活动的主角是工程师、企业家和工人。

最后,任务、对象和思维方式不同。科学活动的任务是研究和发现带有普遍意义的"一般规律",技术活动的任务是发明带有普遍性和可重复性的"特殊方法",任何科学规律和技术方法都必须具有"可重复性",而不能是一次性的;工程活动就不是这样,任何工程项目(注意,是"工程项目",而不是"工程科学"或"工程技术")都是一次性的、个体性的。这就决定了三者具有不同的思维方式和实现途径。

此外,这三种活动在制度安排和评价标准、社会生活中的地位和作用等方面也存在明显区别。

📖 特别提示

概括地说,科学是关于自然、社会和思维的知识体系,科学的任务是认识世界。即科学是以发现为核心的人类活动,它回答的是"是什么""为什么";技术是人类有目的地改造自然的手段,同时又是改造自然的产物,本质上反映着人对自然的能动关系。技术的任务是改造世界,是综合运用知识与需要的研究,即以发明为核心的人类活动,它回答的是"做什么""怎么做";而工程活动则是以建造为核心的人类活动。

2. 工程与技术的概念

1) 工程

工程是指按一定的计划,运用科学知识将各种资源最佳地为人类服务进行的工作,如制造、军事、建筑、水利、采矿、航天等。其目的就是将自然资源转变为有益于人类的产品,它的任务是应用科学知识解决生产和生活中存在的问题,来满足人们的需要。广义的"工程"定义是"对人类改造物质自然界的完整的、全部的实践活动和过程的总称"。钱学森院士在考察工程概念的历史演变时指出:"Engineering(工程)这个词在18世纪欧洲出现的时候,本来专指作战兵器的制造和执行服务于军事目的的工作"。从这一含义引申出一种更普遍的看法,即把服务于特定目的的工作的总体称为工程。工程的发展演变过程可做如下描述:在历史上,作为个体劳动者的一个泥瓦工匠,他要造房子,首先要弄到材料,选定一个可行的方案,然后进行建设。他要建造一间什么样的房子,在他动手建造之前,房子的形象已经存在于他的头脑之中。他按照一定的目的来协调他的活动方式和方法,并且随着不断出现的新情况来修改原来的计划。在整个劳动过程中,他既构想这所房屋的"总体"结构,又从每一个局部来实现房屋的建造;他是管理者也是劳动者,两者是合一的。后来生产发展了,在手工业时代,出现了以分工为基础的协作。随着科学技术活动规模的不断扩展和工程技术复杂程度的提高,靠个体劳动者孤立活动是难以想象的,如我国的三峡工程参加者达到几十万人。

工程活动是现代社会存在和发展的基础,现代工程深刻改变着人类社会的物质生活面貌。世界各国现代化的过程在很大程度上就是进行各种类型现代工程的过程,在这一过程中出现了"现代工程"这样一种活动方式,虽然古代社会也有大规模的工程活动,比如都江堰工程、秦始皇皇陵工程、大运河工程以及古埃及的金字塔工程等,但它们与现代工程有着很大的不同。古代工程的基本生产方式是手工的、个体的,现代工程则是机械化的、产业化的;古代社会的工程活动是以经验知识为基础的活动,现代工程则是既有现代科学理论指导又有现代技术方法支撑的社会活动方式。在现代社会,工程的数量越来越多、规模越来越大、程度越来越复杂,工程与工程、工程与自然、工程与经济社会之间以及工程自身内部都有许多极其复杂的关系,需要进行跨学科、多学科的研究,特别需要从宏观层面,以科学的世界观、方法论即哲学思维来把握工程活动的本质和规律。

2)技术

技术则是人类在利用自然和改造自然的过程中积累起来并在生产劳动中体现出来的经验和知识。或者说,技术是生产和生活领域中,运用各种科学所揭示的客观规律,进行各种生产和非生产活动的技能,以及根据科学原理改造自然的一切方法。

1.1.4 工程经济分析的基本原则

1. 资金的时间价值原则

工程经济学中一个最基本的概念是资金具有时间价值,投资项目的目标是为了增加财富,财富是在未来的一段时间获得的。能不能将不同时期获得的财富价值直接加和来表示方案的经济效果呢? 显然不能。由于有资金时间价值的存在,未来时期获得的财富价值从现在看来没有那么高,需要一个折扣,以反映其现在时刻的价值。如果不考虑资金的时间价值,就无法合理地评价项目的未来收益和成本。

2. 现金流量原则

衡量投资收益用的是现金流量,而不是会计利润。现金流量是项目发生的实际现金的净得,而利润是会计账面数字,按"权责发生制"核算,并非手头可用的现金。

3. 增量分析原则

增量分析符合人们对不同事物进行选择的思维逻辑。对不同方案进行选择和比较时,应从增量角度进行分析,即考察增加投资的方案是否值得,将两个方案的比较转化为单个方案的评价问题,使问题得到简化,并容易进行。

4. 机会成本原则

排除沉没成本,计入机会成本。当一种有限的资源具有多种用途时,可能有许多投入这种资源获得相应收益的机会,机会成本是由于放弃某个投资机会而付出的代价。沉没成本是决策前已支出的费用或已承诺将来必须支出的费用,这些成本不因决策而变化,是与决策无关的成本。

5. 有无对比原则

有无对比与前后对比不同。有无对比法是将有这个项目和没有这个项目时的现金流量情况进行对比;而前后对比法是将某一项目实现以前和实现以后所出现的各种效益费用情况进行对比。

6. 可比性原则

进行比较的方案在时间上、金额上必须可比。因此,项目的效益和费用必须有相同的货币单位,并在时间上匹配。

7. 风险收益的权衡原则

投资任何项目都是存在风险的,因此,必须考虑方案的风险和不确定性。不同项目的风险和收益是不同的,对风险和收益的权衡取决于人们对待风险的态度。但选择高风险的项目必须有较高的收益。

1.2 建设项目经济评价

1.2.1 经济评价的作用

建设项目经济评价包括财务评价(也称财务分析)和国民经济评价(也称经济分析)。财务评价是在国家现行财税制度和价格体系的前提下,从项目的角度出发,计算项目范围内的财务效益和费用,分析项目的盈利能力和清偿能力,评价项目在财务的可行性;国民经济评价是在合理配置社会资源前提下,从国家经济整体利益的角度出发,计算项目对国民经济的贡献,分析项目的经济效益、效果和对社会的影响,评价项目在宏观经济上的合理性。

建设项目前期研究是在建设项目投资决策前,对项目建设的必要性和项目备选方案的工艺技术、运行条件、环境与社会等方面的分析进行全面的分析论证和评价工作。经济评价是项目前期研究诸多内容中的重要内容和有机组成部分。

项目活动是整个社会经济活动的一部分,而且要与整个社会的经济活动相融,符合行业和地区发展规划要求。因此,经济评价一般都要对项目与行业发展规划进行阐述。

1.2.2 经济评价应遵循的基本原则

项目经济评价的主要分析方法是"有无对比"法,即在项目周期内"有项目"(实施项目)相关指标的实际值与"无项目"(不实施项目)相关指标的预测值对比,用以排除项目实施以前各种条件的影响,突出项目活动的效果。经济评价要保证评价的客观性、科学性、公正性,应遵循下列基本原则。

1. 效益与费用计算口径对应一致的原则

将效益与费用限定在同一个范围内,才可能进行比较,计算的净效益才是项目投入的真实回报。

2. 收益与风险权衡的原则

投资人关心的是效益指标,但是,对于可能给项目带来风险的因素考虑得不全面,对风险可能造成的损失估计不足,往往有可能使得项目失败。收益与风险权衡的原则提示投资者,在进行投资决策时,不仅要看到效益,也要关注风险,权衡得失利弊后再行决策。

3. 定量分析与定性分析相结合,以定量分析为主的原则

经济评价的本质就是要对拟建项目在整个计算期的经济活动,通过效益与费用的计算,对项目经济效益进行分析和比较。一般来说,项目经济评价要求尽量采用定量指标,但对于一些不能量化的经济因素,不能直接进行数量分析,对此要求进行定性分析,并与定量分析结合起来进行评价。

4. 动态分析与静态分析相结合,以动态分析为主的原则

动态分析是指利用资金时间价值的原理,对现金流量进行折现分析。静态分析是指不对现金流量进行折现分析。项目经济评价的核心是折现,所以分析评价要以动态指标为主。静态指标与一般的财务和经济指标内涵基本相同,比较直观,但是只能作为辅助指标。

1.3　基本建设程序概述

1.3.1　基本建设的概念

基本建设是指国民经济各部门用投资的方式实现以扩大生产能力和工程效益为目的的新建、扩建、改建工程的固定资产投资及其相关管理活动。其内容一般包括以下五个方面。

1. 建筑工程

如各种厂房、仓库、住宅、商店、宾馆、影剧院、教学楼、写字楼、办公楼等建筑物和矿井、公路、铁路、码头、桥梁等构筑物的建筑工程;各种管道、电力和电信导线的敷设工程;设备基础、各种工业炉砌筑、金属结构工程、水利工程和其他特殊工程。

2. 设备安装工程

如动力、电信、起重运输、医疗、实验等各种设备的装配、安装工程;与设备相连接的金属工作台、梯子等的安装;附属于被安装设备的管线敷设工程;被安装设备的绝缘、保温和油漆工程;安装设备的测试和无荷试车等。

3. 设备购置

包括一切需要安装和不需要安装设备的购买和加工制作。

4. 工具、器具及生产用具购置

包括车间、实验室等所应配置的、形成固定资产的各种工具、器具及生产用具的选购和加工制作。

5. 其他基本建设工作

包括上述内容以外的基本建设工作,如勘察设计、土地征用、建设场地原有建筑物的拆除赔偿、机构筹建、联合试车、职工培训等。

1.3.2　基本建设程序

基本建设程序是指基本建设项目从策划、评估、决策、设计、施工到竣工验收、投入生产或交付使用的整个建设过程中,各项工作必须遵循的先后次序的法则。按照建设项目发展的内在联系和发展过程,建设程序分成若干阶段,这些发展阶段有严格的先后次序,不能任意颠倒、违反其发展规律,但可以合理交叉。

我国基本建设程序划分为四个阶段,各阶段的主要内容及前后顺序如下。

投资决策阶段:项目建议书、可行性研究报告;勘察设计阶段:勘察工作、设计工作;建设实施阶段:施工准备、建设实施(含施工组织和生产准备);竣工投产阶段:竣工验收、项目后评价。

1. 投资决策阶段

投资决策阶段又称建设前期工作阶段,主要包括编报项目建议书和可行性研究报告两项工作内容。

(1) 项目建议书。对于政府投资工程项目,编报项目建议书是项目建设最初阶段的工作。

其主要作用是为了推荐建设项目,以便在一个确定的地区或部门内,以自然资源和市场预测为基础,选择建设项目。

项目建议书经批准后,可进行可行性研究工作,但并不表明项目非上不可,项目建议书不是项目的最终决策。

(2) 可行性研究报告。可行性研究是在项目建议书被批准后,对项目在技术上和经济上是否可行所进行的科学分析和论证。最后撰写可行性研究报告。

根据《国务院关于投资体制改革的决定》(国发[2004]20号),对于政府投资项目须审批项目建议书和可行性研究报告;而对于企业不使用政府资金投资建设的项目,一律不再实行审批制,区别不同情况实行核准制和登记备案制。

对于《政府核准的投资项目目录》以外的企业投资项目,实行备案制。

2. 勘察设计阶段

1) 勘察过程

复杂工程分为初勘和详勘两个过程。为设计提供实际依据。

2) 设计过程

设计过程一般划分为初步设计和施工图设计,对于大型复杂项目,可根据不同行业的特点和需要,在初步设计之后增加技术设计。

初步设计是设计的第一步,如果初步设计提出的总概算超过可行性研究报告投资估算的10%以上或其他主要指标需要变动时,要重新报批可行性研究报告。

初步设计经主管部门审批后,建设项目被列入国家固定资产投资计划,方可进行下一步的施工图设计。

施工图一经审查批准,不得擅自进行修改。否则,必须重新报请原审批部门,由原审批部门委托审查机构审查后再批准实施。

3. 建设实施阶段

(1) 施工准备主要内容包括:组建项目法人、征地、拆迁、"三通一平"乃至"七通一平";组织材料、设备订货;办理建设工程质量监督手续;委托工程监理;准备必要的施工图纸;组织施工招投标,择优选定施工单位;办理施工许可证等。按规定作好施工准备,具备开工条件后,建设单位申请开工,进入施工安装阶段。

(2) 建设实施。建设工程具备了开工条件并取得施工许可证后方可开工。项目新开工时间,按设计文件中规定的任何一项永久性工程第一次正式破土开槽时间而定。不需开槽的以正式打桩作为开工时间。铁路、公路、水库等以开始进行土石方工程作为正式开工时间。

(3) 生产准备。对于生产性建设项目,在其竣工投产前,建设单位应适时地组织专门班子或机构,有计划地做好生产准备工作,包括招收、培训生产人员;组织有关人员参加设备安装、调试、工程验收;落实原材料供应;组建生产管理机构,健全生产规章制度等。生产准备是由建设阶段转入经营的一项重要工作。

4. 竣工投产阶段

1) 竣工验收

工程竣工验收是全面考核建设成果、检验设计和施工质量的重要步骤,也是建设项目转入生产和使用的标志。验收合格后,建设单位编制竣工决算,项目正式投入使用。

2) 项目后评价

项目后评价是工程项目竣工投产、生产运营一段时间后,再对项目的立项决策、设计施工、竣工投产、生产运营等全过程进行系统评价的一种技术活动,是固定资产管理的一项重要内容,也是固定资产投资管理的最后一个环节。

1.4 装配式建筑项目可行性研究报告案例

1.4.1 可行性研究

1. 可行性研究的概念

可行性研究也称技术经济论证,它是确定建设项目前具有决定性意义的工作,是在投资决策之前,对拟建项目进行全面技术经济分析的科学论证。在投资管理中,可行性研究是指对拟建项目有关的自然、社会、经济、技术等进行调研,分析比较以及预测建成后的社会经济效益。在此基础上,综合论证项目建设的必要性、财务的盈利性、经济的合理性、技术的先进性和适应性以及建设条件的可能性和可行性,从而为投资决策提供科学依据。

可行性研究起源于 20 世纪 30 年代的美国。初次应用于对田纳西流域的开发和综合利用的规划就取得了成功和明显的经济效益。可行性研究这个名词和系统的工作,是在第二次世界大战以后才出现的,到 60 年代得到蓬勃发展,现已形成了一套比较完整的理论、工作程序和分析论证的科学方法。世界上许多工业发达国家和发展中国家均开展了可行性研究工作,且效果显著。联合国工业发展组织(United Nations Industrial Development Organization, UNIDO)于 1978 年出版了一本《工业可行性研究手册》作为各国开展可行性研究工作的参考。

我国自改革开放以来,积极引进国外先进的科学技术和管理经验,在经济建设中重视项目前期的论证工作。国家对重大建设项目如上海宝钢、秦川核电站、山西煤炭开发以及长江三峡工程建设等,多次组织专家进行可行性论证。1981 年国务院文件要求把可行性研究作为建设前期工作中一个重要的技术经济论证阶段,纳入基本建设程序,作为编制和审批项目任务书的基础和依据。1983 年 2 月国家计委下达了《关于建设项目进行可行性研究的试行管理办法》,并对工业项目的可行性研究的主要内容做了明确。以后国家计委、建委、经委、中国人民银行又先后下达文件,明确了可行性研究在建设项目中的法定地位。2006 年国家发改委、住建部颁布了《建设项目经济评价方法与参数》(第三版),使我国的可行性研究及经济评价工作走上了规范化、科学化的道路。

2. 可行性研究的主要内容

各类可行性研究内容侧重点差异较大，但一般应包括以下内容。

1）投资必要性

主要根据市场调查及预测的结果，以及有关的产业政策等因素，论证项目投资建设的必要性。

2）技术可行性

主要从项目实施的技术角度，合理设计技术方案，并进行比选和评价。

3）财务可行性

主要从项目及投资者的角度，设计合理财务方案，从企业理财的角度进行资本预算，评价项目的财务盈利能力，进行投资决策，并从融资主体（企业）的角度评价股东投资收益、现金流量计划及债务清偿能力。

4）组织可行性

制订合理的项目实施进度计划、设计合理组织机构、选择经验丰富的管理人员、建立良好的协作关系、制订合适的培训计划等，保证项目顺利执行。

5）经济可行性

主要是从资源配置的角度衡量项目的价值，评价项目在实现区域经济发展目标、有效配置经济资源、增加供应、创造就业、改善环境、提高人民生活等方面的效益。

3. 可行性研究报告

可行性研究报告是从事一种经济活动（投资）之前，双方要从经济、技术、生产、供销直到社会各种环境、法律等各种因素进行具体调查、研究、分析，确定有利和不利因素、项目是否可行、估计成功率大小、经济效益和社会效果程度，为决策者和主管机关审批的上报文件。

可行性研究报告分为政府审批核准用可行性研究报告和融资用可行性研究报告。审批核准用可行性研究报告侧重关注项目的社会经济效益和影响；融资用可行性研究报告侧重关注项目在经济上是否可行。具体可概括为：政府立项审批、产业扶持、银行贷款、融资投资、投资建设、境外投资、上市融资、中外合作、股份合作、组建公司、征用土地、申请高新技术企业等各类不同的可行性研究报告。

1.4.2　可行性研究报告的特点及用途

1. 可行性研究报告的特点

1）科学性

可行性研究报告作为研究的书面形式，反映的是对形成项目的分析、评判，这种分析和评判应该是建立在客观基础上的科学结论，所以科学性是可行性研究报告的第一特点。如某地地铁在规划时，简单依据公安局的户籍人口数据，设计的地铁运能与实际流量严重不符，这就是缺乏科学性的教训。

可行性研究报告的科学性首先体现在可行性研究的过程中，即整个过程的每一步都力求客观全面；其次体现在分析中，即用正确的理论、依据相关政策来研究问题；最后体现在对可行性研究报告的审批过程中，这种审批过程对科学的决策起到了重要的保证作用。

2）详备性

可行性研究报告的内容越详备越好。如果是关于一个项目的报告，一般来说，应从它的自主创新、环境条件、市场前景、资金状况、原材料供应、技术工艺、生产规模、员工素质等诸多方面，进行必要性、适应性、可靠性、先进性等多角度的研究，将每一种数据展现出来，进行比较、甄别、权衡、评价。只有详尽完备地研究论证之后，其"可行性"或"不可行性"才能显现，并获得批准通过。

3）程序性

可行性研究报告是决策的基础。为保证决策的科学正确，一定要有可行性研究这样一个过程，最后的获批也一定要经过相关的法定程序。在写作上，有些需要加上封面，按照不同的内容性质分章分节逐一说明。

2. 可行性研究报告的用途

可行性研究报告要以全面、系统的分析为主要方法，增强可行性研究报告的说服力。整个可行性研究要提出综合分析评价结论，指出优缺点和建议。其用途为：

（1）可行性研究报告是在制定某一建设或科研项目之前，对该项目实施的可能性、有效性、技术方案及技术政策进行具体、深入、细致的技术论证和经济评价，以求确定一个在技术上合理、经济上合算的最优方案和投资的最佳时机。

（2）可行性研究报告是项目建设论证、审查、决策的重要依据，也是以后筹集资金或者申请资金的一个重要依据。可行性研究编写时要注意数据方面的真实性和合理性，只有报告通过审核后，才能得到资金支持，同时也能为项目以后的发展提供重要的依据。

（3）可行性研究报告通过对项目的市场需求、资源供应、建设规模、工艺路线、设备选型、环境影响、资金筹措、盈利能力等方面的研究调查，在行业专家研究经验的基础上对项目经济效益及社会效益进行科学预测，从而为客户提供全面的、客观的、可靠的项目投资价值评估及项目建设进程等咨询意见。

1.4.3　装配式建筑项目可行性研究报告案例

1. 可行性研究报告的格式与内容要点

第1章　装配式建筑项目总论

1.1　项目基本情况

1.2　项目承办单位

1.3　可行性研究报告编制依据

1.4　项目建设内容与规模

1.5　项目总投资及资金来源

1.6　经济及社会效益

1.7　结论与建议

第2章　装配式建筑项目建设背景及必要性

2.1　项目建设背景

2.2　项目建设的必要性

2. 可行性研究报告的两个主要清单

1) 附件清单

附件清单主要有：①公司执照及工商材料；②专利技术证书；③场址测绘图；④公司投资决议；⑤法人身份证复印件；⑥开户行资信证明；⑦项目备案、立项请示；⑧项目经办人证件及法人委托书；⑨土地房产证明及合同；⑩公司近期财务报表或审计报告；⑪其他相关的声明、承诺及协议；⑫财务评价附表。

2）图表目录清单

图表目录清单主要有：①项目技术经济指标表；②产品需求总量及增长情况；③行业利润及增长情况；④2016—2020 年行业利润及增长情况预测；⑤项目产品推销方式；⑥项目产品推销措施；⑦项目产品生产工艺流程图；⑧项目新增设备明细表；⑨主要建筑物表；⑩主要原辅材料品种、需要量及金额；⑪主要燃料及其动力种类和供应标准；⑫主要原材料及燃料需要量表；⑬厂区平面布置图；⑭总平面布置主要指标表；⑮项目人均年用水标准；⑯项目年用水量表；⑰项目年排水量表；⑱项目水耗指标；⑲项目污水排放量；⑳项目管理机构组织方案；㉑项目劳动定员；㉒项目详细进度计划表；㉓土建工程费用估算；㉔固定资产建设投资；㉕行业企业销售收入资金率；㉖投资计划与资金筹措表；㉗借款偿还计划；㉘正常经营年份直接成本构成表；㉙逐年直接成本；㉚逐年折旧及摊销；㉛逐年财务费用；㉜总成本费用估算表；㉝项目销售收入测算表；㉞销售收入、销售税金及附加估算表；㉟损益和利润分配表；㊱财务评价指标一览表；㊲项目财务现金流量表；㊳项目资本金财务现金流量表；㊴项目盈亏平衡图；㊵项目敏感性分析表；㊶项目敏感性分析图；㊷项目财务评价主要数据汇总表。

思 考 题

1. 建筑工程经济的定义及其特点是什么？
2. 科学、技术、工程的异同点是什么？
3. 简述工程经济分析的基本原则。
4. 经济评价应遵循的基本原则是什么？
5. 简述我国基本建设程序各阶段的主要内容。
6. 简述可行性研究的主要内容及可行性研究报告的特点和主要用途。
7. 什么是装配式建筑（上网查询）？

第2章 资金等值计算与融资分析

在工程项目的研究与论证中,资金的时间价值是不可或缺的重要因素。工程经济学要解决工程建设项目方案的决策问题,而资金时间价值理论及计算方法则是工程经济学的理论基础和重要的经济分析工具。在进行项目经济分析时,要估算确定建设项目的现金流量,并依据我国现行的计息制度和资金等值原理熟练、准确地进行资金的等值计算和比较。本章主要介绍资金时间价值的定义、资金等值计算的原理、现金流量及现金流量图、各种利率的概念及计算等。

2.1 资金等值原理

任何工程项目的建设与运行及其技术方案的实施都有一个时间上的延续过程,对于投资主体来讲,资金的投入与收益的获取往往构成一个在时间上有先后的现金流量序列。简单的静态经济评价并不能对工程项目的经济效益做出准确的评价,因为资金是有时间价值的,不仅不同时点的等同额度的资金和相同时点的不同额度的资金价值不相等,即使相同时点、相同额度的资金价值也不一定相等。例如,现在的10000元与一年后的10000元在价值上是不等同的,因为如果不考虑通货膨胀和风险因素,设年利率为2%,以单利计算,现在的10000元要等于一年后的10200元,这多出来的200元就是10000元钱一年的时间价值。因此,客观地评价一个工程项目的经济效果,必须考虑资金的时间价值。

2.1.1 资金时间价值的概念

1. 资金时间价值的定义

资金的时间价值也称为货币的时间价值,是指一定量的货币作为社会资本在生产与流通领域经过一定的时间之后就会带来利润,使自身得到增值的性质。这种增值并不意味着货币本身能够增值,而是指资金代表一定的物化产物,在生产和流通中与劳动相结合,产生的价值的增加。因此,可将资金的时间价值定义为资金在生产和流通过程中随着时间推移而产生的增值。实质上,资金的时间价值就是其纯收益或利息。资本具有净生产率,即一定量的资本在一定的时期用于投资项目(或存入银行)会带来收益,净收益($\Delta \mathrm{CAP}$)与资本量(CAP)之比称为资本的净生产率,即 $r = (\Delta \mathrm{CAP}/\mathrm{CAP}) \times 100\%$,也就是资金的时间价值率。应当注意的是,资金或货币的时间价值实质上是人们对于以货币表现的资本或资金与其带来的价值增值之间一种量的关系的认识。承认这种关系并不意味着承认时间价值是由货币本身创造的,因为资金的时间价值是由社会劳动创造的。

2. 资金时间价值的度量

资金的时间价值可表示为一定量的资金在一定时间内所带来的利息或纯收益,它们都可以作为使用资金的报酬。利率与收益率就是资金的价格。资金的时间价值具有两种表现形式,即利息和纯收益或利率与收益率。利息和纯收益是衡量资金价值的绝对尺度,利率与收益率则是相对尺度。在工程经济分析中,利息与收益是不同的概念,一般把银行存款获得的资金增值称为利息,把资金用于投资所得的资金增值称为收益。所以,研究某项工程投资的经济效益时经常使用收益或收益率这样的概念,在计算分析资金信贷时则使用利息与利率的概念。显然,这两种概念是因资金用途不同而产生了内涵上的差别。

3. 资金时间价值的决定因素

衡量资金时间价值的尺度就是一定量的资金在一定时间内所带来的利息或净收益。一般情况下以银行利率表示资金的价格。决定资金时间价值的因素也就是影响利率的因素主要有以下几个。

1) 社会平均利润率

通常,利率水平的主要参照物是社会平均利润率。因此,社会平均利润率将直接影响资金的时间价值。

2) 信贷资金的供求状况

这里包含两个方面的含义,一方面是供求规律起着价格调节的作用。信贷资金供大于求,利率下降,资金时间价值降低;反之,利率上升,资金时间价值增大。另一方面是国家宏观调控政策。当国家的紧缩调控政策的重点指向某个(些)行业时(如 2010 年房地产行业的调控,银行资金将会减少),则该行业内的信贷资金供应将收紧,信贷资金的利率会上升,资金时间价值增大。

3) 预期的价格变动率

价格预期看涨,意味着货币的实际购买力下降,资金时间价值减小;反之,则资金时间价值增大。

4) 社会经济运行周期

社会经济运行周期对资金的时间价值影响非常明显。

5) 税率

税率是资金时间价值的相抵因素。提高税率会增加经营成本,相对地会减少投资的报酬,导致利率降低;反之,则导致利率提高。

6) 国际利率水平和汇率水平

(略)

2.1.2 现金流量与现金流量图

1. 现金流量的概念

一个工程建设项目的实施往往要延续一段时间,在项目寿命期内各种资金收入和支出的数额和时间都不尽相同,我们将项目的实际支出称为现金流出,而将资金的收入称为现金流入。同一时点上现金流入与现金流出的代数和称为净现金流量。现金流量是指在拟建项目和整个项目计算期内各个时点上实际发生的现金流入、现金流出,以及净现金流量的序列(不包括逐年摊入产品成本的折旧费、摊销费以及所评价投资项目借款的利息),它是进行工程项目决策评价的主要根据和重要信息之一。现金流量有正负之分,正现金流量表示在一定建设时期内的净收入,它能够增加工程项目的货币资金,主要包括营业收入、回收固定资产余值、回收流动资金及其他现金流入量;而负现金流量则表示在一定建设时期内的净支出,它能够使项目的现实货币资金减少,包括建设投资、流动资金投资、经营成本、各项税款及其他现金流出项目。

2. 现金流量图与现金流量曲线图

现金流量图是描述现金流量作为时间函数的图形,表示资金在不同时间点流入与流出的情况。它包括三个要素,即大小、流向和时间点。现金流量图以横轴表示时间,向右延伸表示时间的延续,轴线等分为若干段,每一间隔表示一个计息期,在轴线的下方以数字 $0 \sim n$ 表示计息期,通常以年为计息单位,特殊情况也以月、季、半年为计息单位;以与横轴垂直的箭线表示现金流入与流出,箭线的长短表示现金流量值的大小。现金流入画在横轴的上方,现金流出画在横轴的下方,箭线上注明的数字表明现金流量的金额,如图 2.1 所示。

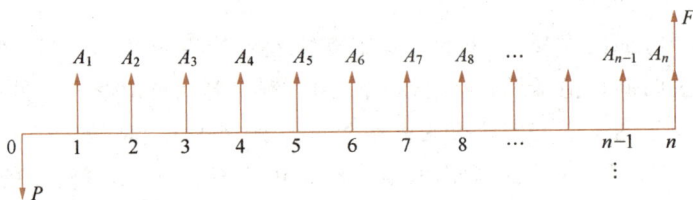

图 2.1　现金流量图

图 2.1 中,P 表示发生在第零年(期)末或第一年(期)初的现金流出,$A_1,A_2,A_3,\cdots,A_n$ 表示第 $1,2,3,\cdots,n$ 年(期)末的现金流入与流出,F 表示发生在未来某一时间的金额[本图指发生在第 n 年(期)末的现金流]。现金流量图具有以下几个方面的作用:一是有助于阐述人们的经济观点;二是主要表示本单位与外单位的现金流量,而不包括本单位各部门的现金流量及折旧费、杂项开支等非实际现金流量;三是现金流量图是表示经济分析中一切现金流量信息的有效而明晰的方法,利用它便于查找、复核数据,可以减少计算利息时发生的误差。

当分析某一具体工程项目的现金流量时,经常还需绘制该工程项目从开始建设至寿命终结时的累计现金流量曲线图,即要把项目研究周期内将要发生的现金流量做出预估与测算(包括建设期各年发生的投资和投产后历年的销售收入与费用支出以及经济寿命终结的残值),然后把所有测算好的现金收支的结果绘制在时间坐标轴上,使分析计算者对项目在整个研究周期中的现金收支一目了然,便于校对和避免出差错,如图 2.2 所示。

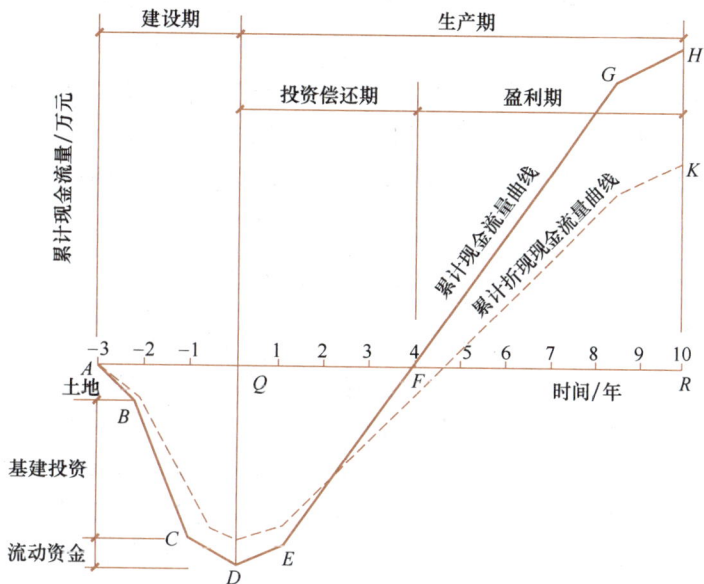

图 2.2　累计现金流量曲线图

AR：工程项目经济活动寿命；AB：前期费用（研究、开发、可行性研究、设计、土地）；
BC：基建投资；CD：流动资金；DE：试车合格产品销售收入；EFGH：获利性生产；
F：收支平衡点；QD：累计最大投资额或累计最大债务

2.1.3　资金的时值、现值、终值、年金及折现

1. 时值

资金的数值因计算利息而随着时间增值。例如，当 $i=2.5\%$ 时，本金 1000 元于 2017 年 1 月 1 日存入银行，那么在 2018 年 1 月 1 日，如果不考虑利息税，并以单利计息，一年计息一次，时值 $=1000\times(1+2.5\%)=1025$（元），而在 2019 年 1 月 1 日时值 $=1000\times(1+2\times2.5\%)=1050$（元）。所谓资金的时值，就是资金在其运动过程中处于某一时点上的价值。

2. 现值

现值又称为初值，常用 P 来表示，即在资金运动过程中把未来一定时间收支的货币折算成计息周期开始时的数值。如前面讲的 2017 年 1 月 1 日时的 1000 元就是 2018 年 1 月 1 日时的 1025 元资金的现值。

3. 终值

终值是指一笔资金在若干个计息期末的价值，即整个计息期的本利和，也称为未来值，常用 F 来表示。如上述的 2017 年 1 月 1 日的一笔资金，其他条件同上，其在 2018 年 1 月 1 日的终值就是 1025 元，在 2019 年 1 月 1 日的终值是 1050 元。

4. 年金

年金是指一定时期内每次等额收付的系列款项，通常记作 A。年金的形式多种多样，在现实生活中经常涉及，如保险费、折旧、租金、等额分期收款、等额分期付款以及零存整取或整存零取储蓄等。年金按每次收付发生的时点不同可分为普通年金、即付年金、递延年金、

永续年金等。

5. 折现

折现也叫贴现,即把终值换算为现值的过程。贴现或折现所用的利率称为折现率或贴现率。比如,已知 2020 年 1 月 1 日要得到 1050 元,利率为 2.5%,单利计息,那么要求在 2018 年 1 月 1 日必须存入银行多少钱,这就是一个已知终值求现值的资金运算,即贴现。

2.2　资金的等值计算

资金等值是指不同时点绝对值不等而价值相等的资金。利率或收益率一经确定,即可对资金的时间因素作定量的计算。比如,如果利率为 4%,现在的 1000 元一年以后将增加 40 元,本利和将为 1040 元,根据资金时间价值的观点,我们就不能认为一年后的 1040 元比现在的 1000 元多,而应视为是相当的,这就是等值的含义。影响资金等值的因素有三个,即资金数额的大小、资金运动时间的长短及资金利率的高低。不同时点上数额不等的资金如果等值,则它们在任何相同时点上的数额必然相等。而所谓的资金等值折算,就是在进行多个现金流量方案的比较时,由于每个方案的资金支出或收入发生的时间与数额不尽相同,因此必须将每个方案的所有资金支出与收入以一定的资金时间价值率(利率)折算到某一规定的时间,在价值相等的前提下进行比较,这种折算称为等值计算,也叫资金的等值换算,它是工程技术经济分析、比较和评价不同时期资金使用效果的重要依据。

2.2.1　计息制度

1. 单利与复利

利息是资本所有者出让资本的使用权而获取的收益,换个角度讲,是因占有资金而支付的费用。出让资本所有权之所以能获取收益,是出于三个方面的原因:一是通货膨胀,通货膨胀致使货币贬值,将来的同等数量的货币在经济价值上小于现在;二是风险因素,经济学上讲"两鸟在林不如一鸟在手",意思是指现在拥有一笔货币比将来拥有更为可靠,所以资本所有者出让资本即时使用权需要得到补偿;三是由于资本在运动中的增值,通过投资或经营活动,受让者获得了利益,而资本对此利益的产生起着关键的作用。

利率是在规定时间内所支付的利息与本金之比,一般分为年利率、月利率和日利率三种。年利率常以百分数表示,如年息 3.975%,表示本金 100 元,一年到期利息为 3.975 元;月利率常以千分数表示,如月息 3‰,表示本金 1000 元,一个月到期的利息为 3 元;日利率常以万分数来表示,如日息 2/10000,表示本金 10000 元,一天的利息为 2 元。年利率、月利率和日利率之间的换算关系为

$$年利率 = 月利率 \times 12 = 日利率 \times 360$$
$$日利率 = 月利率 \div 30 = 年利率 \div 360$$
$$月利率 = 年利率 \div 12 = 日利率 \times 30$$

资金具有时间价值,除风险与通胀因素外,更主要的原因在于资金转变为生产资料后,在劳动的作用下会产生超出投入的收入,即利润。正因为如此,有时将利息的含义扩展为利润,而利率就相当于利润率。当然,从广义上讲,把资金存入银行或借贷与他人也是一种投资。

利息的计算有三个要素,即本金、时间和利率。本金可以是存款金额,也可以是贷款金额;时间就是存贷款的实际时间;利率是规定的一定时间内利息与本金之比。利息计算的方法分为单利与复利两种。

所谓单利法,是以本金为基数计算资金的利息,上期利息不计入本金之内,利息不再生息。支付的利息与占用资金的时间、本金及利率成正比,其计算公式为

$$I = Pni \tag{2.1}$$
$$F = P(1 + ni) \tag{2.2}$$

式中:I——利息;

F——本利和或终值;

P——本金或现值;

n——计息期数或存贷期限,即资金占用的时间;

i——利率。

【例 2.1】 某储户将 1000 元存入银行 5 年,年利率为 2.5%,求存款到期时的利息及本利和。

【解】 所得利息为

$$1000 \times 5 \times 2.5\% = 125(元)$$

本利和

$$F = 1000 + 125 = 1125(元)$$

复利法是单利法的对称,即经过一定期间,将本金所生利息即本利和作为下一期计算利息的本金,逐期滚算,也就是通常所说的"利滚利",其计算公式为

$$F = P(1 + i)^n \tag{2.3}$$

【例 2.2】 某工程投资需贷款 10 万元,年利率为 2.5%,5 年还清,求本利和。

【解】

$$F = 10 \times (1 + 2.5\%)^5 = 11.314(万元)$$
$$I = 11.314 - 10 = 1.314(万元)$$

特别提示

单利法和复利法在计算利息时存在较大的差别。同样的利率和相同数额的本金,计息时间相同,而利息是不相等的,复利的利息要大于单利的利息,而且时间越长差别越大。由于利息是资金时间价值的体现,而时间是连续不断的,所以利息也可不断地发生。从这个意义上讲,复利计算方法比单利计算方法更能体现资金的时间因素,也更符合客观实际,因此国外普遍采用复利法来计算资金的时间价值,在国内的建筑工程经济分析及评价中也大都采用此方法。本章中介绍的资金的时间价值均以复利计算为前提。

2. 名义利率与实际利率

许多情况下,我们研究讨论的利率是年利率,且假定每年复利一次,但实际上复利的计息周期不一定是一年,有可能是季度、月或日,比如某些债券半年计息一次,有的抵押贷款每月计息一次,银行之间的拆借资金每天计息一次。当利率的时间单位与计息周期不一致时,在同样的年利率下,不同计息周期所得的利息不同,这是名义利率与实际利率不同所致。例如,每月存款利率为 $3‰$,则名义利率为 $3‰×12＝3.6‰$,而实际利率 $＝(1＋3‰)^{12}－1＝3.66\%$。

所谓名义利率,是指按年计息的利率,即计息周期为 1 年;而有效利率是指按实际计息期计息的利率。

对于一年内多次复利的情况,可采取两种方法计算时间价值。

(1) 第一种方法:将名义利率调整为实际利率,然后按实际利率计算资金的时间价值,其计算公式为

$$i = \left(1 + \frac{r}{m}\right)^m - 1 \tag{2.4}$$

式中:r——名义利率;

$\quad m$——每年计息次数;

$\quad i$——实际利率。

【例 2.3】 某企业于年初存款 10 万元,当年利率为 10%,半年复利一次,求到第 10 年末该企业可得的本利和。

【解】 其实际利率为

$$i = \left(1 + \frac{r}{m}\right)^m - 1 = \left(1 + \frac{10\%}{2}\right)^2 - 1 = 10.25\%$$

则

$$F = P(1 + i)^n = 10 \times (1 + 10.25\%)^{10} = 26.53(万元)$$

(2) 第二种方法:不计算实际利率,而是相应调整有关指标,即利率变为 r/m,计息期数变为 mn(n 为计息年数),其计算公式为

$$F = P\left(1 + \frac{r}{m}\right)^{mn} \tag{2.5}$$

例 2.3 用第二种方法计算的本利和为

$$F = P\left(1 + \frac{r}{m}\right)^{mn} = 10 \times \left(1 + \frac{10\%}{2}\right)^{2 \times 10} = 26.53(万元)$$

实际利率代表了所获得的实际效益,因而可用它来比较不同名义利率的效益。

【例 2.4】 某工程项目为了筹集资金,决定向银行贷款,甲银行年利率为 16%,每年计息一次;乙银行年利率为 15%,每月计息一次。试问:哪个银行的贷款对项目有利?

【解】 计算两银行的实际利率。

$$i_甲 = 16\%$$

$$i_乙 = \left(1 + \frac{r}{m}\right)^m - 1 = \left(1 + \frac{15\%}{12}\right)^{12} - 1 = 16.075\%$$

显然，$i_甲 < i_乙$，故甲银行的贷款条件比乙银行对项目更有利，工程建设筹集资金应从甲银行贷款。

特别提示

在工程项目经济及技术分析中，计算资金的时间价值必须考虑通货膨胀率。同时，在方案的比较中要注意，当各方案的计息周期不同时采用相同的计算期限和名义利率，还要将名义利率换算为实际利率后再进行计算和比较。

2.2.2　整付类型的等值换算公式

整付又称为一次性支付，是指所分析的现金流量无论是流入还是流出，均在某一时点上一次支付。对于所考虑的系统来讲，如果在考虑资金时间因素的条件下其现金流入恰恰能补偿其现金流出，则终值与现值是等值的。整付分为整付终值和整付现值两类，其典型的现金流量图如图 2.3 所示。

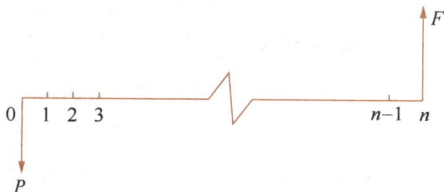

图 2.3　整付类型的现金流量图

1. 整付终值公式

整付终值公式因采用的计息方法不同也分为两种，即单利的整付终值与复利的整付终值公式。

单利的整付公式为

$$F = P(1 + ni) \tag{2.6}$$

复利的整付公式为

$$F = P(1 + i)^n \tag{2.7}$$

公式(2.7)表示在利率为 i 的条件下现值与终值的等值关系。显然，F 表示终值，P 表示现值，式中的 $(1+i)^n$ 称为一次支付终值系数，也称为一次支付复利因子，用符号 $(F/P, i, n)$ 表示，可查复利系数表或直接计算取得。

【例 2.5】　一笔基建贷款 100 万元，年利率为 12%，试求其 5 年后的本利和。

【解】　以单利计算，有

$$F = P(1 + ni) = 100 \times (1 + 5 \times 12\%) = 160(万元)$$

以复利计算，查复利系数表得 $(F/P, i, n) = 1.762$，则

$$F = P(F/P, i, n) = 100 \times 1.762 = 176.2(万元)$$

显然，二者有较大的差别。

2. 整付现值公式

整付现值公式就是已知终值求现值的资金等值计算公式，是一次支付终值公式的逆运算。同样，因计息方法不同，分为单利现值公式和复利整付现值公式，分别为

$$P = F/(1 + ni) \tag{2.8}$$

$$P = F(1 + i)^{-n} \tag{2.9}$$

公式(2.9)中的$(1+i)^{-n}$称为一次性收付款项的现值系数,记作$(P/F,i,n)$,也称为一次支付现值系数。同样,可查表或计算求得。

【例2.6】　某投资项目预计6年后可获得收益800万元,按年利率12%计算,求其现值。

【解】

$$P = F(1+i)^{-n} = 800 \times (1+12\%)^{-6} = 800 \times 0.5066 = 405.28(万元)$$

2.2.3　等额分付类型

等额分付即等额序列现金流,是多次支付形式中的一种。多次支付是指现金流入和流出在多个时点上发生,而不是集中在某个时点上,现金流量的大小可以是不等的,也可以是相等的。当现金流序列是连续且相等的,则称之为等额现金流或年金,其特点是n个等额资金A连续地发生在每期。年金的形式多种多样,按其发生的时点不同可分为普通年金、即付年金、递延年金、永续年金等几种。普通年金是指在一定时期内每期期末等额收付系列款项;即付年金是指发生在每期期初的等额收付的系列款项;递延年金是指第一次收付款项发生时间不在第一期期末,而是隔若干期后才开始发生在相应期期末的系列款项;永续年金是指无限期等额收付的系列款项。从上述概念可以看到,即付年金和普通年金的区别在于发生的时间不同,即付年金发生在期初,普通年金发生在期末,而递延年金和永续年金显然是普通年金的特殊形式。本章我们介绍的年金是普通年金,其现金流量图如图2.4所示。

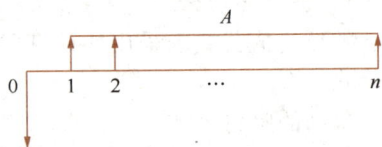

图2.4　普通年金现金流量图

等额分付有年金终值公式、偿债(存储)基金公式、年金现值公式、资金回收(还原)公式四个类型,下面分别加以介绍。

1. 年金终值公式

年金的终值犹如等额零存整取的本利和,它是一定时期内每期期末收付款项的复利终值之和,其计算公式为

$$F = A(F/A,i,n)$$

式中:$(F/A,i,n)$——年金终值系数或年金终值因子,可直接查表求得。

下面介绍$(F/A,i,n)$的计算。

已知年金为A,即每期(假设以年为单位)期末收付的款项为A元,利率为i,总期限为n年,现金流量图如图2.4所示。

首先,将各年的支出A用一次支付复利公式分别计算其到n年年末的终值,第一年年末的终值为$A(1+i)^{n-1}$,第二年年末的终值为$A(1+i)^{n-2}$,$\cdots$,第$n-1$年的终值为$A(1+i)$,第n年的终值为A,上述各项的总和就是年金的终值,故有

$$F = A(1+i)^{n-1} + A(1+i)^{n-2} + \cdots + A(1+i) + A \tag{2.10}$$

这是一个等比数列,两边同时乘以$(1+i)$,得

$$(1+i)F = A(1+i)^{n} + A(1+i)^{n-1} + \cdots + A(1+i)^{2} + A(1+i) \tag{2.11}$$

令公式(2.11)减公式(2.10),得

$$Fi = A(1+i)^n - A = A[(1+i)^n - 1]$$

整理得

$$F = A\frac{(1+i)^n - 1}{i} = A(F/A, i, n) \tag{2.12}$$

这里

$$(F/A, i, n) = \frac{(1+i)^n - 1}{i}$$

【例 2.7】 建筑公司在建设某工程项目时,由于自有资金紧张,在 5 年内每年年末需向银行借款 100 万元,以保证项目的顺利完工,借款利率为 10%,问:该公司在第 5 年年末向银行应付的本利和是多少?

【解】 由公式(2.12)得

$$F = 100 \times (F/A, 10\%, 5) = 100 \times 6.1051 = 610.51(万元)$$

注意:普通年金是在每期期末收付等额的资金,收付的时点是在每期期末,如果不注意这一点,在计算和运用的过程中就容易出错。

2. 偿债(存储)基金公式

偿债基金是指为了在未来偿还一定数额的债务而需预先准备的年金。它是年金终值的逆运算,即已知未来某一时点的终值 F,求为在将来得到这样一笔货币资金每期应收付的等额的货币数额 A,其计算公式为

$$A = F\frac{i}{(1+i)^n - 1} = F(A/F, i, n) \tag{2.13}$$

式中:$\dfrac{i}{(1+i)^n - 1}$——偿债基金因子或系数,用符号 $(A/F, i, n)$ 表示,可在复利系数表中直接查得。

下面举例说明偿债基金的计算。

【例 2.8】 某项目的资金收益率为 30%,为了在第 6 年年末得到 100 万元资金,问:从现在起每年应将多少资金投入生产?

【解】 首先在复利系数表中查得利率为 30%、期限为 6 年的偿债因子,得 $(A/F, i, n) = 0.07839$,代入公式(2.13)求得每年应投入的资金,即年金为

$$A = 100 \times 0.07839 = 7.839(万元)$$

3. 年金现值公式

年金的现值公式是用来研究考虑在资金时间因素的情况下几年内系统的总现金流出或流入(当然是等额的)应等于第 0 期期末的多少货币量,即反映的是第 0 期期末的现金流出或流入和从第 1 期期末到第 n 期期末的等值关系。显然,其计算公式应为年金终值公式乘以 $(1+i)^{-n}$。

$$P = A \frac{(1+i)^n - 1}{i}(1+i)^{-n} = A\frac{(1+i)^n - 1}{i(1+i)^n} = A(P/A,i,n) \qquad (2.14)$$

式中：$(P/A,i,n)$——年金现值系数或年金现值因子,同样,也可以在复利系数表中查得相
应的年金现值系数。

【例 2.9】 有一项目建成后每年可收益 100 万元,项目的寿命周期为 10 年,如果折现
率以年利率 8% 计算,计算相当于交付使用时的货币值。

【解】 可直接查复利系数表中 $i=8\%$,$n=10$ 时的年金现值系数,得$(P/A,8\%,10)=$
6.71008,则

$$P = A(P/A,8\%,10) = 100 \times 6.71008 = 671.008(万元)$$

4. 资金回收(还原)公式

资金回收公式用于研究期初借到的一笔款项,在每个计息期末等额偿还本利和,求每期
期末应偿还的数额。例如,房地产购买中的抵押贷款就是一个很好的例子。它的实质是已
知 P、i、n,求 A,是年金现值的逆运算,其公式为

$$A = P \frac{i(1+i)^n}{(1+i)^n - 1} = P(A/P,i,n) \qquad (2.15)$$

式中：$(A/P,i,n)$——资金回收系数或资金还原系数,$\dfrac{i(1+i)^n}{(1+i)^n - 1}$。

【例 2.10】 某建筑公司从银行借得 100 万元资金,年利率为 5%,要求在借款后的 5 年
内每年等额偿还本利和,求每年偿还的金额。

【解】 查复利系数表得

$$(A/P,i,n) = 0.23097$$

$$A = P \frac{i(1+i)^n}{(1+i)^n - 1} = P(A/P,i,n) = 100 \times 0.23097 = 23.097(万元)$$

2.2.4 变额分付类型

在经济活动中收益经常是变化的,即不等额的,等额的现金流只是一种特殊情况。不等
额现金流的现金流量如图 2.5 所示。其等值计算的一般公式分为终值计算公式和现值计算
公式。

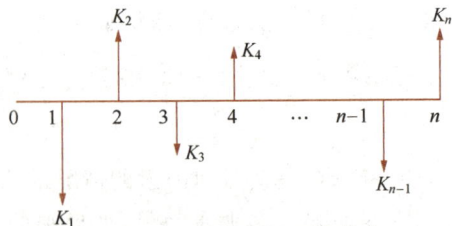

图 2.5 不等额现金流的现金流量图

不等额支付的终值公式为

$$F = K_n + K_{n-1}(1+i) + \cdots + K_1(1+i)^{n-1}$$
$$= \sum_{t=1}^{n} K_t(1+i)^{(n-t)} \tag{2.16}$$

显然,不等额支付的现值公式为

$$P = \frac{K_1}{1+i} + \frac{K_2}{(1+i)^2} + \cdots + \frac{K_n}{(1+i)^n} = \sum_{t=1}^{n} \frac{K_t}{(1+i)^t} \tag{2.17}$$

注意

公式(2.16)和公式(2.17)中的 K_t 有正负之分。

在工程建设中每年的投资不一定相等,因此可利用上述公式将工程的计划投资额换算成现值,比较其工程预算投资的大小,进行投资决策;也可计算工程的实际投资额,进行经济效果的评价。

【例 2.11】 一项工程预算为 3000 万元,按工程进度,按计划第 1 年投资 1200 万元,第 2 年投资 1000 万元,第 3 年投资 800 万元(图 2.6),建设银行贷款利率为 8%,计算工程投资的现值总额。

图 2.6 工程投资现金流量图

【解】 根据公式(2.17),该项工程投资现值总额为

$$P = \frac{1200}{1+0.08} + \frac{1000}{(1+0.08)^2} + \frac{800}{(1+0.08)^3}$$
$$= 1111.11 + 857.34 + 635.07 = 2603.52(万元)$$

工程建设实际所花的资金只有 2603.52 万元,比预算要少 396.48 万元。可见,缩短工程周期对降低工程建造成本有着相当重要的意义。

对于上例,也可计算其实际投资额,即

$$F = K_n + K_{n-1}(1+i) + \cdots + K_1(1+i)^{n-1}$$
$$= 1200 \times (1+0.08)^2 + 1000 \times (1+0.08) + 800$$
$$= 1399.68 + 1080 + 800 = 3279.68(万元)$$

也就是说,到工程建成时,实际所花投资为 3279.68 万元。

不等额支付的两个特殊形式是等差序列现金流量和等比序列现金流量,下面仅扼要介绍等差序列现金流量的概念及计算公式。

等差序列的现金流是指按等额增加或减少的现金流量数列,比如设备维护费用一般是逐年增加的,若每年按一个相对稳定的常数(假设为 G)增加,就构成了一个等差递增现金流量。

综上所述,资金等值计算的公式归纳为表 2.1。

表 2.1 资金等值计算的基本公式

序号	公式名称	公 式	系数名称及符号系数代号
1	整付终值公式	$F=P(1+i)^n$	一次支付终值系数$(F/P,i,n)$
2	整付现值公式	$P=F(1+i)^{-n}$	一次支付现值系数$(P/F,i,n)$
3	年金终值公式	$F=A\dfrac{(1+i)^n-1}{i}$	年金终值系数$(F/A,i,n)$
4	偿债基金公式	$A=F\dfrac{i}{(1+i)^n-1}$	偿债基金系数$(A/F,i,n)$
5	年金现值公式	$P=A\dfrac{(1+i)^n-1}{i(1+i)^n}$	年金现值系数$(P/A,i,n)$
6	资金回收公式	$A=P\dfrac{i(1+i)^n}{(1+i)^n-1}$	资金回收系数$(A/P,i,n)$
7	等差现金流量现值公式	$P=\dfrac{G}{i}\left[\dfrac{(1+i)^n-1}{i(1+i)^n}-\dfrac{n}{(1+i)^n}\right]$	等差序列终值系数$(P/G,i,n)$

2.2.5 资金等值公式应用中应注意的问题

1. 资金等值公式应用中应注意的问题

资金的等值公式对于工程方案的决策与经济效果的评价具有重要的作用。然而,上述的资金等值基本公式是在标准条件下推演而得的,而实际情况往往是比较复杂的。一般而言,工程投资的借款的偿付方式不外以下几种情况:①所借本金在还本期前并不偿还,每年计息期末仅偿付利息,在最后一次偿付利息时,本金一次偿还。②所借本金有计划地分期等额偿还,在付息期偿还相应的利息,同时按计划偿还本金,由于本金是逐渐减少的,故支付的利息并不相同,而是递减的。③等额偿还本利和;第四,在借款期中本金及利息不进行偿还,在借款到期时一次还本付息。在具体运用资金等值公式时应注意下列问题:

(1) 方案的初始投资假定发生在方案的寿命期初,即第一年年初,而方案的经常性支出假定在计息期末。

(2) P 是在当前年度开始发生的,F 是在当前以后第 n 年年末发生的,A 是考察期各年年末的发生额。当问题包括 P 和 A 时,系列的第一个 A 是在 P 发生一个期间后的期末发生的;当问题包括 F 和 A 时,系列的最后一个 A 与 F 同时发生。

(3) 要注意弄清公式的原理及其应用条件,能够灵活应用公式。在工程经济分析的实践中有时可能很难直接套用公式,而需要根据具体情况进行具体分析。比如,有时等额支付(年金)是发生在期初的,这种年金称为预付年金;而我们介绍的等值计算公式中的年金是普通年金,这时就要对现金流量进行调整,调整为普通年金后再利用公式进行计算。对于比较复杂的情况,可以根据资金等值的原理进行推导与计算。另一方面,利率的选用也很重要,因为它直接影响了计算的结果,而计算结果是我们评价与决策的依据,因此在选用利率时,通常自有资金可以企业自身的基准收益率作为折现率,借款要以借款合同中确定的偿还利率作为折现率,而银行或信托投资公司等的贷款则要以银行或信托投资公司等的贷款利率作为折现率来计算。对于利率的形式也要注意,即使各方案采用的计算期和名义利率相同,只要它们的计息期不同,那么彼此也不可比。此时,一定要注意先将名义利率转化为实际利率后再进行计算和比较。

现值 P、将来值 F 和年值 A 之间的相互关系如图 2.7 所示。

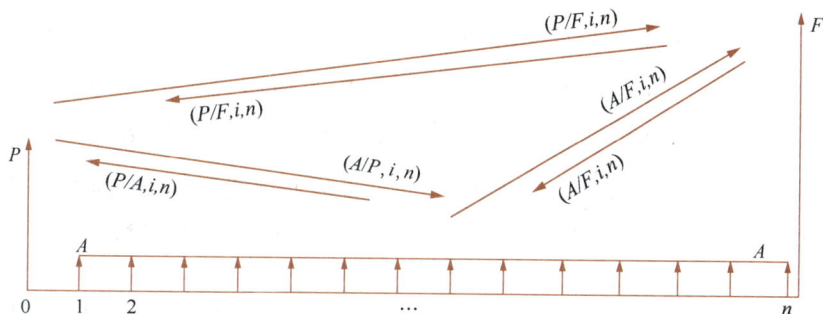

图 2.7 基本公式的相互关系

2. 资金等值计算应用案例

【例 2.12】 年利率为 10%,每半年计息 1 次,从现在起连续 3 年年末等额支付 500 元,试求年实际利率和与其等值的现值。

【解】 (1)年实际利率为

$$i = \left(1+\frac{r}{m}\right)^m - 1 = \left(1+\frac{10\%}{2}\right)^2 - 1 = 10.25\%$$

(2)与其等值的现值为

$$P = A\frac{(1+i)^n-1}{i(1+i)^n} = A(P/A,i,n) = A(P/A,10\%,3)$$
$$= 500 \times 2.4869 = 1243.45(元)$$

【例 2.13】(重要案例) 某投资者 5 年前以 200 万元价格买入一房产,在过去的 5 年内每年获得年净现金收益 20 万元,现在该房产能以 350 万元出售,其现金流量如图 2.8 所示。若投资者要求的年收益率为 20%,问:此项投资是否合算?(假设该投资者过去 5 年的年净现金收益率等于其自有资金的机会成本。)

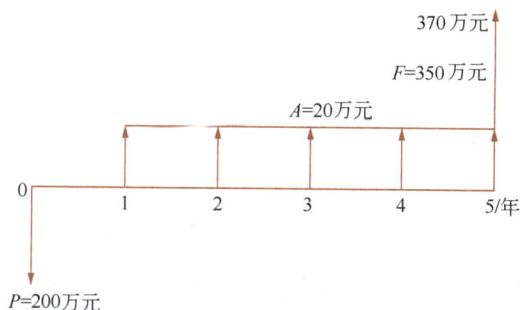

图 2.8 现金流量图

【解】 该项投资合算的标准是其年收益率至少要达到 20%。

方法一：按 20% 的年收益率，投资 200 万元现在应该获得

预期收益 $F_{预} = 200(F/P,20\%,5) = 200 \times 2.4883 = 497.66$（万元）

实际收益 $F_{实} = 20(F/A,10\%,5) + 350 = 20 \times 6.1051 + 350 = 472.10$（万元）

方法二：将 5 年的收益折算成现值，则

$$P_{预} = 20(P/A,20\%,5) + 350(P/F,20\%,5)$$
$$= 20 \times 2.9906 + 350 \times 0.4019 = 163.66（万元）$$

由上可知，此项投资不合算。由于 $F_{实} < F_{预}$，说明此项投资没有达到投资者的预期收益；或者要获得 20% 的收益率，只需投资 163.66 万元，而实际投资了 200 万元，即 $P_{实} > P_{预}$。

【例 2.14】(重要案例) 某投资者拟购买一套别墅，价值为 500 万元，有两种付款方式可供选择：①一次性付款，优惠 5%；②分期付款(使用自有资金或银行按揭)，首付房款 30%，余款 5 年付清，每年年末等额支付，不享受优惠。

试问：投资者为了购买该别墅，应选择哪种付款方式？

(1) 当采用自有资金，自有资金的机会成本为 8% 时。

(2) 对于以下两种不同的贷款方式，应怎样选择？

① 采用商业贷款进行银行按揭，贷款利率为 6% 时。

② 采用公积金进行银行按揭，贷款利率为 4% 时。

(3) 当采用贷款利率为 6% 的银行贷款购买该别墅，每年年末支付当年利息，5 年到期后一次偿还本金，计算 5 年的利息总额。(留为课下练习。)

【解】 该项目的现金流量图如图 2.9 所示。

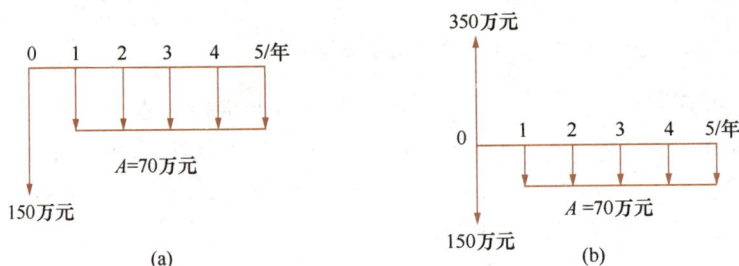

图 2.9 投资的现金流量图

(1) 若资金的机会成本为 8%，则：

① 一次性付款，实际支出 $500 \times 95\% = 475$（万元）。

② 分期付款(首付 150 万元，余款 350 万元投资人使用自有资金)，则相当于一次性付款

$$P = 150 + A(P/A,i,n) = 150 + 70 \times (P/A,8\%,5)$$
$$= 150 + 70 \times 3.9927 = 429.49（万元）$$

或

$$P = 150 + \sum_{i=1}^{5} A_i (1+i)^{-i} = 150 + 70 \times (1+8\%)^{-1} + \cdots + 70 \times (1+8\%)^{-5}$$

$$= 150 + 70 \times (1.08^{-1} + 1.08^{-2} + 1.08^{-3} + 1.08^{-4} + 1.08^{-5}) = 429.49(万元)$$

(2) 当投资者用银行按揭购买该别墅,贷款利率为 6%,则:

① 一次性付款,扣除首付后的实际支出 $P_{一次} = 500 \times 95\% - 150 = 325$(万元),则

$$A_{一次} = P_{一次}(A/P, i, n) = P_{一次}(A/P, 6\%, 5) = 325 \times 0.2374$$
$$= 77.16(万元)$$

但一次性付款按机会成本 8%,投资者损失的是(按 325 万元资金考虑)

$$A_{一次} = P_{一次}(A/P, i, n) = 325 \times (A/P, 8\%, 5) = 325 \times 0.2505$$
$$= 81.41(万元)$$

② 分期付款(首付 150 万元,余款 350 万元采用银行按揭),则

$$A_{分期} = P_{分期}(A/P, i, n) = 350 \times (A/P, 6\%, 5) = 350 \times 0.2374$$
$$= 83.09(万元)$$

若投资者采用公积金进行银行按揭,此时贷款利率为 4%,则

$$A_{分期} = P_{分期}(A/P, i, n) = 350 \times (A/P, 4\%, 5) = 350 \times 0.2246$$
$$= 78.61(万元)$$

由上可知,对投资者来说,若自有资金的机会成本为 8%,则应选用自有资金分期付款。对投资者来说,若采用银行按揭购买该别墅,在不考虑自有资金的机会成本时,则不论贷款利率为多少,都应选择一次性付款,以便获得贷款优惠;在考虑自有资金的机会成本时则要进行比较。本题由于 81.41 万元<83.09 万元,故应选择一次性付款。若采用公积金进行银行按揭,本题由于 78.61 万元<81.41 万元,故应选择分期付款。

思 考 题

1. 计息制度有哪几种?如何表示?
2. 利息、利率、现金流量、现值、终值、时值、贴现的含义各是什么?
3. 简述名义利率和实际利率的含义及区别。
4. 什么是现金流量?现金流量图如何绘制?
5. 简述资金为何具有时间价值。
6. 简述资金等值的含义。
7. 什么是资金平均成本?如何计算?(写出一般公式。)
8. 有一笔 50000 元的借款,借期 5 年,按每年 8% 的单利计息,试求到期时的本利和。若按复利计息,到期时的本利和又为多少?
9. 某公司设立退休基金,每年年末存入银行 20000 元,若存款利率为 10%,按复利计

算,第 5 年年末基金总额为多少?

10. 某企业 6 年后需要一笔 500 万元的资金,以作为某项目的投资款项,若年利率为 8%,那么现在企业应在银行存入多少资金? 如果从现在开始每年年末存入银行等额的资金,每年年末应存入多少?

11. 一套运输设备价值 30000 元,希望在 5 年内等额收回全部投资,若基准贴现率为 8%,那么每年至少应回收多少?

12. 某项目融资采取银行借入长期借款的方式,已知企业可选择两种计息方式,其一是年利率 5%、按月计息,其二是年利率 6%、按半年计息,那么企业应选择哪一种计息方式? (提示:应计算实际利率,以实际利率较小者作为选择对象。)

13. 某项目建设期为 5 年,第 1 年贷款 500 万元,第 2 年贷款 100 万元,第 3 年贷款 200 万元,均在项目建设完成后一次还本付息,试计算项目建设期贷款的利息总额(年利率为 10%)。

模拟自测题

一、名词解释(共 10 分,每个 2 分)

资金的时间价值   现金流量   复利   现值   年金终值系数

二、简答题(共 20 分,每小题 4 分)

1. 资金等值原理的含义是什么?

2. 影响资金时间价值的因素有哪些? 为什么?

3. 简述名义利率与实际利率的区别与联系。

4. 年金终值公式与偿债(存储)基金公式之间存在什么关系?

5. 在应用资金等值公式时 P、F、A 发生在什么时点上?

三、计算题(共 70 分,每小题 10 分)

1. 现在将 500 元存入银行,银行的年利率为 4%,计算 3 年后该笔资金的实际价值。

2. 假设第 4 年年末想得到 800 元的存款本息,银行年利率为 5%,现在应存入银行多少本金?

3. 某工程预计 5 年建成,总投资额为 10 万元,每年年末投资 20000 元,年利率为 7%,求第 5 年年末的实际累计投资额。

4. 为给某项工程筹集资金 1500 万元,某房地产公司计划在年利率 6% 的情况下每年年末向银行存入等额的资金,总计 7 年,问:每年年末应存入多少?

5. 某企业预计在 10 年内每年从银行提取 100 万元,问:从现在起至少应存入多少现金(银行利率为 6%)?

6. 某人拟购买 1 年前发行的面额为 100 元的债券,年限为 8 年,年利率为 10%(单利),每年支付利息,到期还本。现投资者要求在余下的 7 年中年收益为 8%,问:该债券现在的价格为多少时投资者才值得买入?

7. 某企业和设备租赁公司达成一项协议,租赁设备价格为 100 万元,租期 6 年,折现率为 15%,试按照年末支付、年初支付分别计算出租金。

第3章 财务基础数据估算与融资分析

　　拟对建设项目进行经济评价,就要涉及如投资、成本等经济评价要素,这些财务基础数据预测和估算的准确性将直接影响到项目评价的质量及投资决策的选择,本章介绍财务基础数据估算方法及财务分析辅助报表的编制。此外,作为项目的建设方为了筹资和规避项目风险,还要根据自身条件进行项目融资。在我国,作为"政府与社会资本合作"的PPP模式,既是一种项目融资模式,更是一种项目管理模式,是我国在公共服务供给机制上的重大创新,受到政府的强力推动。本章对以上内容都做了详尽的介绍与分析。

3.1　财务基础数据估算

3.1.1　财务基础数据估算概述

1. 财务基础数据估算的含义和内容

1) 财务基础数据估算的含义

　　财务基础数据估算是指在项目市场、资源、技术条件分析评价的基础上,从项目(或企业)的角度出发,依据现行的法律法规、价格政策、税收政策和其他有关规定,对一系列有关的财务基础数据进行调查、收集、整理和测算,并编制有关的财务基础数据估算表格的工作。财务基础数据估算是项目财务分析、国民经济评价分析和投资风险分析的基础与重要依据,它不仅为上述分析提供必需的数据,而且对其分析的结果、所采取的分析方法以及最后的决策意见都产生决定性的影响。在可行性研究中财务基础数据估算是一项非常重要的工作。

2) 财务基础数据估算的内容

　　财务基础数据估算的内容包括对项目计算期内各年的经济活动情况及全部财务收支结果的估算,具体包括:

(1) 建设投资估算。

(2) 建设期利息估算。

(3) 流动资金估算。

(4) 项目总投资使用计划与资金筹措估算。

(5) 营业收入和增值税估算。

(6) 总成本费用估算。

(7) 建设投资借款还本付息估算。

2. 财务基础数据估算的原则

财务基础数据估算应遵循以下原则:

（1）以现行经济法律法规为依据的原则。

（2）有无对比的原则。

（3）真实性原则。

（4）准确性原则。

3. 财务基础数据估算的程序

财务基础数据估算是一项繁杂的工作，为保证工作效率和测算数据的准确性与可靠性，一般可按下列程序进行：

（1）熟悉项目概况，制订财务基础数据估算工作计划。

（2）收集资料。

（3）进行财务基础数据估算，按有关规定编制相应的财务基础数据估算表格，包括：建设投资估算表，建设期利息估算表，流动资金估算表，项目总投资使用计划与资金筹措表，营业收入和增值税估算表，总成本费用估算表和建设投资借款还本付息估算。其中，总成本费用估算表的附表包括外购原材料费估算表、外购燃料和动力费估算表、固定资产折旧费估算表、无形资产及其他资产摊销估算表和工资及福利费估算表。

特别提示

上述估算表可归纳为三大类：第一类为分析项目建设期的建设投资和生产期的流动资金，以及项目总投资的使用计划和资金筹措估算表；第二类为分析项目投产后的总成本、营业收入、税金、利润和利润分配估算表；第三类为分析项目投产后偿还建设投资借款本息的情况估算表。

3.1.2 建设项目经济评价要素

进行建设项目的经济评价，必须以一定数量的基础资料作为依据。投资、成本、营业收入和税费等经济变量构成了项目经济评价的基本要素。

1. 投资

投资是工程经济分析中重要的经济概念。投资一般是指经济主体为获得预期的经济效益而垫付一定数量的货币或其他经济资源的经济活动。广义的投资是指一切为了获得收益或避免风险而进行的资金经营活动；狭义的投资是指投放的资金，是为了保证项目投产和生产经营活动的正常进行而投入的活劳动和物化劳动价值的总和，即为了未来获取报酬而预先垫付的资金。

投资估算是在对项目的建设规模、技术方案、设备方案、工程方案以及项目实施进度等进行研究并基本确定的基础上，依据现有资料和特定方法，估算项目投入的总资金（包括建设投资和流动资金），并估算建设期内分年资金需要量。投资估算是制订融资方案、进行经济评价的依据。

投资的构成主要包括投资主体、投资目的、投资方式和投资行为，它们相互联系，形成了投资资金不断循环周转的运动过程。

2. 投资构成要素

投资主体也称投资者或投资方，它是具有投资决策权和资金来源的法人或自然人，如各级政府、企业、事业单位、社会团体、个人或其他经济实体；投资主体的投资目的是获得预期的经济效益，取得最大经济效益是投资活动的出发点和归宿。不同的投资主体的投资目的也不完全相同，如政府投资除了追求经济效益外，还要兼顾社会效益和生态效益。投资可以运用多种方式。直接投资用于构建固定资产和流动资产，形成实物资产；间接投资用于购买股票、债券，形成金融资产。投资行为不是单一的一次性投入，而是一种连续进行的活动，表现为从资金筹集、分配、使用到回收和增值的全过程的不断循环和周转的过程。投资是一项复杂的经济活动，具有诸多特点，其中收益性和风险性是其两个基本特征，对收益性和风险性的分析是技术经济分析评价、优选方案决策的前提条件。

3. 总投资

对于投资项目而言，投资是维持其存在的基础，建设项目评价中的总投资包括建设投资、建设期利息和流动资金之和，如图 3.1 所示。

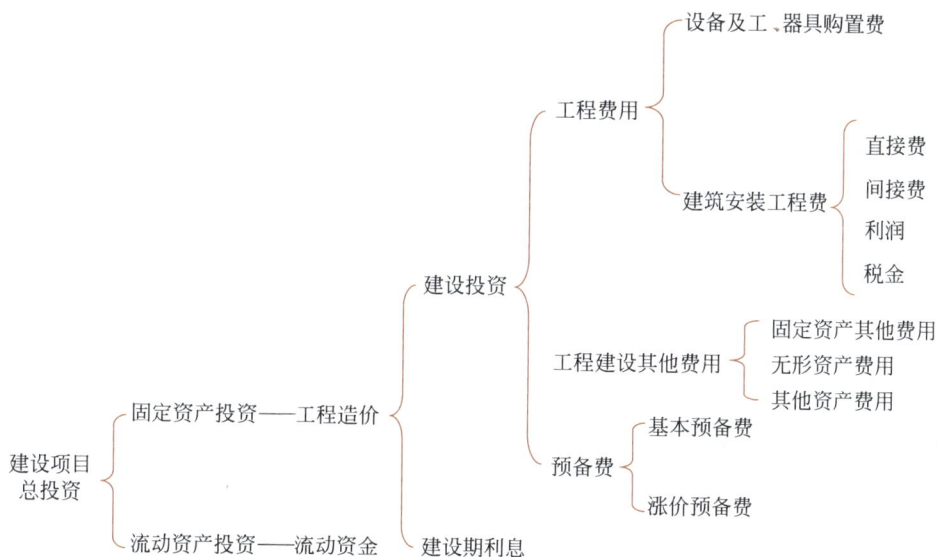

图 3.1 我国现行建设项目总投资构成

1）建设投资

建设投资是项目费用的重要组成，是项目财务分析的基础数据。可根据项目前期研究的不同阶段、对投资估算精度的要求及相关规定选用估算方法。

2）建设期利息

建设期利息是指筹措资金时，在建设期内发生并按规定允许在投产后计入固定资产原值的利息，即资本化利息。建设期利息包括银行借款和其他债务资金利息，以及其他融资费用。其他融资费用是指某些债务融资中发生的手续费、承诺费、管理费、信贷保险费等融资费用。

3）流动资金

流动资金指运营期内长期占用并周转使用的运营资金，不包括运营中需要的临时性营运性资金。流动资金等于流动资产与流动负债的差额。流动资产的构成要素一般包括存货，库存现金，应收账款和预付账款；流动负债的构成要素一般只考虑应付账款和预收账款。

4. 成本

成本是建设项目经济评价中很重要的一个经济要素。在项目经济评价中有多重作用。基于不同的作用和需要,成本具有不同的分类和特定的含义。

1)经营成本与总成本费用

经营成本是财务分析的现金流量分析中所使用的特定概念,是以现金流量实现为依据的成本耗费;而总成本费用是在运营期间为生产产品或提供服务所发生的全部费用。

2)固定成本与可变成本

按各种费用与产品产量的关系,可将总成本构成要素划分为固定成本与可变成本。固定成本是指在一个生产规模内不随产品量变动而变动的费用;可变成本是指产品成本中随产量变动而变动的费用。

3)沉没成本

沉没成本是指发生或承诺,无法回收的成本支出。沉没成本是过去发生的,它并不因为采纳或拒绝某个方案(项目)的决策而改变,因而对目前的决策不构成影响。所以,在方案比选时,对此成本不予以考虑。

4)机会成本

机会成本是指资源投入特定用途时,所放弃的将此资源投入其他用途时所能获得的最大收益。机会成本的概念确立在资源稀缺性基本原理框架下,对于稀缺的资源,任何一个投资机会的选定都意味许多其他机会被放弃,并因此放弃与之相伴的可能收益,那么在选定机会上所付出的代价,即机会成本。

5)寿命周期成本

寿命周期成本是指方案在其寿命周期内发生的全部费用,包括初期的方案研发、设计制造到使用期间运行费和维护费、直至寿命结束时的全部成本支出。

5. 营业收入与补贴收入

1)营业收入

营业收入是指销售产品和提供服务所获得的收入,是现金流量表中现金流入的主体,也是利润表的主要科目。

2)补贴收入

某些项目还应按有关规定估算企业可能得到的补贴收入(仅包括与收益相关的政府补助,与资产相关的政府补助不在此处核算。与资产相关的政府补贴是指企业取得的、用于构建或以其他方式形成长期资产的政府补助)。

6. 税费

税费是国家为了实现其职能的需要,依法对项目投资活动和经营活动征收的财政资金。项目评价涉及的税费主要包括关税、增值税、消费税、所得税、资源税、城市建设税和教育附加税等。建筑产品生产企业还包括土地使用税、土地增值税等。其中,增值税是以产品生产和流通中各个环节的新增价值和产品附加值作为征税对象的一种流转税。一般工业性建设项目及相关技术方案经济评价中涉及此项税的计算。

对于建筑行业来说,由于行业特点以及行业粗放型的经营模式,增值税进项专用发票的取得是个难点,使得税难以抵扣或无法抵扣。例如甲供、甲控材料就难以抵扣;又如大量的人工费、材料费、机械租赁费、征地拆迁及青苗补偿费、BOT 项目垫付资金的巨额利息费用等成本费用进项也无法抵扣。

3.1.3 建设项目投资估算的内容

根据国家规定,从满足建设项目投资设计和投资规模的角度,建设项目投资的估算包括固定资产投资估算和流动资产投资估算,固定资产投资估算又包括建设投资估算和建设期利息估算。

1. 建设投资估算

在估算出建设投资后需编制建设投资估算表,为后期的融资决策提供依据。

按照费用归集形式,建设投资可按概算法或按形成资产法分类。

(1) 按概算法分类,建设投资由工程费用、工程建设其他费用和预备费构成。按概算法编制的建设投资估算表如表 3.1 所示。

表 3.1　建设投资估算表(概算法)

人民币单位:万元　外币单位:××

序号	工程或费用名称	建筑工程费	设备购置费	安装工程费	其他费用	合计	其中:外币	比例/%
1	工程费用							
1.1	主体工程							
1.1.1	×××							
	……							
1.2	辅助工程							
1.2.1	×××							
	……							
1.3	公用工程							
1.3.1	×××							
	……							
1.4	服务性工程							
1.4.1	×××							
	……							
1.5	厂外工程							
1.5.1	×××							
	……							
1.6	×××							
2	工程建设其他费用							
2.1	×××							
	……							
3	预备费							
3.1	基本预备费							
3.2	涨价预备费							
4	建设投资合计							
	比例/%							

（2）按形成资产法分类,建设投资由形成固定资产的费用、形成无形资产的费用、形成其他资产的费用和预备费四部分组成。按形成资产法编制的建设投资估算表如表 3.2 所示。

表 3.2　建设投资估算表（形成资产法）　　　　人民币单位:万元

序号	工程或费用名称	建筑工程费	设备购置费	安装工程费	其他费用	合计	其中:外币	比例/%
1	固定资产费用							
1.1	工程费用							
1.1.1	×××							
1.1.2	×××							
1.1.3	×××							
	……							
1.2	固定资产其他费用							
	×××							
	……							
2	无形资产费用							
2.1	×××							
	……							
3	其他资产费用							
3.1	×××							
	……							
4	预备费							
4.1	基本预备费							
4.2	涨价预备费							
5	建设投资合计							
	比例/%							

2. 建设期利息估算

在建设投资分年计划的基础上可设定初步融资方案,对采用债务融资的项目应估算建设期利息。建设期利息是指筹措债务资金时在建设期内发生并按规定允许在投产后计入固定资产原值的利息,即资本化利息。

在估算建设期利息时需编制建设期利息估算表,如表 3.3 所示。

表 3.3　建设期利息估算表　　　　人民币单位:万元

序号	项　目	合计	建设期/年				
			1	2	3	…	n
1	借款						
1.1	建设期利息						
1.1.1	期初借款余额						
1.1.2	当期借款						
1.1.3	当期应计利息						

续表

序号	项 目	合计	建设期/年				
			1	2	3	…	n
1.1.4	期末借款余额						
1.2	其他融资费用						
1.3	小计(1.1＋1.2)						
2	债券						
2.1	建设期利息						
2.1.1	期初债务余额						
2.1.2	当期债务金额						
2.1.3	当期应计利息						
2.1.4	期末债务余额						
2.2	其他融资费用						
2.3	小计(2.1＋2.2)						
3	合计(1.3＋2.3)						
3.1	建设期利息合计(1.1＋2.1)						
3.2	其他融资费用合计(1.2＋2.2)						

计算建设期利息时,为了简化计算,通常假定借款均在每年的年中支用,借款当年按半年计息,其余各年份按全年计息,计算公式为

$$各年应计利息 ＝(年初借款本息累计＋本年借款额/2)×有效年利率 \qquad (3.1)$$

建设期利息包括银行借款和其他债务资金的利息,以及其他融资费用。其他融资费用是指某些债务融资中发生的手续费、承诺费、管理费、信贷保险费等融资费用。

3. 流动资金估算

按行业或前期研究阶段的不同,流动资金估算可选用分项详细估算法或扩大指标估算法。

根据流动资金各项估算的结果,编制流动资金估算表,如表3.4所示。

表3.4　流动资金估算表　　　　　　人民币单位:万元

序号	项 目	最低周转天数	周转次数	计算期/年				
				1	2	3	…	n
1	流动资金							
1.1	应收账款							
1.2	存货							
1.2.1	原材料							
1.2.2	×××							
	……							
1.2.3	燃料							
	×××							
	……							
1.2.4	在产品							
1.2.5	成品							

续表

序号	项目	最低周转天数	周转次数	计算期/年				
				1	2	3	…	n
1.3	现金							
1.4	预付账款							
2	流动负债							
2.1	应付账款							
2.2	预收账款							
3	流动资金(1−2)							
4	流动资金当期增加额							

4. 项目总投资与分年投资计划

（1）项目总投资估算汇总表。将以上建设投资、建设期利息和流动资金的估算结果进行汇总，编制项目总投资估算汇总表，如表 3.5 所示。

表 3.5　项目总投资估算汇总表　　　　　人民币单位：万元

序号	费用名称	计算期		估算说明
		合计	其中：外汇	
1	建设投资			
1.1	建设投资静态部分			
1.1.1	建筑工程费			
1.1.2	设备及工、器具购置费			
1.1.3	安装工程费			
1.1.4	工程建设其他费用			
1.1.5	基本预备费			
1.2	建设投资动态部分			
1.2.1	涨价预备费			
2	建设期利息			
3	流动资金			
4	项目总投资(1+2+3)			

（2）分年投资计划。估算出项目总投资后，应根据项目计划进度的安排编制分年投资计划表，如表 3.6 所示。

表 3.6　分年投资计划表

人民币单位：万元　外币单位：××

序号	项目	人民币			外币		
		第1年	第2年	…	第1年	第2年	…
	分年计划/%						
1	建设投资						
2	建设期利息						
3	流动资金						
4	项目投入总资金(1+2+3)						

表 3.6 中的分年建设投资可以作为安排融资计划、估算建设期利息的基础。

3.1.4　项目计算期的估算

1. 项目计算期的含义

项目计算期是指经济评价中为进行动态分析所设定的期限,包括建设期和运营期(生产期)。建设期是指项目资金正式投入开始到项目建成投产为止所需要的时间。运营期分为投产期和达产期两个阶段。投产期是指项目投入生产,但生产能力尚未完全达到设计能力时的过渡阶段。达产期是指生产运营达到设计预期水平后的时间。

2. 项目计算期的估算

项目计算期的长短主要取决于项目本身的特性,因此无法对项目计算期做出统一的规定。计算期不宜定得太长,这一方面是因为按照现金流量折现的方法,把后期的净收益折为现值的数值相对很小,很难对财务分析结论产生决定性的影响;另一方面,时间越长,预测的数据越不准确。

建设期应参照项目建设的合理工期或项目的建设进度计划合理确定,运营期一般应按项目主要设备的经济寿命期确定。

财务评价的计算期一般不超过 20 年。计算现金流的时间单位一般为年,也可采用其他常用的时间单位。

3.1.5　总成本费用的估算

1. 总成本费用的含义及分类

总成本费用是指项目在运营期内为生产产品或提供服务所发生的全部费用,等于经营成本与折旧费、摊销费和财务费用之和。总成本费用按成本与生产过程的关系分为生产成本和期间费用,按成本与产量的关系分为固定成本和可变成本等。总成本估算应与销售收入的计算口径相对应,各项费用应划分清楚,防止重复计算或者低估费用支出。

2. 总成本费用的构成与估算

总成本费用的估算通常采用以下两种方法。

1) 生产成本加期间费用估算法(生产成本法)

所谓生产成本法,是在核算产品成本时只分配与生产经营最直接和关系密切的费用,而将与生产经营没有直接关系和关系不密切的费用计入当期损益,即直接材料、直接工资、其他直接支出和制造费用计入产品生产成本,管理费用、财务费用和销售费用直接计入当期损益。其计算公式为

$$总成本费用 = 生产成本 + 期间费用 \qquad (3.2)$$

其中:

$$生产成本 = 直接材料费 + 直接燃料和动力费 + 直接工资 +$$
$$其他直接支出 + 制造费用$$
$$期间费用 = 管理费用 + 财务费用 + 销售费用$$

按照生产成本法估算的总成本费用估算表如表 3.7 所示。

表 3.7　总成本费用估算表（生产成本加期间费用法）　人民币单位：万元

序号	项　目	合计	计算期/年				
			1	2	3	…	n
1	生产成本						
1.1	直接材料费						
1.2	直接燃料及动力费						
1.3	直接工资及福利费						
1.4	制造费用						
1.4.1	折旧费						
1.4.2	修理费						
1.4.3	其他制造费						
2	管理费用						
2.1	无形资产摊销						
2.2	其他资产摊销						
2.3	其他管理费用						
3	财务费用						
3.1	利息支出						
3.1.1	长期借款利息						
3.1.2	流动资金借款利息						
3.1.3	短期借款利息						
4	营业费用						
5	总成本费用合计(1+2+3+4)						
5.1	其中：可变成本						
5.2	固定成本						
6	经营成本(5−1.4.1−2.1−2.2−3.1)						

2）生产要素估算法（生产要素法）

按照生产要素法估算总成本费用的估算表如表 3.8 所示。

表 3.8　总成本费用估算表（生产要素法）　人民币单位：万元

序号	项　目	合计	计算期/年				
			1	2	3	…	n
1	外购原材料费						
2	外购燃料及动力费						
3	工资及福利费						
4	修理费						
5	其他费用						
6	经营成本(1+2+3+4+5)						
7	折旧费						
8	摊销费						
9	利息支出						
10	总成本费用合计(6+7+8+9)						
10.1	其中：固定成本						
10.2	可变成本						

表 3.7 和表 3.8 中有关的几项费用的估算如下所述。

(1) 表 3.8 中的"其他费用"包括其他制造费用、其他管理费用和其他营业费用三部分。

(2) 经营成本估算。经营成本是工程经济学中特有的概念,作为项目运营期的主要现金流出,即

$$经营成本 = 外购原材料、燃料和动力费 + 工资及福利费 +$$
$$修理费 + 其他费用 \quad (3.3)$$

或

$$经营成本 = 总成本费用 - 折旧费 - 摊销费 - 借款利息支出 \quad (3.4)$$

式中,其他费用是指从制造费用、管理费用和营业费用中扣除了折旧费、摊销费、修理费、工资及福利费以后的剩余部分。

(3) 折旧费的估算。

① 固定资产折旧的概念。固定资产在使用过程中,经过多次反复循环的生产周期后最终会报废,我们将其价值逐步定期地转移到产品价值中去的部分称为折旧。折旧是对固定资产有形磨损和无形磨损的补偿。将折旧费计入成本费用是企业回收固定资产投资的一种手段。

企业有权选择具体折旧年限,在开始年度前报主管财政机关备案。

② 影响固定资产折旧的因素主要有固定资产原值、固定资产净残值和固定资产估计使用年限。

③ 固定资产的折旧范围。企业拥有或控制的固定资产并不都需要计提折旧。按有关财务会计制度,应当计提折旧的固定资产包括:

a. 房屋建筑物(无论使用与否)。

b. 在用的机器设备、仪器仪表、运输工具、工具器具。

c. 季节性停用和大修理停用的设备。

d. 融资租入固定资产和以经营租赁方式租出的固定资产。

不计提折旧的固定资产包括:

a. 除房屋建筑物以外的未使用、不需用的固定资产。

b. 以经营租赁方式租入的固定资产。

c. 已提足折旧并继续使用的固定资产。

d. 按规定单独估价作为固定资产入账的土地。

④ 折旧的计算方法分为平均折旧法(平均年限法、工作量法)和加速折旧法(双倍余额递减法、年数总和法)两种。对于技术进步较快或使用寿命受工作环境影响较大的施工机械和运输设备,经财政主管部门批准,可采用加速折旧法。

a. 平均年限法,又叫直线折旧法,是在固定资产使用年限内按期(年、月)平均分摊应折旧总金额的方法。平均年限法计算固定资产折旧额的计算公式为

$$固定资产年折旧额 = \frac{固定资产原值 - 固定资产净残值}{使用年限(折旧年限)}$$
$$= 固定资产原值 \times 年折旧率 \quad (3.5)$$

$$固定资产净残值 = 固定资产残值 - 清理费用 \tag{3.6}$$

$$固定资产年折旧率 = \frac{固定资产年折旧额}{固定资产原值} = \frac{固定资产原值 - 固定资产净残值}{固定资产折旧年限 \times 固定资产原值}$$

$$= \frac{1 - 固定资产净残值率}{固定资产折旧年限} \tag{3.7}$$

固定资产净残值率按照固定资产原值的 3%～5%确定。

$$月折旧率 = 年折旧率/12 \tag{3.8}$$

每期(年、月)末固定资产净值可通过下式得到,即

$$期末固定资产净值 = 固定资产原值 - 累计折旧 \tag{3.9}$$

这种方法的优点是简单明了、计算方便,在侧重有形损耗时更加适用;缺点是没有考虑使用状况(随使用年限增加,保养费、修理费增加),主要适用于科技含量相对较低的房屋、仓库等建筑物性质的固定资产。

【例 3.1】 企业的某项固定资产原值为 60000 元,预计使用年限为 6 年,预计残值收入 2000 元,预计清理费用 1000 元,该固定资产用平均年限法计提折旧,试计算其每月应计提的折旧额。

【解】

$$固定资产年折旧额 = \frac{60000 - (2000 - 1000)}{6} = 9500(元)$$

$$月折旧额 = \frac{9500}{12} = 792(元)$$

b. 工作量法,是指按照固定资产生产经营过程中所完成的工作量计提折旧的一种方法,是由平均年限法派生出来的一种方法,其基本计算公式为

$$单位工作量折旧额 = \frac{固定资产原值 - 固定资产净残值}{总的工作量} \tag{3.10}$$

这种方法的特点是所提折旧额与使用程度成比例,但未考虑无形损耗,适用于各种时期使用程度不同的专业机械和设备。

【例 3.2】 某公司有一辆运输汽车,原值为 150000 元,预计净残值率为 5%,预计总行驶里程为 600000km,当月行驶 5000km,试计算月计提折旧额。

【解】

$$单位工作量折旧额 = \frac{150000 \times (1 - 5\%)}{600000} = 0.2375(元/km)$$

$$本月折旧额 = 5000 \times 0.2375 = 1187.50(元)$$

c. 双倍余额递减法,是指按照固定资产账面净值和固定的折旧率计算折旧的方法,其年折旧率是平均年限法的两倍,并且在计算年折旧率时不考虑预计净残值率。采用这种方法时折旧率是固定的,但计算基数逐年递减,因此计算的折旧额逐年递减,所以又称为递减折旧法,其计算公式推导如下:

$$年双倍直线折旧率 = \frac{2}{固定资产折旧年限} \times 100\% \tag{3.11}$$

$$年折旧额 = 固定资产账面净值 \times 年折旧率 \tag{3.12}$$

👓 **特别提示**

　　我国相关制度规定：实行双倍余额递减法的固定资产，应当在其固定资产折旧年限到期前两年内将固定资产账面净值扣除预计净残值后的净额平均摊销，即从折旧年限到期前两年开始改用直线法提折旧，以满足残值的要求（不能使年末固定资产账面净值低于其预计残值）。

【例 3.3】　某项固定资产原价为 10000 元，预计净残值 400 元，预计使用年限 5 年，采用双倍余额递减法计算各年的折旧额。

【解】

$$年折旧率 = \frac{2}{5} \times 100\% = 40\%$$

第一年折旧额 = $10000 \times 40\% = 4000$（元）

第二年折旧额 = $(10000 - 4000) \times 40\% = 2400$（元）

第三年折旧额 = $(10000 - 6400) \times 40\% = 1440$（元）

第四年折旧额 = $(10000 - 7840 - 400)/2 = 880$（元）

第五年折旧额 = $(10000 - 7840 - 400)/2 = 880$（元）

　　d. 年数总和法，也称年数总额法，是指以固定资产原值减去预计净残值后的余额为基数，按照逐年递减的折旧率计提折旧的一种方法。其折旧率以该项固定资产预计尚可使用的年数（包括当年）作分子，而以逐年可使用年数之和作分母，分母是固定的，而分子逐年递减，因此折旧率逐年递减，计提的折旧额也逐年递减。假定使用年数为 n，则其计算公式为

$$分母（即逐年可使用年数之和） = 1 + 2 + \cdots + n = \frac{n(n+1)}{2}$$

因此

$$年折旧率 = \frac{折旧年限 - 已使用年数}{折旧年限 \times (折旧年限 + 1)/2} \times 100\% \tag{3.13}$$

$$年折旧额 = (固定资产原值 - 预计净残值) \times 年折旧 \tag{3.14}$$

【例 3.4】　用年数总和法计算例 3.3 的设备年折旧额。

【解】

计算折旧的基数 = $60000 - 1000 = 59000$（元）

年数总和 = $6 + 5 + 4 + 3 + 2 + 1 = 21$（年）

　　各年的折旧率分别为 6/21,5/21,4/21,3/21,2/21,1/21，则

第一年应提折旧额 = $59000 \times 6/21 = 16857$（元）

第二年应提折旧额 = $59000 \times 5/21 = 14048$（元）

同理,第 3、4、5、6 年的折旧额分别为 11238 元、8429 元、5619 元、2810 元。

特别提示

加速折旧法有以下特点:①既考虑了有形损耗,也考虑了无形损耗;②与生产状况相对应;③与维修费用相对应。

加速折旧法与平均折旧法相比具备以下优点:①早期折旧费高于后期折旧费,这和固定资产早期生产能力比后期大、早期营业收入比后期多相吻合,即符合收入成本配比原则;②随着固定资产的使用,后期的修理维护费用要比前期多,采用加速折旧法,早期折旧费用比后期多,可以使固定资产的成本费用在其整个使用期内较平稳;③前期成本提高,利润降低,推迟了企业应缴税款,相当于国家提供了变相无息贷款。

根据折旧费计算结果编制的固定资产折旧费估算表如表 3.9 所示。

表 3.9　固定资产折旧费估算表　　　　　人民币单位:万元

序号	项　　目	合计	计算期/年				
			1	2	3	…	n
1	房屋、建筑物						
	原值						
	当期折旧费						
	净值						
2	机器设备						
	原值						
	当期折旧费						
	净值						
	……						
3	合计						
	原值						
	当期折旧费						
	净值						

(4) 摊销费的估算。无形资产与其他资产的摊销是指将这些资产在使用中损耗的价值转入成本费用中去。一般不计残值,从受益之日起,在一定期间分期平均摊销。

【例 3.5】 某项目筹建期间发生注册登记费 2000 元,培训费 1800 元,印刷费 2200 元,验资费 3000 元,差旅费 3600 元,筹建人员工资 12000 元,长期借款利息 8400 元,规定在项目运营当月起 5 年内摊销开办费,试计算运营开始后 5 年内每月应摊销入管理费用的开办费数额。

【解】

$$开办费总额 = 2000 + 1800 + 2200 + 3000 + 3600 + 12000 + 8400$$
$$= 33000(元)$$
$$每月返销额 = \frac{33000}{5 \times 12} = 550(元)$$

根据摊销费计算结果编制的无形资产和其他资产摊销费估算表如表 3.10 所示。

表 3.10 无形资产和其他资产摊销费估算表　　　人民币单位：万元

序号	项　目	合计	计算期/年				
			1	2	3	…	n
1	无形资产						
	原值						
	当期摊销费						
	净值						
2	其他资产						
	原值						
	当期摊销费						
	净值						
	……						
3	合计						
	原值						
	当期摊销费						
	净值						

（5）财务费用（利息）的估算。财务费用是指在生产经营期间发生的利息支出、汇兑损失以及相关的金融机构手续费。在项目评估时生产经营期的财务费用需计算长期负债利息净支出和短期负债利息，在未取得可靠计算依据的情况下可不考虑汇兑损失及相关的金融机构手续费。

（6）固定成本与可变成本估算。为了进行盈亏平衡分析和不确定性分析，需将总成本费用分解为固定成本和可变成本。固定成本是指成本总额不随产品产量及销售量的增减发生变化的各项成本费用，一般包括折旧费、摊销费、修理费、工资及福利费（计件工资除外）和其他费用等，通常把运营期发生的全部利息也作为固定成本。可变成本是指成本总额随产品产量和销售量增减而成正比例变化的各项费用，主要包括外购原材料、燃料及动力费和计件工资等。有些成本费用属于半固定半可变成本，必要时可进一步分解为固定成本和可变成本。

3.1.6 营业收入和增值税及附加的估算

1. 营业收入的估算

营业收入是指销售产品或者提供服务所获得的收入，是现金流量表中现金流入的主体，也是利润表的主要科目。营业收入估算的基础数据包括产品或服务的数量和价格，其计算公式为

$$营业收入 = 产品或服务数量 \times 单位价格 \qquad (3.15)$$

在确定数量时，为计算简便，假定年生产量即为年销售量，不考虑库存；在确定价格时，产品销售价格一般采用出厂价。

2. 增值税的估算

增值税是对在我国境内销售货物、提供加工、修理修配劳务以及进口货物的单位和个人，就其取得的增值额为计算依据征收的一种税，即增值税＝销项税额－进项税额。增值税附加包括：城市维护建设税、教育费附加、地方教育费附加和河道管理费等。

对营业收入和增值税及附加的估算结果,应编制如表3.11所示的"营业收入和增值税及附加估算表"。

表 3.11   营业收入和增值税及附加估算表   人民币单位:万元

序号	项　目	合计	计算期				
			1	2	3	…	n
1	营业收入						
1.1	产品 A 营业收入						
	单价						
	数量						
	销项税额						
1.2	产品 B 营业收入						
	单价						
	数量						
	销项税额						
2	增值税及附加						
2.1	销项税额						
2.2	进项税额						
2.3	城市维护建设税						
2.4	教育费附加						
2.5	地方教育费附加						
2.6	河道管理费						

3.1.7   投资借款还本付息估算

企业为筹集所需资金而发生的费用称为借款费用,又称财务费用,包括利息支出、汇兑损失以及相关的手续费等。利息支出的估算包括长期借款利息、流动资金借款利息和短期借款利息三部分。

1. 建设投资借款还本付息估算

建设投资借款还本付息估算主要是测算还款期的利息和偿还贷款的时间,从而观察项目的偿还能力和收益,为财务效益评价和项目决策提供依据。

根据建设投资借款还本付息的计算结果编制如表3.12所示的借款还本付息计划表。

表 3.12   借款还本付息计划表   人民币单位:万元

序号	项　目	合计	计算期/年				
			1	2	3	…	n
1	借款 1						
1.1	期初借款余额						
1.2	当期还本付息						
	其中:还本						
	付息						
1.3	期末借款余额						
2	借款 2						
2.1	期初借款余额						

续表

序号	项　　目	合计	计算期/年				
			1	2	3	…	n
2.2	当期还本付息						
	其中：还本						
	付息						
2.3	期末借款余额						
3	债券						
3.1	期初债务余额						
3.2	当期还本付息						
	其中：还本						
	付息						
3.3	期末债务余额						
4	借款和债券合计						
4.1	期初余额						
4.2	当期还本付息						
	其中：还本						
	付息						
4.3	期末余额						
计算指标	利息备付率/%						
	偿债备付率/%						

2. 流动资金借款还本付息估算

流动资金借款在生产经营期内只计算每年所支付的利息,在项目寿命期最后一年一次性支付本金,其利息计算公式为

$$年流动资金借款利息 = 流动资金借款额 \times 流动资金借款年利率 \qquad (3.16)$$

3. 短期借款还本付息估算

项目财务评价中的短期借款是指运营期间由于资金的临时需要而发生的短期借款,短期借款的数额应在财务计划现金流量表中得到反映,其利息应计入总成本费用表的利息支出中。短期借款利息的计算与流动资金借款利息相同,短期借款本金的偿还按照随借随还的原则处理。

3.1.8　项目总投资使用计划与资金筹措

为了保证项目建设顺利进行,资金使用计划应根据项目实施进度与资金来源渠道进行编制,编制时应注意以下几方面:

(1) 根据建筑安装工程进度表,按照不同年度的工作量安排相应的资金供给量。

(2) 根据设备到货计划安排设备购置费支出。

(3) 项目的前期费用应尽早落实。

(4) 在安排投资计划时应先安排自有资金,后安排外部筹集来的资金。

根据资金筹措方案与资金使用计划编制项目总投资使用计划与资金筹措表,如表 3.13 所示。

表 3.13　项目总投资使用计划与资金筹措表　　　　人民币单位：万元

序号	项　目	合计	投 资 年 度			
			1	2	…	n
1	总投资					
1.1	建设投资					
1.2	建设期利息					
1.3	流动资金					
2	资金筹措					
2.1	项目资本金					
2.1.1	用于建设投资					
	××方					
	……					
2.1.2	用于流动资金					
	××方					
	……					
2.1.3	用于建设期利息					
	××方					
	……					
2.2	债务资金					
2.2.1	用于建设投资					
	××借款					
	××债券					
	……					
2.2.2	用于流动资金					
	××借款					
	××债券					
	……					
2.2.3	用于建设期利息					
	××借款					
	××债券					
	……					
2.3	其他资金					
	×××					
	……					

3.2　项目融资

3.2.1　项目融资的概念和特点

项目融资是国际上 20 世纪 70 年代末兴起的一种融资方式。由于项目融资方式比传统的筹资方式更能有效地解决大型基础设施项目的资金问题，因此，它被越来越多的国家所应用。在我国,最早采用项目融资是在 20 世纪 80 年代,深圳沙角 B 电厂采用 BOT 方式进行投资建设,对缓解政府财政经费不足起了很大的作用。

当今中国,中国特色的 PPP(政府和社会资本合作)逐渐发展为一个热词,从 2014 年到 2017 年,在不到 4 年的时间里,已经入库的 PPP 项目的拟投资额更是突破 16 万亿元。PPP 模式更是突破简单化的"融资模式"理解,上升到从管理模式创新、制度创新的层面上理解、总结与实践。

1. 项目融资的概念

项目融资是以项目的资产、预期收益或权益作抵押取得的一种无追索权或有限追索权的融资或贷款活动。追索是指借款人未按期偿还债务时贷款人要求借款人用除抵押资产之外的其他资产偿还债务的权利。有限追索或无追索是指贷款人可以在某个特定阶段或者规定的范围内,对项目的借款人追索,除此之外,无论项目出现任何问题,贷款人均不能追索到借款人除该项目资产、现金流量以及所承担义务之外的任何财产。有限追索融资的特例是"无追索"融资,即融资百分之百地依赖于项目的经济实力。项目融资包含两个基本内容:一是项目融资是以项目为主体进行融资;二是项目融资的贷款偿还来源仅限于融资项目本身。广义的融资是:凡是为了建设一个新项目或收购一个现有项目进行债务重组所进行的一切融资活动都可以称为"项目融资"。显然,这一概念包括传统的项目融资(贷款)。美国财会标准手册中的定义是:"项目融资是指对需要大资金的项目而采取的金融活动。"

为了准确地理解项目融资的含义,下面举例说明项目融资与传统贷款的区别:

假设某房地产公司现有 A、B 两个房地产开发项目,为了扩大房地产的市场份额,决定从金融市场上筹集资金再开发一个房地产项目 C,资金筹集方式有以下三种。

(1) 用借来的款项开发项目 C,而归还贷款的款项来源于 A、B、C 三个房产项目的收益。如果 C 房产项目开发失败,则 A、B 两个项目的收益将作为偿债的担保。这时,贷款方对该房地产公司拥有完全追索权。

(2) 借来的资金用于建设项目 C,用于偿还的资金也仅限于项目 C 建成后的房产销售收入。如果项目 C 开发失败,贷款方只能从项目 C 的资产和现金流中回收一部分,除此之外,不能要求该公司从别的任何资金来源偿还贷款,这时,贷款方对房地产公司无追索权。

(3) 借来的资金用于建设项目 C。在签订协议时,只要求房地产公司对项目 C 的建设期进行担保,或者只要求房地产公司将项目 B 的收益作为偿还贷款担保,这时,贷款方对房地产公司有有限追索权。

根据项目融资的定义,第二种和第三种才能称项目融资,第一种是传统融资(贷款)。

2. 项目融资的特点

项目融资不同于传统企业或公司融资。企业或公司融资是指一个企业(公司)利用本身的资信能力对外进行的融资。而项目融资与传统融资相比具有以下特点。

1) 项目本身的经济强度是贷款的依据

工程项目融资是根据工程项目公司的资产状况及该工程项目完工投产后所创造出来的经济收益作为贷款人发放贷款的依据。因此,如果工程项目本身发展有潜力,即使项目发起人现有的资产不多,收益情况暂时不理想,项目融资可能会成功;反之,如果工程项目的发展前景不好,即使项目发起人资产再雄厚,项目融资也不一定成功。

2）追索权特别

工程项目融资一个重要的特点为有限追索权或无追索权。

3）风险分担的复杂性

工程项目融资一般需要有结构严谨而复杂的担保体系,它要求与工程项目有利害关系的众多当事人对债务资金可能发生的风险进行担保,以保证该工程按计划完工、营运,并产生足够的资金用于偿还贷款。项目融资与传统融资相比,在风险分担方面有三个不同的特点:即投资风险大;风险种类多,甚至存在政治风险和法律风险等;融资参与方众多。

4）非公司负债型融资

非公司负债型融资是指项目的债务不表现在项目投资者的公司资产负债表中的一种融资形式。根据项目融资风险分担的原则,贷款人对于项目的债务追索权主要被限制在项目公司的资产和现金流量中,借款人所承担的是有限责任。

5）信用结构多元化

在工程建设项目融资中,工程项目建设所需资金往往具有规模大、期限长的特点,因而需要多元化的资金融资渠道,并把贷款的信用支持合理有效地分配到与项目有关的各个关键方面,这样可以提高项目的债务承受能力,减少项目融资对投资者的资信和其他资产的依赖程度。

6）融资成本高

由于项目融资涉及面广,融资渠道结构复杂,导致其前期工作十分浩繁、工作量大,从而加大了成本开支,同时有限追索的性质也会增大成本。项目融资的成本包括融资的前期费用和利息成本两个部分。

3.2.2 项目融资的适用范围及操作程序

1. 项目融资的适用范围

从各国使用项目融资的情况看,主要有以下三大类。

1）资源开发

运用项目融资进行石油、矿产等资源开发的项目。

2）基础设施建设

目前从世界范围来看,无论是发达国家,还是发展中国家,项目融资应用最多的就是基础设施项目。这类项目又分为三大类:①公共设施项目,如电力、电信、自来水、排污等。②公共工程,包括铁路、公路、海底隧道、大坝等。③其他交通工程,包括港口、机场和城市地铁。

3）工业项目

随着经济全球化的快速发展,项目融资越来越引起各国政府的高度重视,并且运用的范围逐步扩大,从基础设施,项目开发逐步向工业领域渗透,如澳大利亚波特兰铝厂项目、我国四川水泥厂项目等。

2. 项目融资的操作程序和阶段划分

工程项目融资的操作程序如下。

1) 投资决策分析阶段

投资决策对于投资者而言是决定是否投资一个项目的首要环节,投资决策分析的结论是投资决策的主要依据。投资者在进行决策之前,通过对宏观经济判断,产业发展前景的预测,以及该工程项目在社会经济发展中的作用及竞争性的分析,评估工程项目建设的可行性,初步确定项目的投资结构。

2) 融资决策分析阶段

这一阶段的主要内容是投资者将决定采取哪种融资方式为工程项目筹集资金。是否采用项目融资,取决于项目的贷款数量和债务责任的分担情况。如果采用项目融资方式筹资,需要对各种可能采用的融资方案的成本效益进行分析,选择最优方案。

3) 融资结构分析阶段

工程项目融资结构分为投资结构、资金结构、融资模式结构到信用担保结构。这一阶段的主要任务是完成对工程建设项目风险的分析和评估,设计出工程项目的融资结构和资金结构,并对工程建设项目的投资结构进行修改和完善,同时也对工程建设项目的投资风险控制方式进行调整。因此,这一阶段是项目融资的关键阶段。

4) 融资谈判阶段

这一阶段的主要任务是通过对融资方案的反复设计、分析、比较和谈判,最后选定一个既能在最大限度上保护工程项目投资人的利益,又能为贷款银行所接受的融资方案。

5) 融资执行阶段

当正式签署工程项目融资的法律文件之后,项目融资就进入了执行阶段。在这一阶段,贷款机构通常将委派融资顾问为经理人,经常性地监督项目的进展情况,并根据融资文件的规定,参与部分项目的决策程序,管理和控制项目的贷款投放和部分现金流量。

3.2.3　融资主体

分析、研究项目的融资渠道和方式,提出项目的融资方案,应首先确定项目的融资主体。项目的融资主体是指进行融资活动承担融资责任和风险的项目法人单位。按照融资主体不同,项目的融资可分为既有法人融资和新设法人融资两种融资方式。正确确定项目的融资主体,有助于顺利筹措资金和降低债务偿还风险。确定项目融资主体应考虑项目投资的规模和行业特点,项目与既有法人资产、经营活动的联系,项目自身的盈利能力,以及既有法人财务状况等因素。

1. 既有法人融资

既有法人融资方式是以既有法人为融资主体的融资方式。其基本特点是:由既有法人发起项目、组织融资活动并承担融资责任和风险;建设项目所需的资金,来源于既有法人内部融资、新增资本金和新增债务资金;新增债务资金依靠既有法人整体(包括拟建项目)的盈利能力来偿还,并以既有法人整体的资产和信用承担债务担保。采用既有法人融资方式的建设,既可以是改扩建项目,也可以是非独立法人的新建项目。

以既有法人融资方式筹集的债务资金虽然用于项目投资,但债务人是既有法人。债权人可对既有法人的全部资产(包括拟建项目的资产)进行债务追索,因而债权人的债务风险较低。在这种融资方式下,不论项目未来的盈利能力如何,只要既有法人能够保证按期还本付息,银行就愿意提供信贷资金。

2. 新设法人融资

新设法人融资方式是以新组建的具有独立法人资格的项目公司为融资主体的融资方式。其基本特点是:由项目发起人(企业或政府)发起组建新的具有独立法人资格的项目公司,由新组建的项目公司承担融资责任和风险;建设项目所需资金的来源,可包括项目公司股东投入的资本金和项目公司承担的债务资金;依靠项目自身的盈利能力来偿还债务;一般以项目投资形成的资产、未来收益或权益作为融资担保的基础。

采用新设法人融资方式的建设项目,项目法人大多是企业法人。一般是新建项目,但也可以是既有法人的一部分资产剥离出去后重新组建的项目法人的改扩建项目。社会公益性项目和某些基础设施项目也可能组建新的事业法人实施。

采用新设法人融资方式,项目发起人与新组建的项目公司分属不同的实体,项目的债务风险由新组建的项目公司承担。项目能否还贷,取决于项目自身的盈利能力,因此必须认真分析项目自身的现金流量和盈利能力。

3.3 PPP 模式的理解、分析与实践

先举一个中国最早采用 BT(建设—移交)方式的成功案例:有一个自嘲为"包工头"的大型金融集团,该集团下属的工业集团拥有一流的人才,但投入 50% 的资金只能获得 5% 的利润;投资集团拥有二流的人才,投入 15% 的资金能获得 10% 的利润;工程集团拥有三流的人才,但是投入的 35% 的资金却能获得 85% 的利润。这里,工程集团的一些项目就是采用 BT 方式,这充分显示了项目融资与资本市场的"魅力"。"BT"是"BOT"的一种演变形式,"BOT"又是 PPP 项目的重要运作方式之一。现因 BT 本质上属于社会资本方垫资建设,缺少社会资本后期的运营,目前已经被财政部禁止("将不予受理")。

通常项目融资采用的方式有:远期购买、融资租赁、证券融资、设施使用协议、产品支付、PPP 等多种方式。本书主要介绍 PPP 模式。

3.3.1 近年来国内 PPP 发展历程

1. 中国式 PPP 完全由政府主导与推动

PPP 即政府与社会资本合作,在十八届三中全会之后成为政府力推的改革与投资模式。2014 年 8 月以后,中国的 PPP 政策密集出台,大体上来自国务院、发改委、财政部、人民银行、各行业主管部门或上述部门的联合行动,中国 PPP 发展实际上进入了一个由国家政策启动的阶段。该阶段以明确的政策导向和指导性的操作指南为特征,PPP 发展的政策机会和规则约束并存,使中国式 PPP 从宽松的较弱规则状态较快地进入到了偏好约束的较强规则状态。如:2017 年 7 月 1 日,财政部、住建部、农业部和环保部联合发布《关于政府参与的污水、垃圾处理项目全面实施 PPP 模式的通知》(财建[2017]455 号),其中提出,拟对政府参与的污水、垃圾处理项目全面实施政府和社会资本合作(PPP)模式,并有序推进存量项目转型为 PPP 模式,尽快形成该领域内以社会资本为主,统一、规范、高效的 PPP 市场。对

比(财金〔2016〕90号)文,从"强制"到"全面"两个字的变化,充分反映出财政主管部门对政府参与的公共服务领域项目实施 PPP 模式的态度和决心。

2017年7月21日,被市场各方翘首以待的 PPP 顶层设计《基础设施和公共服务领域政府和社会资本合作条例(征求意见稿)》(以下简称征求意见稿)由国务院法制办公布,意味着我国对 PPP 正式立法,由规范性文件上升到行政法规,约束力很高。征求意见稿共7章50条6000余字,对 PPP 的适用范围、项目发起、实施、监督管理、争议解决以及违反条例需承担的法律责任都做出了规定。并特意规定了 PPP 项目中政府和企业不能做什么,分别对政府方划定了5条红线,对社会资本方划定了2条红线。

在国外,一般把 PPP 视为项目管理的范畴,其层级较低。而中国已把 PPP 上升到政府与社会资本合作的模式,政府治理甚至经济发展新引擎的高度,PPP 承载的责任远远大于国外。因此,中国发展 PPP 的重要意义是多重的和史无前例的。PPP 被看好的另一个原因是政府与社会主体建立起"利益共享、风险共担、全程合作"的共同体关系,可使政府财政负担减轻、有效降低财政风险,社会主体投资风险减小。甚至在"权力寻租"方面也使某些风险得以规避。

目前在实践中,国家发改委将"对重点 PPP 项目进行指导支持,帮助优化完善项目方案,打造 PPP 项目精品案例,形成可复制、可推广的经验"。

2. PPP 在中国的迅猛增长

自2014年中央大力推广 PPP 模式以来,PPP 项目数量和投资额呈现爆炸式增长。截至2016年12月末,全国 PPP 入库项目 11260 个,总投资 13.5 万亿元。其中识别阶段 6987 个,总投资 6.7 万亿元;准备阶段 1936 个,总投资 3 万亿元;采购阶段 986 个,总投资 1.5 万亿元;签约落地 1351 个,总投资 2.2 万亿元;移交阶段尚无项目。2016 年年末,全国 PPP 入库项目落地率达 31.6%。截至 2017 年上半年,财政部 PPP 项目库数据显示,全国 PPP 综合信息平台项目库入库项目已超过 1.3 万个,拟投资额约 16.4 万亿元。

3.3.2　PPP 的定义与内涵

PPP 是 Public-Private Partnership 的缩写,直译为"公私合作伙伴关系","公"即公共部门,"私"即私营机构。由于各国的具体实践不同,PPP 并没有一个被广泛认可和接受的定义。目前 PPP 还属一个动态的、不断演变进化的概念范畴。但从总体上看,PPP 是指公共部门和私营机构就提供公共产品和服务而建立的合作关系,本质上是利用私营机构的资金、人员、技术和管理优势,向社会提供长期优质公共产品或服务的一种行为。

美国 PPP 国家委员会定义的 PPP 是指公共部门(联邦政府、州政府或地方政府)和私营机构间的合作安排,通过这种合作安排,合作各方整合技能和资本,为社会公众提供服务和设施。除了整合资源外,合作各方还共担风险、共享潜在收益。

实际上,PPP 是一种项目融资模式和项目管理模式。在我国,PPP 被译为"政府与社会资本合作",这是因为我国的公共部门主要指政府机构,合作方也不完全是私营机构,而是"依法设立,具有投资、建设、运营能力的企业"。这就是社会资本的定义。政府和社会资本合作模式是公共服务供给机制的重大创新。

国务院法制办征求意见稿对 PPP 的定义是:"政府和社会资本合作是指政府采用竞争

性方式选择社会资本方,双方订立协议明确各自的权利和义务,由社会资本方负责基础设施和公共服务项目的投资、建设、运营,并通过使用者付费、政府付费、政府提供补助等方式获得合理收益的活动。"符合政府和社会资本合作模式的项目条件为:①政府负有提供责任;②需求长期稳定;③适宜由社会资本方承担。

3.3.3　PPP 的主要特征及风险分类

1. PPP 的主要特征

20 世纪 60 年代,PPP 在美国开始使用,PPP 是指私人参与城市开发项目,随后这个概念扩散到全世界。PPP 作为公共部门在社会基础设施及基础设施管理领域的一种采购方式而闻名全球。简言之,伙伴关系、利益共享和风险分担是 PPP 的重要特征。

伙伴关系是指,政府部门和私营机构在 PPP 合作中,具有一致的目标,相互合作,优势互补,使用比任何单独一方实施项目时更丰富的资源,提供性能价格比更佳的公共产品和服务。在合作过程中,私营机构获得与其所承担的风险和责任相匹配的利益,公共部门实现公共福利的提高,满足公众在公共利益方面的诉求。

共享和分担是建立与维护合作伙伴关系的重要基础。公共部门与私营机构需要整合各自的优势资源、共享利益,私营机构提供资本、技术、管理能力,公共部门提供稳定的项目运营环境和适度的保护,私营机构和公共部门共享项目所带来的经济利益。利益如何合理地共享,实际上又取决于风险的分担。即双方应基于双赢的态度,根据各自的优势分担相应的风险。例如,在城市轨道交通项目中,政府一般会保障最低的客流量,在客流量达不到事先约定的数量时,公共部门将提供适当的补贴;而私营机构则需要承担项目施工建设、项目运营管理等风险。

2. PPP 的风险分类与风险分担

PPP 模式的成功运用在很大程度上依赖于正确的风险辨识以及合理分配。工程项目风险是指工程项目在设计、施工和竣工验收等各个阶段可能遭受的风险。基于不同的研究视角和分类标准,按项目环境分成外部环境风险和内部机制风险,根据风险来源把风险因素归纳为自然风险、技术风险、设计风险、金融风险、市场风险、政策法律风险和环境风险等。根据 PPP 项目的基本特征,其主要风险有政策风险、汇率风险、技术风险、财务风险和营运风险等。

试想,如果每种风险都能由最善于应对该风险的合作方承担,毫无疑问,整个基础设施建设项目的成本就能最小化。

目前,学术界对于 PPP 的风险分担原则已达成共识,即 PPP 项目风险分配应遵从三条主要原则:①由对风险最有控制力的一方控制相应的风险;②承担的风险程度与所得回报相匹配;③承担的风险要有上限。风险分担结果也分为三种:政府承担的风险、社会资本承担的风险、政府与社会资本共担的风险。

3.3.4　各类 PPP 的主要运作模式

PPP,也称 PPP 融资,或者 PPP 模式。结合中国的国情,本书将 PPP 模式分为三大类:

外包类、特许经营类及私有化类。每一大类下面，又有不同的项目运作方式，见图3.2。

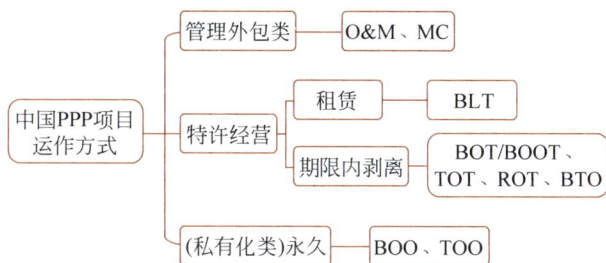

图 3.2　根据项目类型分类的 PPP 运作模式

1. 管理外包类

（1）O&M（Operations & Maintenance），即委托运营。它是指政府保留存量公共资产的所有权，而仅将公共资产的运营维护职责委托给社会资本或项目公司，并向社会资本或项目公司支付委托运营费用。社会资本或项目公司不负责用户服务的 PPP 运作方式。适用项目类型：存量项目。合同期限小于等于 8 年。

（2）MC（Management Contract），即管理合同。它是指政府保留存量公共资产的所有权，将公共资产的运营、维护及用户服务职责授权给社会资本或项目公司的项目运作方式，政府向社会资本或项目公司支付相应管理费用。适用项目类型：存量项目。合同期限小于等于 3 年。

2. 特许经营类

（1）BOT（Build Operate Transfer），即建设—经营—移交。它是指政府通过契约授予私营企业（包括外国企业）以一定期限的特许专营权，许可其融资建设和经营特定的公用基础设施，并准许其通过向用户收取费用或出售产品以清偿贷款，回收投资并赚取利润；特许权期限届满时，该基础设施无偿移交给政府。BOT 模式主要用于收费公路、电厂、废水处理设施等基础设施新建项目，是我国基础设施建设 PPP 项目的重要运作方式。合同期限：20～30 年。

（2）BOOT（Build Own Operate Transfer），即建设—拥有—运营—移交。它是指由社会资本或项目公司承担新建项目设计、融资、建造、运营、维护和用户服务职责，合同期满后项目资产及相关权利等无偿移交给政府的项目运作方式。适用项目类型：新建项目。合同期限：20～30 年。

（3）TOT（Transfer Operate Transfer），即移交—经营—移交。它是指政府部门将存量资产所有权有偿转让给社会资本或项目公司，并由其负责运营、维护和用户服务，合同期满后资产及其所有权等移交给政府的项目运作方式。适用项目类型：存量项目。合同期限：20～30 年。

（4）ROT（Renovate Operate Transfer），即改扩建—运营—移交。它是指政府在 TOT 模式的基础上，增加改扩建内容的项目运作方式。适用项目类型：存量项目。合同期限：20～30 年。

（5）BLT(Build Lease Transfer)，即建设—租赁—转让。它是指政府出让项目建设权，由社会资本或项目公司负责项目的融资和建设管理，在合同期内政府为项目的租赁人，而项目公司为承租人，租赁期满结束后，所有资产移交给政府部门。适用项目类型：新建项目。

（6）BTO(Build Transfer Operate)，即建设—移交—经营。它是指由社会资本方建设，在项目完工后向政府方移交所有权，之后再由社会资本方进行运营，这种模式适用于政府方希望在运营期内保持所有权控制的项目。

3. 私有化类

（1）BOO(Build Own Operate)，即建设—拥有—运营。由 BOT 方式演变而来，二者主要区别是 BOO 方式下社会资本或项目公司拥有项目所有权，但必须在合同中注明保证公益性的约束条款，一般不涉及项目期满移交。适用项目类型：存量项目。

（2）TOO(Transfer Own Operate)，即由投资者投资收购已建成的项目并承担项目的运行、维护、培训等工作，资产的产权归属于为项目专门设立的项目公司，而由企业负责宏观协调、创建环境、提出需求。

在我国，不同的政策文件提出的 PPP 运作模式也不尽相同，并把 O&M、MC 也归为 PPP 模式（因这两种模式合作期限一般短于 10 年，现被排除在 PPP 的范畴之外）。目前 PPP 项目较为常用的运作方式有：BOT、BOO、TOT 和 ROT。在 BOT、BOO、BOOT 三种模式中，BOOT 的私有化程度居中。

如果按照项目类型来分类，存量项目可采用 O&M、MC、TOT、ROT 等方式建设运营；而新建项目可采用 BOT、BOO 等方式建设运营，见图 3.3。具体的合作模式根据是否有存量项目、是否改扩建、是否移交等方面问题来选择。

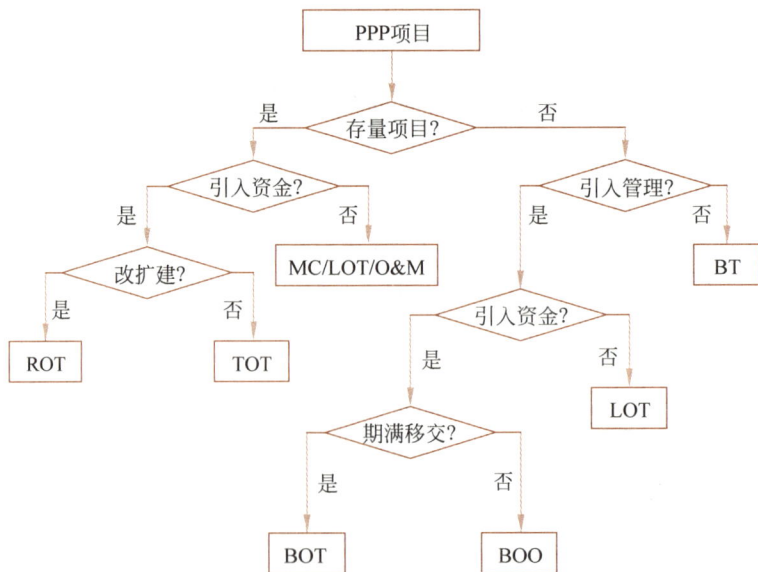

图 3.3　PPP 运作特征示意图

3.3.5　PPP 模式项目与传统模式项目的成本对比

在 PPP 模式下,项目建设成本、运营成本、维修和翻新成本以及私营机构的融资成本统称为 PPP 合同约定成本,由于私营机构在建设施工、技术、运营管理等方面的相对优势得以充分发挥,PPP 合同约定成本会小于公共部门独立开展项目时的相应成本(该成本包括:项目建设成本、运营成本、维修和翻新成本、管理成本以及留存的风险)。

2007 年,艾伦咨询集团(Allen Consulting Group)曾对澳洲的 21 个 PPP 项目和 33 个传统模式项目进行过比较,结果显示:PPP 模式在成本效率方面显著优于传统模式,从项目立项到项目全部结束,PPP 模式的成本效率比传统模式提高了 30.8%;从绝对金额看,所考察的 21 个 PPP 项目的总合同成本为 49 亿美元,项目生命周期的成本超支为 5800 万美元;相比之下,33 个传统模式项目的总合同成本为 45 亿美元,项目生命周期的成本超支达 6.73 亿美元。

3.3.6　存在的主要问题

目前,PPP 存在的问题主要体现在以下几个方面。

(1) 法律法规和政策体系还有待完善,相关文件存在着明显的差异。

(2) 政府对 PPP 的实施能力也有待提高,一些地方政府依然将 PPP 简单理解为融资手段,存在重融资、重建设、轻运营的问题。

(3) 民营资本的参与率和进入率还有待继续提高。统计显示,截至 2017 年 3 月底,民营资本的参与率为 47.3%,远低于民营资本在全社会固定资产投资 61% 的比重。

(4) 中介组织粗放发展。

(5) 支持 PPP 的金融创新也有待加强,金融的供给和 PPP 发展的需要还不够匹配。

(6) 全生命周期管理机制还有待完善。随着 PPP 项目进入到运营阶段,重建设、轻运营的问题会日益显现。

3.4　BOT 运作方式的演变、特点及其实务

BOT 主要有 BOT、BOOT 和 BOO 三种基本形式和十多种演变形式,如 BLT、TOT、BTO 等。

在国际融资领域 BOT 不仅包含了建设、运营和移交的过程,更主要的是基础设施投资、建设和经营的一种方式,具有有限追索权的特性,突出的是"基础设施特许权"。

3.4.1　BOT 模式的发展历程

1984 年,当时的土耳其总理厄扎尔首次提出了 BOT 这一术语,想利用 BOT 方式建造

一座电厂。这一做法立即引起了世界的注意和国际金融界的广泛重视,尤其是发展中国家。后来,英法海峡隧道项目的建设,则进一步促进了 BOT 模式在世界范围内的广泛应用。其实,BOT 并非新生事物,它自出现至今至少有 300 年的历史。

17 世纪英国的领港公会负责管理海上事务,包括建设和经营灯塔,并拥有建造灯塔和向船只收费的特权。但是据罗纳德·科斯(R. Coase)的调查,从 1610 年到 1675 年的 65 年当中,领港公会连一个灯塔也未建成,而同期私人建成的灯塔至少有十座。这种私人建造灯塔的投资方式与所谓 BOT 如出一辙。即:私人首先向政府提出准许建造和经营灯塔的申请,申请中必须包括许多船主的签名以证明将要建造的灯塔对他们有利并且表示愿意支付过路费;在申请获得政府的批准以后,私人向政府租用建造灯塔必须占用的土地,在特许期内管理灯塔并向过往船只收取过路费;特许权期满以后由政府将灯塔收回并交给领港公会管理和继续收费。到 1820 年,在全部 46 座灯塔中,有 34 座是私人投资建造的。可见 BOT 模式在投资效率上远高于行政部门。到了 20 世纪 80 年代,由于经济发展的需要将 BOT 捧到经济舞台上时,许多人将它当成了新生事物。

3.4.2 BOT 方式的优缺点

1. BOT 的优点

①降低政府的财政负担;②政府可以避免大量的项目风险;③组织机构简单,政府部门和私人企业协调容易;④项目回报率明确,严格按照中标价实施。政府和私人企业之间的利益纠纷少;⑤有利于提高项目的运作效率;⑥BOT 项目通常由外国的公司来承包,这样会给项目所在国带来先进的技术和管理经验,即给本国的承包商带来较多的发展机会,也会促进国际经济的融合。

2. BOT 的缺点

①公共部门和私人企业往往都需要经过一个长期的调查了解、谈判和磋商过程,以至于项目前期过长,使投标费用过高;②投资方和贷款人风险过大,没有退路,使融资举步维艰;③参与项目各方存在某些利益冲突,对融资造成障碍;④机制不灵活,降低私人企业引进先进技术和管理经验的积极性;⑤在特许期内,政府对项目控制减弱甚至失去控制权。

3.4.3 项目当事人

1. 政府

东道国政府是 BOT 项目成功与否的最关键角色之一,政府对于 BOT 的态度以及在BOT 项目实施过程中给予的支持将直接影响项目的成败。

2. 项目公司

项目发起方成立项目专设公司(项目公司),作为项目发起方,作为股东,首先应分担一定的项目开发费用。项目公司是一个独立的法律实体,是东道国的法人。项目公司同东道国政府或有关政府部门达成项目特许协议。在特许协议中要列出当政府有意转让资产时，股东拥有除债权人之外的第二优先权，从而保证项目公司不被怀有敌意的人控制，保护项目发起方的利益。

3. 其他参加人

其他参加人主要有商业银行、建筑商、招标代理商、出口信贷银行、设备供应商、营运商等。

3.4.4　项目公司的运作过程及风险因素

1. 运作过程

BOT 项目都要经过项目确定、准备、招标、各种协议和合同的谈判与签订、建设、运营和移交等过程，见图 3.4。

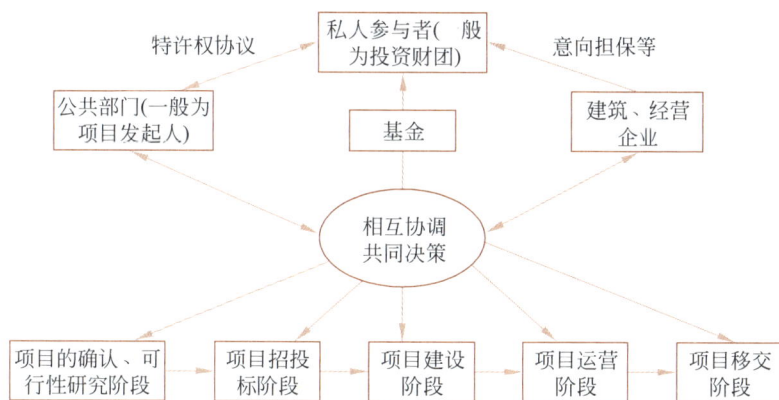

图 3.4　典型的 PPP 结构示意图

通常项目公司运作的具体步骤为：

（1）项目公司同东道国政府或有关政府部门达成项目特许协议。

（2）项目公司与建设承包商签署建设合同，并得到建筑商和设备供应商的保险公司的担保。专设公司与项目运营承包商签署项目经营协议。

（3）项目公司与商业银行签订贷款协议或与出口信贷银行签订买方信贷协议。

（4）进入经营阶段后，项目公司把项目收入转移给一个担保信托。担保信托再把这部分收入用于偿还银行贷款。

（5）当特许期结束时，项目公司将项目移交给东道国政府。

2. 风险因素

由于 BOT 模式参与者众多，投资项目生产经营周期长，从与东道国政府谈判到进行可行性研究再到经营周期结束，时间跨度往往历经数年、数十年，因此不可避免地存在多种风险。根据一些国家的实践，影响 BOT 项目风险的主要因素有：融资的高成本和长周期、金融市场的变动、东道国政府的稳定性和政策的连续性、债务风险以及与经营方式相关的风险等。正因为如此，在 BOT 融资方式的实施过程中，投资方对各种风险的考虑是十分慎重的,因为风险系数的大小直接影响投资人的投资信心和决策。相比而言,前面提到的 TOT 模式没有建设这个环节,风险要小得多。

3.4.5　BOT 应用案例

案例 1：学校后勤中央热水 BOT 项目

在学校的后勤项目(例如：热水洗浴系统,直饮水系统等)建设中引入 BOT 形式,大大加快后勤服务改革,为学校投资建设以空气源热泵或者太阳能方案的热水系统,通过配套的 IC 卡水控管理系统管理热水系统的使用、回收成本,使学校以零成本完成建设完美校园的后勤服务系统,将学校从繁杂的后勤管理工作中脱身出来。

案例 2：城市洁净水行动综合治理

本项目包括 97 个污水处理站建设、西溪河水环境综合整治、污泥处理和资源化利用等工程,总投资 29 亿元。项目采用 BOT 运作方式,以污水处理、污泥处置设施特许经营权作价覆盖总投资约 4.55 亿元。社会资本方为中信水务产业基金管理有限公司。项目公司资本金 9 亿元,剩余 16 亿元资金缺口由项目公司通过银行融资解决,见图 3.5。合同期限 30 年,回报机制为可行性缺口补助。

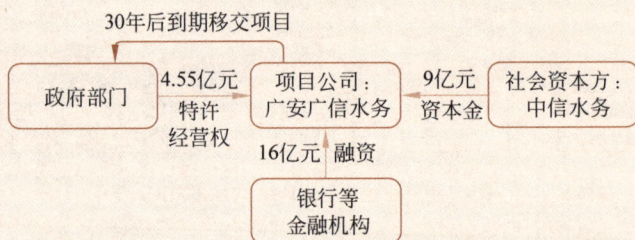

图 3.5　BOT 模式融资结构示意图

3.4.6　基于 PPP 的 BOT 模式

虽然 BOT 模式是我国最常见、最成熟的 PPP 类型。但随着 BOT 的不断发展,又演化成传统的 BOT 模式和基于 PPP 的 BOT 模式(PPP Based BOT)。二者的最大区别在于基于 PPP 的 BOT 模式强调政府非营利性资金的主动参与。与传统 BOT 模式相比,其主要创新之处在于：

(1) 政府除了为项目提供相关支持外,还部分参与项目各阶段工作(前期准备、融资、建设、运营等)。

(2) 政府不是将项目非系统风险全部转移给企业,而是与企业共同承担某些风险,并承担其最有能力承担的部分风险。

(3) 政府为项目提供财政补助可能属于公益支出,不一定要求回报。

3.5　资金结构和成本分析

3.5.1　资金结构分析

1. 资金结构的概念

资金结构是指融资方案中各种资金的比例关系。融资方案分析中资金结构分析是一项重要内容,企业应运用适当的方法确定最佳资金结构,并在以后追加筹资中继续保持。倘若资金结构不合理,应通过筹资活动进行调整,使其趋于合理。资金结构包括以下三个比例:

(1) 项目资本金与项目债务资金的比例。项目资本金与项目债务资金的比例是项目资金结构中最重要的比例关系。当资本金比例降低到银行不能接受的水平时,银行将会拒绝贷款。资本金与债务资金的合理比例需要由各个参与方的利益平衡来决定。

资本金所占比例越高,企业的财务风险和债权人的风险越小,可能获得较低利率的债务资金。由于债务资金的利息是在所得税前列支的,故可起到合理减税的效果。在项目的收益不变、项目投资财务内部收益率高于负债利率的条件下,由于财务杠杆的作用,资本金所占比例越低,则能为权益投资者获得越高的投资回报。

(2) 项目资本金内部结构的比例。项目资本金内部结构的比例是指项目投资各方的出资比例。不同的出资比例决定各投资方对项目建设与经营的决策权和承担的责任,以及项目收益的分配比例。

(3) 项目债务资金内部结构的比例。项目债务资金结构比例反映债权各方为项目提供债务资金的数额比例、债务期限比例、内债和外债比例以及外债中的各币种债务比例等。

2. 影响资金结构的因素

影响资金结构的主要因素有:①项目建设方的风险意识及所有权结构;②企业的规模;③资产结构;④利率水平的变动趋势;⑤企业的财务状况。此外,行业的资金结构因素、企业销售增长情况、贷款人和信用机构的态度以及所得税率的高低也是影响资金结构的因素。

3.5.2　资金成本分析

1. 资金成本的概念及其构成

资金成本是指企业为筹集和使用资金而付出的代价。它由两部分组成:一是资金筹集成本,二是资金使用成本。资金筹集成本是指在资金筹措过程中支付的各项费用,如银行的借款手续费、股票的发行费、债券的各项代理费用以及资金筹集过程中的相关费用等,它属于一次性费用,仅与筹集次数有关,在筹措时一次支付或扣除,在使用过程中不再发生,资金使用成本是指在资金使用期间支付给债权人的各项费用,如贷款利息、股息等,它和资金的使用时间和数额有关。一般在使用时才定期、分期支付,具有经常性、多次性、定期性的特点。

2. 资金成本的性质

资金成本是由于资金所有权与使用权分离而产生的,它具有三个属性:

(1)资金成本是资金使用者向资金所有者和中介机构支付的占用费和筹集费。

(2)资金成本与资金的时间价值不同,资金的时间价值反映的是资金在生产、流通环节的运动所带来的增值,是时间的函数,而资金成本不仅是时间的函数,而且是资金数额的函数。

(3)资金成本具有一般产品成本的基本属性,但资金成本中只有一部分具有产品成本的性质,可计入产品成本,另一部分直接作为生产性耗费,作为利润的分配。

3. 资金成本的作用

任何一个正常运营的企业都有希望以最低的成本获得资金,以提高经济效益,所以资金成本是一个重要的经济指标。资金成本具有以下作用:

(1)它是企业选择资金来源及筹资方式的重要依据。

(2)它是企业进行资金结构决策的重要依据。

(3)资金成本率是衡量企业经营业绩的一个重要标准,是企业在生产经营活动中必须获取的最低收益率。

4. 资金成本的计算

资金成本 K 可以用绝对数表示,也可以用相对数表示。

当以绝对数表示时,有

$$K = D + F \qquad (3.17)$$

式中: D——资金使用费;

F——资金筹集费。

当以相对数,即资金成本率 k 表示时,有

$$k = \frac{D}{P - F} \qquad (3.18)$$

或

$$k = \frac{D}{P(1 - f)} \qquad (3.19)$$

式中: P——筹资数额;

f——资金筹集费率。

不同资金来源,其资金成本的计算是不同的,下面作简要介绍。

1)股票

以发行股票筹集资金,其资金筹集费主要有注册费和代销费;而资金使用费主要是股息,股票的股息在税后支付。股票分为普通股和优先股,二者的区别从权利上讲主要是:普通股东享有决策的参与权、利润的分配权、优先认股权和剩余财产的分配权;而优先股的股东不具有上述权利,但普通股的股利是随公司经营状况而变动的,优先股的股利是以固定的股利率来支付的,不受公司盈利大小的影响,若当年可供分配股利不足以按约定股利率支付优先股股利时,由以后年度可供分配的股利的利润来补足。优先股的资金成本率的计算公

式为

$$k_{\mathrm{P}} = \frac{D}{P(1-f)} = \frac{P_0 i}{P_0(1-f)} = \frac{i}{1-f} \tag{3.20}$$

式中：k_{P}——优先股成本率；

　　　P_0——优先股票面值；

　　　D——优先股每年股息；

　　　i——股息率。

【例 3.6】　某项目建设以优先股方式筹集资金，票面额按正常市价计算为 200 万元，筹资费率为 4%，股息年利率为 14%，试计算其资金成本率。

【解】　代入公式(3.20)，有

$$k_{\mathrm{P}} = \frac{i}{1-f} = \frac{14\%}{1-4\%} = 14.58\%$$

故其资金成本率为 14.58%。

由于普通股的股息是随企业的经营状况而定的，因此在筹资的时候要对项目的运营状况做出准确的判断，以此来确定项目未来的收益情况，从而对普通股的股息的支付做出比较准确的预测。所以，普通股的资金成本率的计算要根据实际情况而定。

2）债券

以发行债券来筹措资金是项目融资的一个主要渠道。债券的利息在税前支付，列入企业的费用开支，可使企业少缴一部分所得税，因而在计算企业所支付的利息时要扣除这一部分费用，债券的资金成本率计算公式为

$$k_{\mathrm{B}} = \frac{D}{P(1-f)} = \frac{I(1-T)}{B_0(1-f)} = \frac{i(1-T)}{1-f} \tag{3.21}$$

式中：k_{B}——以债券融资的资金成本率；

　　　B_0——债券面值；

　　　I——债券年利息总额；

　　　T——企业所得税税率，取 25%；

　　　i——债券年利率。

3）银行贷款

银行贷款是项目常用的融资方式。向银行贷款，企业所支付的利息和费用一般可作企业的费用开支，相应减少部分利润，会使企业少缴一部分所得税，因而使企业的实际支出相应减少。其资金成本率计算公式同债券融资。

【例 3.7】　某公司为筹建一个基础项目，发行长期债券 10000 万元，筹资费率为 3%，债券年利息率 7%，问题：(1)试计算其资金成本率。(2)如果该企业不是发行长期债券，而是向银行长期贷款 10000 万元，其年利率为 7%，贷款费用率为 0.5%，试计算其资金成本率。(3)如果发行优先股，股利为 10%，发行费为 3%，求资金成本。

【解】　(1) 代入公式(3.21)有

$$k_{\mathrm{B}} = \frac{i(1-T)}{1-f} = \frac{7\%(1-25\%)}{1-3\%} = 5.41\%$$

故以债券筹资的资金成本率为 5.41%。

（2）代入公式(3.21)有

$$k_B = \frac{i(1-T)}{1-f} = \frac{7\%(1-25\%)}{1-0.5\%} = 5.28\%$$

故向银行长期借款，其资金成本率为 5.28%。

（3）$k_P = \dfrac{i}{1-f} = \dfrac{10\%}{1-3\%} = 10.31\%$ 故发行优先股的资金成本率为 10.31%。

思考

如果按 2008 年 1 月 1 日前企业所得税率 33%，试分析该债券的资金成本率的变化趋势。体会债券的利息在税前支付，为什么可使企业少缴一部分所得税？

4）租赁

租赁是融资的另一个方式，有经营租赁、融资租赁和服务租赁三种方式。企业租入固定资产，获得其使用权，同时要定期支付租金。租金列入企业成本，相应减少所得税，其资金成本率计算为

$$k_L = \frac{E}{P_L} \times (1-T) \tag{3.22}$$

式中：k_L——租赁成本率；

$\qquad P_L$——租赁资产价值；

$\qquad E$——年支付租金额。

【**例 3.8**】 某工程租入运输车辆两台，价值为 25 万元，年付租金 5000 元，所得税率为 25%，试计算其资金成本率。

【**解**】 由公式(3.22)，得

$$k_L = \frac{5000}{250000} \times (1-25\%) = 1.5\%$$

故租入车辆其资金成本率为 1.5%。

5）保留盈余

企业在利润分配中经常要将一部分净利润留存在企业中，以便于企业扩大再生产的需要，称之为留存收益，也称保留盈余，显然，其所有权属于股东。这种资金来源相当于股东对企业的再投资，只不过少了筹资费用而已。因此，其资金成本是股东失去对外投资的机会成本，而实际企业支付的只是股利，所以，其资金成本计算与普通股相同，只是少了筹资费用，计算公式为

$$k_R = \frac{D_1}{P_0} + g = i + g \tag{3.23}$$

式中：k_R——保留盈余的资金成本率；

$\qquad D_1$——留存收益的数额资金对外投资的最大股息额；

P_0——留存收益数额;

g——股利增长率。

上面计算留存收益的资金成本公式假设股利是线性递增的,如果股利是不变的,其计算公式为

$$k_R = \frac{D_1}{P_0} = i \qquad (3.24)$$

6) 平均资金成本

当一个项目需要大量资金时,一般要从不同的渠道以不同的方式来取得这些资金,其成本显然各不相同。为了进行融资与投资决策,需要对不同组合的融资方案的资金成本进行比较,所以就要计算其平均资金成本率 k。所谓平均资金成本率,就是各种渠道所筹资金成本率的加权平均数。在计算时,首先计算各种来源资金的资金成本率,然后计算各自在全部资金中所占的比重权数,最后计算其加权平均数即可。其计算公式为

$$k = \sum_{i=1}^{n} \omega_i k_i \qquad (3.25)$$

式中:ω_i——第 i 种来源资金占全部资金的比重;

k_i——第 i 种来源资金的资金成本率。

【例 3.9】 某项目筹资有两个方案,甲方案发行长期债券 300 万元,筹资费率为 3%,债券利率为 6%,优先股发行 700 万元,股利率为 8%,没有筹资费用;乙方案发行长期债券 500 万元,利率为 6%,筹资费率为 3%,企业所得税率为 25%,同时发行普通股 500 万元,筹资费率为 2%,股利率为 4%,且每年增加 4%。试比较两方案的优劣。

【解】 对于甲方案,有

$$\omega_B = \frac{300}{1000} = 30\%, \quad k_B = \frac{i(1-T)}{1-f} = \frac{6\% \times (1-25\%)}{1-3\%} = 4.64\%$$

$$\omega_P = \frac{700}{1000} = 70\%, \quad k_P = 8\%$$

故其平均资金成本率为

$$k_甲 = \sum_{i=1}^{n} \omega_i k_i = 30\% \times 4.64\% + 70\% \times 8\% = 6.99\%$$

对于乙方案,有

$$\omega_B = \frac{500}{1000} = 50\%, \quad k_B = \frac{i(1-T)}{1-f} = \frac{6\% \times (1-25\%)}{1-3\%} = 4.64\%$$

$$\omega_P = \frac{500}{1000} = 50\%, \quad k_P = \frac{4\%}{1-2\%} + 4\% = 8.08\%$$

$$k_乙 = \sum_{i=1}^{n} \omega_i k_i = 50\% \times 4.64\% + 50\% \times 8.08\% = 6.36\%$$

显然,$k_甲 > k_乙$。所以,应选择乙方案进行筹资。

思 考 题

1. 建设项目总投资由哪几部分构成？固定资产的投资估算又包括哪些内容？

2. 构成项目经济评价的基本要素是什么？投资估算的作用是什么？什么是投资主体？

3. 为什么说，对于建筑行业来说，增值税进项专用发票的取得是个难点？

4. 简述经营成本和总成本费用之间的关系。

5. 简述不同固定资产折旧方法的特点。

6. 简述项目融资的特点和操作程序，并分析项目融资与传统贷款的核心区别。

7. 试分析既有法人融资和新设法人融资的区别。

8. PPP 的主要特征是什么？为什么说中国式 PPP 完全由政府主导与推动？

9. 中国 PPP 的定义、内涵、存在的主要问题、项目的适应条件是什么？

10. PPP 模式是如何分类的？"由投资者投资收购已建成的项目并承担项目的运行、维护、培训等工作，资产的产权归属于为项目专门设立的项目公司，而由企业负责宏观协调、创建环境、提出需求"是属于哪种 PPP 模式？

11. BOT 模式的项目当事人有哪些？影响 BOT 项目风险的主要因素有哪些？

12. 试分析 PPP 与 BOT 融资方式的关系。

13. 项目资金成本的含义和构成是什么？

14. 资金结构的含义及其三个比例是什么？

15. 2009 年重庆市政府在制定建设"宜居重庆"的政策时提出："让中低收入家庭 6～7 年(市委常委会讨论通过的是 6.5 年，国外是按 5 年左右的家庭收入可购买一套商品房来计算)能买上中低档商品房。"根据该市统计局统计数字显示：该市 2008 年平均家庭收入，主城区就业的夫妻两个人一年平均在 6 万元。如果要实现市政府的目标，一个家庭用其年收入购买一套 90m² 的住房，那么重庆市商品房均价应控制在多少元/m²？如果 2008 年重庆市商品房的均价是 4300 元/m²、人均可支配收入增幅是 11%，那么重庆市商品房价格涨幅又应控制在多少？

16. 设备的原值为 2500 万元，根据企业的财务制度，折旧年限为 10 年，预计净残值率为 5%，请以平均年限法及双倍余额递减法计算其折旧额。

17. 某建设项目的工程费(设备工、器具购置费与建筑安装工程费之和)与工程建设其他费的估算额为 52180 万元，预备费为 5000 万元，项目的固定资产投资方向调节税率为 5%，建设期 3 年。3 年的投资比例是：第 1 年为 20%，第 2 年为 55%，第 3 年为 25%。第 4 年投产。该项目固定资产投资来源为自有资金和贷款。贷款的总额为 59090 万元，贷款从中国建设银行获得，年利率为 12.48%(按季计息)，试计算建设期贷款利息并估算建设投资。

18. 某工程项目计划 2011 年年初开工建设，计算期 5 年，其中建设期 1 年，生产运营期 4 年。项目建设投资总额为 1 亿元人民币，其中贷款 60%，均匀投入。预计 9000 万元形成固定资产，残值率为 10%，1000 万元形成无形资产。固定资产在运营期内按直线法折旧。建设投资贷款在项目生产运营期内按等额本息偿还，贷款年利率为 10%，按年计息。试：

（1）计算每年固定资产折旧费和无形资产摊销费。

（2）编制借款还本付息表。

19. 某公司从银行借款 10 万元，年利率 8%，公司所得税率为 25%，筹资费假设为 0，如果按下列方式支付利息：（1）一年计息 2 次；（2）一年计息 12 次。试计算借款的资金成本。

模拟自测题

计算题（1~5 题每题 16 分，6 题 20 分，共 100 分）

1. 某机器的购置成本 40000 元，使用年限估计为 5 年，净残值为 4000 元，试用年数总和法计算：

（1）各年折旧费用。

（2）各年年末的账面价值。

2. 某机械设备的资产原值为 5000 万元，折旧年限为 10 年，预计净残值率为 4%，试按不同的折旧法计算年折旧额。

3. 某新建项目，建设期为 3 年，共向银行贷款 1300 万元，第 1 年 300 万元，第 2 年 600 万元，第 3 年 400 万元，年利率为 12%，试计算建设期贷款利息。

4. 某公司发行总面额为 500 万元的 10 年期债券，票面利率为 12%，发行费用率为 5%，公司所得税率为 25%，试计算该债券的资金成本为多少？

5. 某投资项目筹集资金 8000 万元，其中发行债券 2000 万元，债券利率为 10.5%，发行费用为 18 万元；发行股票 4000 万元，资金成本率为 14.7%；留用盈余资金 1000 万元，其机会成本率为 14.7%；借贷资金 1000 万元，利息率为 12%。试求资金平均成本率。

6. 假定企业投入资金总额 600 万元，全投资利润 96 万元，试求在下列三种情况下自有资金的利润率。

（1）全部资金均为自有资金。

（2）借入资金与自有资金的比例为 1∶3，借款利息率为 10%。

（3）借入资金与自有资金的比例为 1∶1，借款利息率为 17%。

第4章 工程经济分析与评价的基本方法

        经济效果评价是投资项目评价的核心内容。按照是否考虑资金的时间价值可将评价方法分为静态评价方法和动态评价方法两类。在工程实践中,我们还将遇到多方案的比选问题和所选方案的不确定性问题。对于多方案的比选,首先要分析各方案之间的可比性,然后确定方案之间的关系类型,再根据相应的类型选择不同的经济评价方法和判断准则进行比选。本章对单方案、多方案的静态、动态评价方法、评价指标及评价准则进行了详细介绍和分析,列举了大量工程实例,最后还介绍了盈亏平衡分析和敏感性分析两种不确定性分析方法。

    工程经济分析与评价可以根据不同的评价目标、评价深度、方案的特点和可获得的数据资料等情况,选用不同的评价指标。由于经济效益是一个综合性指标,一个评价指标仅能反映某一个方面。所以,为了系统、全面地评价技术方案的经济效益,从多种可行方案中选择出最优方案,需要同时选用多种评价指标。根据经济评价指标所考虑因素及使用方法的不同,可将这些指标分为三大类:第一类是以时间单位计量的时间型指标,它反映的是一个时间周期;第二类是以货币单位计量的价值型指标,它反映的是货币绝对值;第三类是反映资金利用效率的效率型指标,它反映的是一个比例概念。由于这三类指标是从不同角度考察项目的经济性和可行性,所以,在对方案进行经济效益评价时,应当尽量同时选用这三类指标而不仅仅是单一指标。又由于方案决策结构的多样性,因此各类指标的适用范围和应用方法也是不同的。

    所谓评价,其实就是衡量客观事物的作用或是价值的大小,而这些结果的取得都是通过对事物比较得来的。在对事物进行比较和判断时,有时可以进行量化,有时就不能进行定量计算,只能进行定性分析。

    项目的经济分析与评价是对建设项目的各方案从技术、经济、资源、环境、政治、国防和社会等多方面进行全面、系统、综合的技术经济计算、分析、比较、论证和评价,从多种可行方案中选择出最优方案。它是项目投资可行性研究的核心内容。为了确保投资决策的正确性和科学性,必须研究项目的经济分析与评价方法及其指标。

    根据经济效益评价方法是否考虑了资金的时间价值,可将经济分析与评价方法分为静态评价方法和动态评价方法两类。

4.1 静态评价方法

    在经济效益评价中,不考虑资金时间价值的评价方法称为静态评价方法。静态评价方法主要有投资回收期法、投资收益率法、差额投资回收期法等。它们常用于可行性研究初始阶段的粗略分析和评价以及方案的初选阶段。

4.1.1　静态投资回收期法

1. 概念

投资回收期法,又叫投资返本期法或投资偿还期法。它是指用项目的净收益抵偿全部投资所需的时间长度。一般以年为计算单位,从项目投建之年算起,如果从投产年或达产年算起时,应予注明。投资回收期有静态和动态之分。

静态投资回收期是反映项目方案在财务上投资回收能力的指标,是一个表明投资得到补偿的速度指标,它是一个时间的限值。

2. 计算

静态投资回收期 P_t 的计算公式为

$$\sum_{t=0}^{P_t} (\mathrm{CI} - \mathrm{CO})_t = 0 \tag{4.1}$$

式中：CI——现金流入量;

　　　CO——现金流出量;

　　　$(\mathrm{CI} - \mathrm{CO})_t$——第 t 年的净现金流量。

满足上式的 P_t 值就是静态投资回收期(年)。

静态投资回收期也可根据全部投资的财务现金流量表中累计净现金流量计算求得,其详细计算公式为

$$P_t = \frac{\text{累计净现金流量开始}}{\text{出现正值的年份数}} - 1 + \frac{\text{上年累计净现金流量的绝对值}}{\text{当年净现金流量}} \tag{4.2}$$

用投资回收期评价投资项目时,需要与根据同类项目的历史数据和投资者意愿确定的基准投资回收期相比较。设基准投资回收期为 P_c, P_t 判别准则为：若 $P_t \leqslant P_c$,则项目可考虑接受;若 $P_t > P_c$,则项目应予以拒绝。

【例 4.1】(重要案例)　某项目现金流量见表 4.1,基准投资回收期 $P_c = 9$ 年,试用投资回收期法评价方案是否可行。

表 4.1　现金流量表　　　　　　　　　　　　　　　单位：万元

年份 项目	0	1	2	3	4	5	6	7	≥8
净现金流量	−6000	0	0	800	1200	1600	2000	2000	2000
累计净现金流量	−6000	−6000	−6000	−5200	−4000	−2400	−400	1600	3600

【解】　解法 1：用公式(4.1)计算投资回收期

$$\sum_{t=0}^{n} (\mathrm{CI} - \mathrm{CO})_t = -6000 + 0 + 0 + 800 + 1200 + 1600 + 2000 + \frac{400}{2000} = 0$$

$P_t = 6.2$(年)$< P_c = 9$(年),方案可行。

解法 2：用公式(4.2)计算投资回收期,有

$$P_t = 7 - 1 + \frac{|-400|}{2000} = 6.2(\text{年}) < P_c = 9(\text{年})$$

故方案可以接受。

3. 投资回收期法的优点与不足

投资回收期法的最大优点是计算比较简单。通过与标准投资回收期比较,能够判别投资方案是否可行,并且能够判别方案的优劣程度。投资回收期越短,说明项目能在较短的时间内收回投资额,在未来承担的风险也就小。但以上这些优势只是对单方案评价而言。由于这种方法没有考虑方案收回投资以后的收益及经济效果情况,容易使人接受短期效益好的方案,忽视短期效益低而长期效益高的方案。例如,有 A、B、C 三个方案,其现金流量见表 4.2。

表 4.2　各方案的现金流量表　　　　　　　　　　单位：万元

指标 年份	0	1	2	3	4	5	6	现金流量总和
方案 A	−1000	500	500	0	0	0	0	0
方案 B	−1000	500	300	200	200	200	200	600
方案 C	−1000	100	200	300	400	1000	2000	3000

比较 A、B、C 三个方案,其投资额均为 1000 万元,投资回收期分别为 2 年、3 年和 4 年,若仅依据投资回收期的长短取舍方案的话,方案 A 首先被接受,然而方案 A 投资回收以后的净收益为零,是三个方案中最差的。

由此可见,投资回收期只能判别方案是否可行,不能用于多方案比较择优。

4. 追加投资回收期法

所谓追加投资回收期,又称差额投资回收期,用符号 P_a 表示,是指在比较两个方案时,投资大的方案用每年净收益的增加额或用年经营成本的节约额(假定两方案的销售收入相同)来回收增加的投资所需要的时间。计算公式为

$$P_a = \frac{K_{\mathrm{II}} - K_{\mathrm{I}}}{\mathrm{NB}_{\mathrm{II}} - \mathrm{NB}_{\mathrm{I}}} = \frac{\Delta K}{\Delta \mathrm{NB}} \tag{4.3}$$

或

$$P_a = \frac{K_{\mathrm{II}} - K_{\mathrm{I}}}{C_{\mathrm{I}} - C_{\mathrm{II}}} = \frac{\Delta K}{\Delta C} \tag{4.4}$$

式中：K_{I},K_{II}——方案 I 和方案 II 的投资额,$\Delta K = K_{\mathrm{II}} - K_{\mathrm{I}}$；

NB_{I},$\mathrm{NB}_{\mathrm{II}}$——方案 I 和方案 II 的净现金流量,即净收益额,$\Delta \mathrm{NB} = \mathrm{NB}_{\mathrm{II}} - \mathrm{NB}_{\mathrm{I}}$；

C_{I},C_{II}——方案 I 和方案 II 的年经营成本额,$\Delta C = C_{\mathrm{I}} - C_{\mathrm{II}}$。

评价准则：若 $P_a \leqslant P_c$,应选取投资额大的方案,说明在规定的投资回收期限内,多增加的投资能够用净收益的增加额或成本的节约额加以回收；反之,若 $P_a > P_c$,应选取投资额较小的方案。

【例 4.2】(重要案例)　某工程项目有甲、乙两个方案,数据见表 4.3,试比较方案优劣,假设 $P_c = 6$ 年。

表 4.3　甲、乙两方案数据表　　　　　　单位：万元

指标	总投资	年销售收入	年经营成本	年税金	年净收益
甲方案	1000	850	400	100	350
乙方案	500	600	350	50	200

【解】　甲、乙两方案的投资回收期分别为

$$P_{a甲} = \frac{1000}{350} = 2.86（年）$$

$$P_{a乙} = \frac{500}{200} = 2.5（年）$$

$P_{a甲}$、$P_{a乙}$均小于基准投资回收期$P_c=6$年，说明两方案都是可行的。

甲、乙两方案的$P_{a(甲-乙)}$为

$$P_{a(甲-乙)} = \frac{1000-500}{350-200} = 3.33（年）$$

$P_a < P_c$，应选取投资额大的方案。其经济意义为甲方案比乙方案多投资的 500 万元能够利用每年多增加的净收益在 3.33 年内回收。

本例是两方案的比较问题，在进行多方案比较时就有一个比较顺序问题，通常采用"环比法"，其步骤为：①把各可行方案的投资按从小到大的顺序排列，依次编号Ⅰ，Ⅱ，Ⅲ，…，并增设方案 0。方案 0 又称为不投资方案或基准方案，其投资和净收益也均为 0。选择方案 0 的经济含义是指不投资于当前的方案。在一组互斥方案中增设方案 0 可避免选择一个经济上并不可行的方案作为最优方案。②比较方案 0 和方案Ⅰ，从中选出一个较好方案。③用这个较好方案和方案Ⅱ比较，再从中选出一个较好方案。如此依次进行比较，逐步淘汰，直至最后选出最优方案。

【例 4.3】　现有四个方案，产品产量完全相同，它们的投资和年经营费用见表 4.4，假设每个方案都是可行的，若$P_c=5$年，试选取最优方案。

表 4.4　四个方案的指标参数表　　　　　　单位：万元

指标	方案Ⅰ	方案Ⅱ	方案Ⅲ	方案Ⅳ
投资	28	30	36	42
年经营费用	14	12	11	10

【解】　$P_{a(Ⅰ-0)} = \frac{28-0}{14-0} = 2（年）< P_c = 5$年；

因为$P_{a(Ⅰ-0)} < P_c$，根据评价准则，选择方案Ⅰ，淘汰方案 0。

同理，$P_{a(Ⅱ-Ⅰ)} = \frac{30-28}{14-12} = 1（年）< P_c = 5$年，选方案Ⅱ。

$P_{a(Ⅲ-Ⅱ)} = \frac{36-30}{12-11} = 6（年）> P_c$，选方案Ⅱ。

$P_{a(Ⅳ-Ⅱ)} = \frac{42-30}{12-10} = 6（年）> P_c$，选方案Ⅱ。

结论：方案Ⅱ为最优方案。

必须指出,方案比较时一定要使各方案具有可比性,否则将导致错误的结论。

4.1.2　投资收益率法

1. 基准收益率

基准收益率 i_c,又称基准投资收益率、基准贴现率、基准折现率、目标收益率、最低期望收益率,是方案经济评价中的主要经济参数,是决策者对技术方案投资的资金时间价值的估算或行业的平均收益率水平,是企业或者部门所确定的投资项目应该达到的收益率标准。根据投资者意图和项目的具体情况,项目最低可接受收益率的取值可高于、等于或低于行业基准收益率,但若考虑到项目的盈利水平,一般不低于行业基准收益率。通常,若 i_c 定得太高,可能使某些投资经济效益好的方案被拒绝;i_c 定得太低,则可能会使某些投资经济效益差的方案被采纳。需要注意的是:基准收益率的最终取值是综合权衡的结果,而不是简单计算的结果。但不论如何,基准收益率要高于银行贷款利率才值得投资。确定基准收益率时主要考虑以下因素。

(1) 资金成本和机会成本。投资的机会成本是指投资者将有限的资金用于拟建项目而放弃其他投资机会所能获得的其中最好收益。机会成本不是实际支出。

(2) 投资风险。

(3) 通货膨胀。

通货膨胀是指由于货币的发行量超过商品流通所需要的货币量而引起的货币贬值和物价上涨现象。

基准收益率的确定有以下两种方法。

(1) 按当年价格预测项目现金流量时,有

$$i_c = (1+i_1)(1+i_2)(1+i_3) - 1 \approx i_1 + i_2 + i_3 \tag{4.5}$$

式中：i_1——单位资金成本和单位投资的机会成本之和;

i_2——风险贴补率,风险越大,风险贴补率越高;

i_3——通货膨胀率。

(2) 按不变价格预测项目现金流量时,有

$$i_c = (1+i_1)(1+i_2) - 1 \approx i_1 + i_2 \tag{4.6}$$

总之,资金成本和机会成本是确定基准收益率的基础,而投资风险和通货膨胀是确定基准收益率必须考虑的影响因素。另外,基准收益率也可直接选取行业或部门的基准收益率。

2. 投资收益率法

投资收益率 R 也叫投资效果系数,是指项目达到设计生产能力后的一个正常年份的净收益额与项目总投资的比率。对生产期内各年净收益额变化幅度较大的项目,则应计算生产期内年平均净收益额与项目总投资的比率。其计算公式为

$$R = \frac{\mathrm{NB}}{K} \tag{4.7}$$

式中：K——投资总额，包括固定资产投资和流动资金等；

　　NB——正常年份的年净收益额或年平均净收益额，包括企业利润和折旧。

当项目投产后各年的净收益为一稳定值时，显然有

$$R = \frac{1}{P_t} \tag{4.8}$$

即投资回收期与投资收益率互为倒数。

投资收益率指标既没有考虑资金的时间价值，也没有考虑项目建设期、寿命期等众多经济数据，故一般仅用于技术经济数据尚不完整的初步可行性研究阶段。用投资收益率指标评价投资方案的经济效果，需要与根据同类项目的历史数据及投资者意愿等确定的基准投资收益率 i_c 作比较。其判别准则为：若 $R \geqslant i_c$，则项目可考虑接受；若 $R < i_c$，则项目予以拒绝。

【例 4.4】　某项目现金流量见表 4.5，假定全部投资中没有借款，现已知 $i_c = 20\%$，试以投资收益率指标判断项目取舍。

表 4.5　现金流量表　　　　　　　　　　　　　单位：万元

年份	0	1	2	3	4	5	6	7	8
投资	1300								
收入	0	400	300	200	200	200	200	200	200

【解】　由表中数据可得

$$NB = \frac{400 + 300 + 200 \times 6}{8} = 237.5(万元)$$

$$R = \frac{237.5}{1300} = 0.183 < i_c = 20\%$$

故项目应予以拒绝。

当用下面方法计算静态投资回收期 P_t 时

$$\sum_{t=0}^{P_t} (CI - CO)_t = -1300 + 400 + 300 + 200 + 200 + 200 = 0$$

$P_t = 5$ 年，代入公式(4.8)，得

$$R = \frac{1}{P_t} = \frac{1}{5} = 0.2 = 20\% = i_c$$

由于 $R = i_c$，故项目可以考虑接受。这里两种方法评价结果不一致，其原因是使用公式(4.8)时要求各年的净收益为一稳定值。但此例也说明投资回收期法对早期效益好的方案有利。

4.1.3　静态评价方法小结

静态投资回收期的优点：第一，概念清晰，直观性强，计算简单，主要适用于方案的粗略评价；第二，也是最重要的，该指标不仅在一定程度上反映项目的经济性，而且反映项目的

风险大小。这就是回收期法之所以被广泛使用的主要原因。对一些资金筹措困难的公司，希望能尽快地将资金回收，回收期越长，其风险就越大，反之则风险小。因此，作为能够反映一定经济性和风险性的投资回收期指标，可以作为项目评价的辅助性指标，在项目评价中具有独特的地位和作用，如当未来的情况很难预测，而投资者又特别关心资金的补偿速度时，投资回收期法是很有用的。

静态投资回收期和投资收益率只能判断方案可行与否，对多方案的评价比较，可用追加投资回收期法。

静态投资回收期指标的缺点在于：第一，它没有反映资金的时间价值，当项目运行时间较长时不宜采用；第二，由于没有考虑回收期以后的收入与支出数据，故不能全面反映项目在寿命期内的真实效益。此外，在对项目评价时这种方法对早期效益好的方案有利。

4.2　动态评价方法

考虑资金时间价值的评价方法叫动态评价方法。动态评价方法主要有现值法、年值法、动态投资回收期法、内部收益率法等。动态评价方法是以等值计算公式为基础，采用复利计算方法，把投资方案中发生在不同时点的现金流量转换成同一时点的值或等值序列，计算出方案的特征值(指标值)，然后依据一定的标准在满足时间可比的条件下，进行评价比较，确定满意方案。动态评价方法主要用于详细可行性研究中对方案的最终决策，它是经济效益评价的主要评价方法。

4.2.1　动态投资回收期法

动态投资回收期法即在计算投资回收期时考虑资金的时间价值，其表达式为

$$\sum_{t=0}^{P_D}(CI-CO)_t(1+i_c)^{-t}=0 \tag{4.9}$$

式中：P_D——动态投资回收期，是按基准收益率将各年净收益和投资折现，使现值刚好等于零的计算期期数，也可用全部投资的财务现金流量表中的累计净现值计算求得，即

$$P_D=累计净现值开始出现正值的年份数-1+\frac{上年累计净现值的绝对值}{当年净现值} \tag{4.10}$$

判别准则：设基准动态投资回收期为 P_b，若 $P_D \leqslant P_b$，项目可被接受；否则，$P_D > P_b$，项目应予拒绝。

【例 4.5】(重要案例)　用例 4.1 的数据计算动态投资回收期，并对项目的可行性判断取舍($i_c=10\%$)。

【解】　计算过程见表 4.6。将数据代入公式(4.10)中，得

$$P_D=9-1+\frac{497.6}{848.2}\approx 8.59(年)<9\ 年$$

故该方案可以接受。

表 4.6　现金流量表 单位：万元

年份 项目	0	1	2	3	4	5	6	7	8	9	≥10
净现金流量	−6000	0	0	800	1200	1600	2000	2000	2000	2000	2000
累计净现金流量	−6000	−6000	−6000	−5200	−4000	−2400	−400	1600	3600	5600	
现值系数	1.0	0.9091	0.8264	0.7513	0.6830	0.6209	0.5645	0.5132	0.4665	0.4241	
净现值	−6000	0	0	601	819.6	993.5	1128.9	1026.3	933.0	848.2	
累计净现值	−6000	−6000	−6000	−5399	−4579.3	−3585.8	−2456.9	−1430.6	−497.6	350.6	

　　动态投资回收期也没有考虑回收期以后的经济效果，因此不能全面反映项目在寿命周期内的真实效益。通常只用于辅助性评价。

4.2.2　净现值法

1. 概念及计算

　　净现值法是通过对互斥方案的净现值比较来评价方案的优劣，是建设项目财务评价中计算投资经济效果的一种常用的动态分析方法。净现值（NPV）是指按一定的折现率（基准收益率 i_c），将方案寿命期内各年的净现金流量折现到计算基准年（通常是期初，即第 0 年）的现值的代数和。净现值 NPV 的计算公式为

$$\text{NPV} = \sum_{t=0}^{n} (\text{CI} - \text{CO})_t (1 + i_c)^{-t} \tag{4.11}$$

式中：n——项目计算期。

　　净现值的判别准则：对单一方案，若 NPV ≥0，表示项目实施后的实际收益率不小于 i_c，方案予以接受；若 NPV <0，表示项目的实际收益率未达到 i_c 或小于通常资金运用机会的收益率，应拒绝方案；多方案比较时，在投资额相等的前提下，以净现值大的方案为优。

　　【例 4.6】（重要案例）　某企业基建项目可有 A、B 两个设计方案。其建设期为 1 年，计算期为 5 年，i_c =10%。其中方案 A 的初期投资为 1750 万元，年经营成本 500 万元，年销售额 1500 万元，第三年年末工程项目配套追加投资 1000 万元，残值为零；方案 B 的初期投资为 2700 万元，年经营成本 700 万元，年销售额 2100 万元，第三年年末工程项目配套追加投资 1300 万元，残值 100 万元。试计算投资方案的净现值，并用净现值法对方案进行评价选择。

　　【解】　第一步，计算两方案的 NPV。

　　方案 A、B 的现金流量如图 4.1 所示。

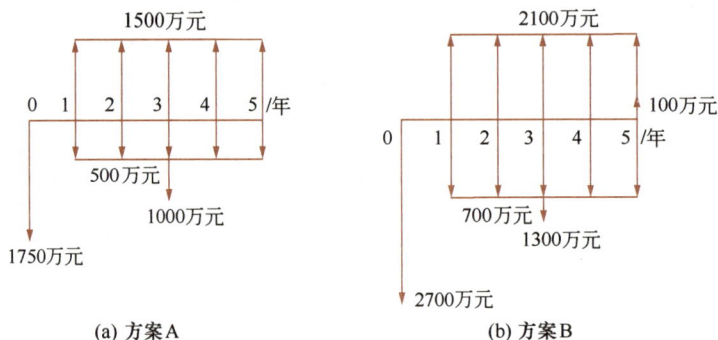

图 4.1　项目现金流量图

$$NPV_A = -1750 + (1500-500)(P/A,10\%,5) - 1000(P/F,10\%,3)$$
$$= -1750 + 1000 \times 3.7908 - 1000 \times 0.7513$$
$$= -1750 + 3790.8 - 751.3$$
$$= 1289.5(万元) > 0$$
$$NPV_B = -2700 + (2100-700)(P/A,10\%,5) - 1300(1+10\%)^{-3} + 100(1+10\%)^{-5}$$
$$= -2700 + 1400 \times 3.7908 - 1300 \times 0.7513 + 100 \times 0.6209$$
$$= -2700 + 5307.12 - 976.69 + 62.09$$
$$= 1692.52(万元) > 0$$

净现值也可用现金流量表来计算,本例方案 A 的净现值计算过程见表 4.7。

表 4.7　方案 A 财务现金流量表　　　　　　　　　　　　单位:万元

年限①	费　　用		销售收入④	净现金流量⑤=④-③-②	现值系数$(P/F,10\%,n)$⑥	第 t 年净现值⑦=⑤×⑥	累计净现值⑧
	投资②	经营成本③					
0	1750	0	0	-1750	1.0000	-1750	-1750
1		500	1500	1000	0.9091	909.1	-840.9
2		500	1500	1000	0.8264	826.4	-14.5
3	1000	500	1500	0	0.7513	0	-14.5
4		500	1500	1000	0.683	683	668.5
5		500	1500	1000	0.6209	620.9	1289.4

第二步,比较。

因为 NPV_A,$NPV_B > 0$,所以 A、B 两个方案除均能达到 10% 的基准收益率外,在服务期末还能分别获得 1289.5 万元和 1692.52 万元的超额净现值收益(抵偿投资后的净收益),即较通常的资金运用机会获得的收益要大,说明两个方案在经济上都是可行的。

由于两方案的投资额相差较大,故该例还要用净现值率法进行比较,否则会得出错误的结论。

同样,例 4.6 也可用净终值法(NFV)求解,其公式为

$$NFV = NPV(1 + i_c)^n = \sum_{t=0}^{n}(CI - CO)_t(1 + i_c)^{n-t} \qquad (4.12)$$

2. 净现值函数

所谓净现值函数,就是指净现值 NPV 随折现率 i 变化的函数关系。由净现值 NPV 的计算公式(4.11)和整付现值系数的定义可知,当方案的净现金流量固定不变而 i 值变化时,则 NPV 将随 i 的增大而减小;若 i 连续变化,可得出净现值 NPV 随 i 变化的函数曲线,此即净现值函数曲线,如图 4.2 所示。净现值函数一般具有以下性质。

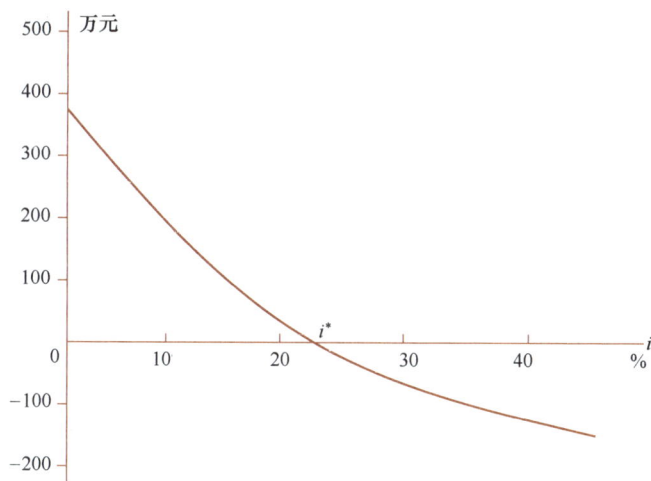

图 4.2　净现值函数曲线

(1) 净现值函数是一个减函数。同一净现金流量的净现值随 i 的增大而减小,直至为零或负值。因此,随着 i 的变化,必然会有当 $i=i^*$ 时,使得 $NPV(i^*)=0$,如图 4.2 所示。这里 i^* 是一个具有重要经济意义的折现率临界值,后面将对它作重点分析。

(2) 随着 i 的增大,现金流量发生的时点距现时点越远,则对现值的影响越小。因而,在多方案比选时,投资额小的方案较投资额大的方案显得更为有利,参见表 4.8。

表 4.8　方案 A、B 在 i_c 变动时的净现值　　　　　　　　　　　　单位:万元

年份	0	1	2	3	4	5	NPV(10%)	NPV(20%)
方案 A	−230	100	100	100	50	50	83.91	24.81
方案 B	−100	30	30	60	60	60	75.40	33.58

净现值是反映方案投资盈利能力的一个重要指标,广泛应用于方案的经济评价中。其优点是考虑了资金时间价值和方案在整个计算期内的费用和收益情况,它以金额表示投资收益的大小,且反映的是纳税后的投资效果,比较直观。但净现值指标存在以下不足:

(1) 需先确定一个符合经济现实的基准收益率 i_c,而 i_c 的确定有时是比较难的。

(2) 不能说明项目在运营期间各年的经营成果。

(3) 不能直接反映项目投资中单位投资的使用效率。

在计算净现值时应注意以下两点:

（1）各年净现金流量的估计，其预测的准确性至关重要。

（2）折现率 i 的选取。

净现值曲线是一条以 K_0 为渐近线的曲线，K_0 是方案开始时的投资额。通常，曲线与横轴有唯一的交点，并在 $(0,\infty)$ 范围内。

3. 费用现值法

在对多个方案比较选优时，如果诸方案产出的价值相同或者诸方案能够满足同样需要，但其产出效益难以用价值形态计量时（如环保、教育、保健、国防等），可以通过对各方案费用（成本）现值或费用（成本）年值的比较进行选择，其值越小，说明方案的经济效益越好。所谓费用现值，就是把不同方案计算期内的各年年成本按 i_c 换算成基准年的现值和，再加上方案的总投资现值。

考虑资金时间价值的费用现值 PC 公式为

$$PC = \sum_{t=0}^{n} CO_t (P/F, i_c, t) = \sum_{t=0}^{n} (K + C - S_v - W)_t (P/F, i_c, t) \tag{4.13}$$

式中：K——投资总额，包括固定资产投资和流动资金等；

C——年经营成本；

S_v——计算期末回收的固定资产余值；

W——计算期末回收的流动资金。

4.2.3 净现值率法

净现值率（NPVR）反映了投资资金的利用效率，常作为净现值的辅助指标。净现值率是指按 i_c 求得的方案计算期内的净现值与其全部投资现值的比率。NPVR 的计算公式为

$$NPVR = \frac{NPV}{K_P} \tag{4.14}$$

式中：K_P——项目总投资现值。

净现值率的经济含义是单位投资现值所取得的净现值额（或超额净收益）。净现值率的最大化，将有利于实现有限投资取得净贡献的最大化。

净现值率法的判别准则：当 NPVR≥0 时，方案可行；当 NPVR＜0 时，方案不可行；用净现值率法进行多方案比较时，以 NPVR 较大的方案为优，它体现了投资资金的使用效率。该法主要适用于多方案的优劣排序。

【例 4.7】 用净现值率法对例 4.6 的方案 A、B 进行比较择优。

【解】 由例 4.6 知，方案 A、B 的净现值分别为

$$NPV_A = 1289.5 \text{ 万元}, \quad NPV_B = 1692.52（万元）$$

总投资的现值分别为

$$K_{PA} = 1750 + 751.3 = 2501.3（万元）$$
$$K_{PB} = 2700 + 976.69 - 62.09 = 3614.6（万元）$$

根据公式(4.14)按 NPVR 判断,即

$$\text{NPVR}_A = \frac{1289.5}{2501.3} = 0.5155$$

$$\text{NPVR}_B = \frac{1692.52}{3614.6} = 0.4682$$

$\text{NPVR}_A > \text{NPVR}_B$,故方案 A 为优选方案,与净现值法的结论相反。由此可见,当投资额不相同时,需对方案的投资效率进行比较,才能对方案进行评价和决策。

这里,$\text{NPVR}_A = 0.5155$ 的含义是:方案 A 除保证 i_c 达 10% 的基准收益率外,每万元现值投资还可获得 0.5155 万元的超额净收益;方案 B 每万元现值投资仅可获得 0.4682 万元的超额净收益,故方案 A 为优。

4.2.4　差额净现值法

1. 差额现金流量

两个互斥方案之间的现金流量之差(通常为投资额较大方案的现金流量减去投资额较小方案的现金流量)构成新的现金流量,称之为差额现金流量。例如,有 A、B 两个方案,其差额现金流量如图 4.3 所示,称之为差额方案(B－A),其含义是方案 B 比方案 A 多投资 11 万元,而方案 B 每年净收益比方案 A 多 2 万元。

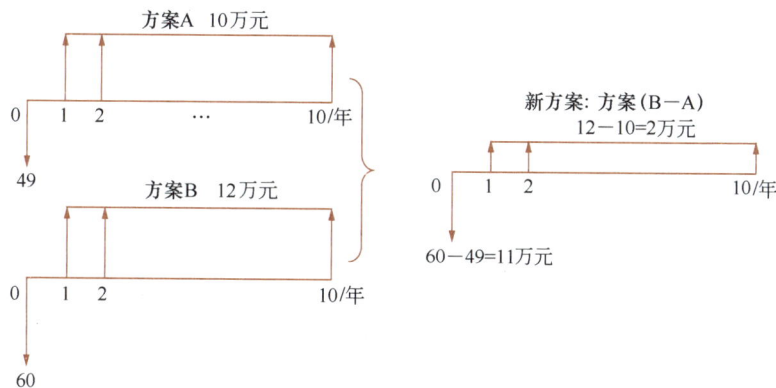

图 4.3　差额现金流量与差额方案

特别提示

这里将差额现金流量称为差额方案是强调差额现金流量并不仅存在于理论的分析计算中,而且更主要的是它具有重要的实用意义。在实际工作中,经常会遇到难以确定每个具体方案的现金流量的情况,但方案之间的差异却是易于了解的,这就形成差额方案。例如,用一台新设备(一方案)代替生产流程中某一老设备(另一方案),这时如果要确定各方案各自的现金流量、特别是方案的收益是很难的,但可以较容易地确定用新设备代替老设备而引起现金流量的变化。

2. 差额净现值及其经济含义

差额净现值就是指两互斥方案构成的差额现金流量的净现值,用符号 ΔNPV 表示,它体现了差额净现金流量的投资效果(与基准收益率相比较)。设两个互斥方案为 j 和 k,寿命期皆为 n,基准收益率为 i_c,第 t 年的净现金流量分别为 C_t^j、C_t^k,$(t=0,1,2,\cdots,n)$,则

$$\Delta NPV_{k-j} = \sum_{t=0}^{n}(C_t^k - C_t^j)(1+i_c)^{-t} \tag{4.15}$$

根据 ΔNPV 的概念及 NPV 的经济含义,ΔNPV 的大小表明下面几方面的含义:

(1) 当 $\Delta NPV=0$,表明投资大的方案比投资小的方案(分别设为 k 方案和 j 方案,下同)多投资的资金,可以通过 k 方案比 j 方案多得净收益回收,并恰好取得既定的收益率(基准收益率),说明两个方案在经济上等值,这时可认为投资大的方案较优。

(2) 当 $\Delta NPV>0$,表明 k 方案比 j 方案多投资的资金可以通过 k 方案比 j 方案多得净收益回收,并取得超过既定的收益率的收益,其超额收益的现值即为 ΔNPV,说明经济上 k 方案优于 j 方案。

(3) 当 $\Delta NPV<0$ 时,表明 k 方案比 j 方案多得净收益与多投资的资金相比达不到既定的收益率,甚至不能通过多得收益收回多投资的资金。表明经济上 k 方案劣于 j 方案。

所以,可以根据 ΔNPV 数值的大小来比较两个方案在经济上的优劣。例如,图 4.3 中方案 A 与方案 B 的差额净现值为

$$\Delta NPV_{B-A} = -11 + 2 \times (P/A,10\%,10) = 1.29(万元) > 0$$

则方案 B 在经济上优于方案 A。

用 ΔNPV 法比较多方案时,通常采用前述的"环比法"。

【例 4.8】 用差额净现值法对例 4.6 的方案 A、B 进行比较择优。

【解】 由图 4.1 知,方案 B 与方案 A 的差额净现值为

$$\begin{aligned}\Delta NPV_{B-A} &= -(2700-1750)-(1300-1000)(P/F,10\%,3)+\\&\quad (1400-1000)(P/A,10\%,5)+100(P/F,10\%,5)\\&= -2700-300\times0.7513+400\times3.7908+100\times0.6209\\&= -950-225.39+1516.32+62.09\\&= 403.02(万元) > 0\end{aligned}$$

$\Delta NPV_{B-A}>0$,表明方案 B 比方案 A 多投资的资金(差额),可以通过方案 B 比方案 A 多得的净收益(差额)回收,方案 B 可取得超过既定收益率($i_c=10\%$)的收益,其超额收益的现值即为 403.02 万元,说明经济上方案 B 优于方案 A。

由此可见,当两个互斥方案的投资额不同且相差较大时,除了用净现值法对投资方案进行比较外,还需用净现值率法和差额净现值法分别对投资资金的使用效率和投资效果进行比较。并综合考虑项目的实际背景和投资资金的应用要求后,才能对方案进行评价和决策。

4.2.5 年值法

年值(金)法是把每个方案在寿命期内不同时点发生的所有现金流量都按设定的收益率(如 i_c)换算成与其等值的等额支付序列年值(金)。由于换算为各年的等额现金流量,所以

满足了时间上的可比性,故可据此进行不同寿命期方案的评价、比选。

1. 净年值法

净年值法是将方案各个不同时点的净现金流量按 i_c 折算成与其等值的整个寿命期内的等额支付序列年值后再进行评价、比选的方法。净年值的计算公式为

$$\text{NAV} = \text{NPV}(A/P, i_c, n) = \left[\sum_{t=0}^{n}(\text{CI}-\text{CO})_t(P/F, i_c, t)\right](A/P, i_c, n) \quad (4.16)$$

净年值的判别准则:当 NAV<0,拒绝接受方案;当 NAV≥0 时,方案可行。此时净年值的经济意义是方案在寿命期内除每年获得按 i_c 计算的收益外,还可获得与 NAV 等额的超额净收益。若为多方案比较时,在投资额相等的前提下,净年值越大,方案经济效果越好。

将公式(4.16)与公式(4.11)相比较可知,净年值与净现值两个指标的比值为一常数,故在评价方案时,结论总是一致的。因此,就项目的评价结论而言,净年值与净现值是等效评价指标,具有相同的基本性质。净现值给出的信息是项目在整个寿命期内获取的超出最低期望盈利的超额净收益现值;净年值则给出项目在寿命期内每年的等额超额净收益。由于在某些决策结构形式下,采用净年值法比采用净现值法更为简便和易于计算,特别是净年值指标可直接用于寿命期不等的多方案比较,故净年值指标在经济评价指标体系中占有相当重要的地位。

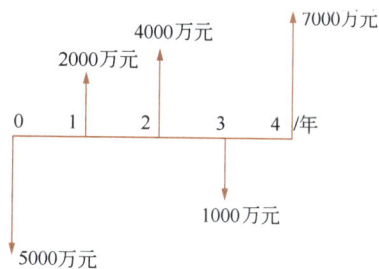

图 4.4 投资方案现金流量

【**例 4.9**】 某投资方案的净现金流量如图 4.4 所示,设 $i_c=10\%$,求该方案的净年值 NAV。

【**解**】 用现值求:

$$\begin{aligned}
\text{NAV} &= [-5000+2000(P/F,10\%,1)+4000(P/F,10\%,2)-\\
&\quad 1000(P/F,10\%,3)+7000(P/F,10\%,4)](A/P,10\%,4)\\
&= 1311(万元)
\end{aligned}$$

用终值求:

$$\begin{aligned}
\text{NAV} &= [-5000(F/P,10\%,4)+2000(F/P,10\%,3)+4000(F/P,10\%,2)-\\
&\quad 1000(F/P,10\%,1)+7000](A/F,10\%,4)\\
&= 1311(万元)
\end{aligned}$$

2. 费用年值法

与净现值和净年值指标的关系类似,费用年值与费用现值也是一对等效评价指标。费用年值是将方案计算期内不同时点发生的所有费用支出,按 i_c 折算成与其等值的等额支付序列年费用。费用年值 AC 的计算公式为

$$\begin{aligned}
\text{AC} &= \left[\sum_{t=0}^{n}\text{CO}_t(P/F, i_c, t)\right](A/P, i_c, n)\\
&= \left[\sum_{t=0}^{n}(K+C-S_v-W)_t(P/F, i_c, t)\right](A/P, i_c, n) \quad (4.17)
\end{aligned}$$

【**例 4.10**】 某建筑工程公司欲购置大型的施工机械。现有 A、B 两个互斥的方案,两

个方案的效益和质量都是相同的,但每年(已折算到年末)的作业费用不同,寿命期限也不同,见表 4.9,设 $i_c=12\%$,应选择哪种机械为好?

表 4.9　两个互斥的投资方案

投资方案	初期投资额/万元	作业费用/(万元/年)	寿命期/年
A	20	4.5	4
B	30	4	6

【解】　由于该机械的两个投资方案效率和质量相同,因而使用时的收益应该是完全相同的,不同的是每年的作业费用和寿命期。

$$AW_A = 20(A/P,12\%,4)+4.5 = 11.08(万元)$$
$$AW_B = 30(A/P,12\%,6)+4.0 = 11.30(万元)$$

故方案 A 为较优方案。

4.2.6　内部收益率法

内部收益率,又称内部报酬率,它是除净现值以外的另一个最重要的动态经济评价指标。内部收益率是求所得与所耗的相对值,而净现值是求所得与所耗的绝对值。

1. 概念

【例 4.11】(重要案例)　某施工企业投资 1000 万元购置了一部重型塔吊,该设备 3 年后报废,残值为零,各年末的净收益如图 4.5 所示。如果将该投资问题加以抽象,看作向银行存款 1000 万元(复利),此后 3 年每年年末分别取出 600 万元、500 万元和 400 万元,3 年末其存款的余额为零。显然,这样做并不改变问题的实质。那么,若要达到上述目的,则银行存款的利率是多少?

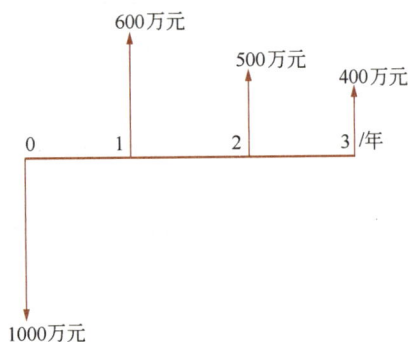

【解】　设该银行的利率为 i,则各年年末存款的余额应为

图 4.5　净现金流量图(单位:万元)

第一年年末：　　$-1000(1+i)+600$

第二年年末：　　$[-1000(1+i)+600](1+i)+500$

第三年年末：　　$\{[-1000(1+i)+600](1+i)+500\}(1+i)+400$

因第三年年末存款的余额为零,故有下式成立,即

$$-1000(1+i)^3+600(1+i)^2+500(1+i)+400 = \sum_{t=0}^{3}(CI-CO)_t(1+i)^t = 0$$

上式左边恰是该方案现金流量的净将来值。如果用 $(1+i)^3$ 去除上式的两边,则得到该方案现金流量的净现值,即

$$-1000 + \frac{600}{1+i} + \frac{500}{(1+i)^2} + \frac{400}{(1+i)^3} = \sum_{t=0}^{3}(CI-CO)_t(1+i)^{-t} = 0$$

同样,对净年值也可得出类似上面的结论。因此,所谓内部收益率是指项目在寿命期内可使现金流量的净现值(净将来值或净年值)等于零时的折现率(或利率),记为 IRR。从投入的角度讲,IRR 反映项目投资贷款所能承受的最高利率;从产出的角度讲,IRR 代表项目能得到收益的程度。因此,内部收益率与净现值、净将来值、净年值的评价结论是一致的。

2. 内部收益率的求法

由内部收益率的定义可知,当用净现值等于零的概念求解时,IRR 可由下式求得,即

$$NPV(IRR) = \sum_{t=0}^{n}(CI-CO)_t(1+IRR)^{-t} = 0 \qquad (4.18)$$

由于求解 IRR 的公式(4.18)是一个一元高次方程,因此,在实际应用中通常采用"线性插值法"求 IRR 的近似解,其求解步骤如下:

第一步,计算方案各年的净现金流量。

第二步,在满足下列两个条件的基础上预估两个适当的折现率,且 $i_1 \neq i_2$:①$i_1 < i_2$,且$(i_2 - i_1) \leqslant 5\%$;②$NPV(i_1) > 0$,$NPV(i_2) < 0$。

如果预估的 i_1 和 i_2 不满足这两个条件则要重新预估,直至满足条件。

第三步,用线性插值法计算 IRR 的近似值,其公式为

$$IRR = i_1 + \frac{NPV_1}{NPV_1 + |NPV_2|}(i_2 - i_1) \qquad (4.19)$$

式中:i_1——插值用的低折现率;

　　NPV_1——用 i_1 计算的净现值(正值);

　　i_2——插值用的高折现率;

　　NPV_2——用 i_2 计算的净现值(负值)。

以例 4.10 为例,根据净现值函数,求该问题的 IRR。

首先取 $i_1 = 25\%$,则有

$$NPV(i_1) = -1000 + \frac{600}{1+0.25} + \frac{500}{(1+0.25)^2} + \frac{400}{(1+0.25)^3}$$
$$= 4.8(万元)$$

因 NPV(25%)>0,说明 25% 取小了,应加大 i。

取 $i_2 = 27\%$,则有

$$NPV(i_2) = -1000 + \frac{600}{1+0.27} + \frac{500}{(1+0.27)^2} + \frac{400}{(1+0.27)^3}$$
$$= -22.283(万元)$$

因 NPV(27%)<0,说明使 NPV(IRR)=0 的 IRR 值(内部收益率)在25%~27%之间。此时利用公式(4.18)可求得 IRR 值为

$$\text{IRR} = 25\% + 2\% \times \left[\frac{4.8}{4.8 + 22.283} \right] = 25.35\%$$

即上述投资方案的内部收益率为 25.35%。

3. 内部收益率与方案评价

内部收益率 IRR 实质上描述的是投资方案本身的"效率",当求得的投资方案的效率较进行其他投资的效率(例如基准收益率 i_c 或设定的收益率)大时,说明前者较后者好。因而,有下述关系成立:当 $\text{IRR} \geqslant i_c$ 时,该方案可接受;当 $\text{IRR} < i_c$ 时,该方案应予拒绝。但内部收益率法不能直接用于多方案的比选。

4. 内部收益率的经济含义

内部收益率是用以研究项目方案全部投资的经济效益问题的指标,其数值大小与项目初始投资和项目在寿命期内各年的净现金流量的大小有关。内部收益率表达的不是一个项目初始投资在整个寿命期内的盈利率,而是尚未回收的投资余额的年盈利率。

仍以例 4.10 为例,根据求出的 IRR = 25.35%,它表示尚未偿还的(即仍在占用的)资金在 25.35% 的利率情况下,第 3 年年末可以使占用资金全部偿还,具体偿还过程如图 4.6 所示。

如果第 3 年年末的净收益不是 400,而是 440,那么按 25.35% 的利率,到期末除全部偿还占用的资金外,还有 40 万元的富裕。为了期末刚好使资金全部偿还,利率还可高于 25.35%。即 IRR > 25.35%。

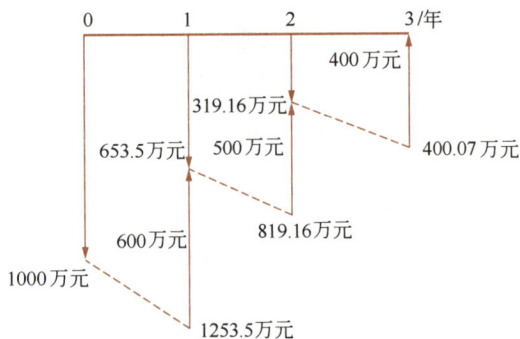

图 4.6　资金偿还过程

内部收益率的经济含义也可以这样理解:在项目的整个寿命期内按利率 $i = \text{IRR}$ 计算,始终存在未能收回的投资,而在寿命期结束时,投资恰好被完全收回。也就是说,在项目寿命期内,项目始终处于"偿付"未被收回的投资的状况。因此,IRR 可以理解为工程项目对占用资金的一种偿还能力,这种能力完全取决于项目内部,其值越高,一般来说方案的经济性越好,故有"内部收益率"之称谓。

5. 与内部收益率有关的几个问题的讨论

1)内部收益率具有多个解的情况

内部收益率方程式(4.18)是一个高次方程,求内部收益率实际是求方程的根。一个 n 次方程,必有 n 个根(包括复数根和重根),故其正实数根可能不止一个。因此,内部收益率方程可能有多个解。

净现金流序列符号只变一次的项目称作常规项目;净现金流序列符号变化多次的项目称作非常规项目。可以证明,对于非常规项目,只要内部收益率方程存在多个正根,则所有的根都不是真正的项目内部收益率,这时内部收益率法失效。但若非常规项目的内部收益率方程只有一个正根,则这个根就是项目的内部收益率。

例如,对表 4.10 中的净现金流量序列,内部收益率方程的实数根为 $i_1 = 12.97\%$,$i_2 = -230\%$,$i_3 = -142\%$,这里大于零的 i 只有 i_1,根据 i_1 各年末回收的投资余额计算结果列于表 3.10。很容易判定 12.97% 是项目的内部收益率。

表 4.10　符号变化多次的净现金流量表　　　　　　　　单位：万元

年末	0	1	2	3	4	5	备注
净现金流量	-100	60	50	-200	150	100	
未回收的投资	-100	-52.97	-9.84	-211.12	-88.5	0	$i_1 = 12.97\%$

2）内部收益率不存在

图 4.7 所示的三种现金流量都不存在有明确经济含义的内部收益率。

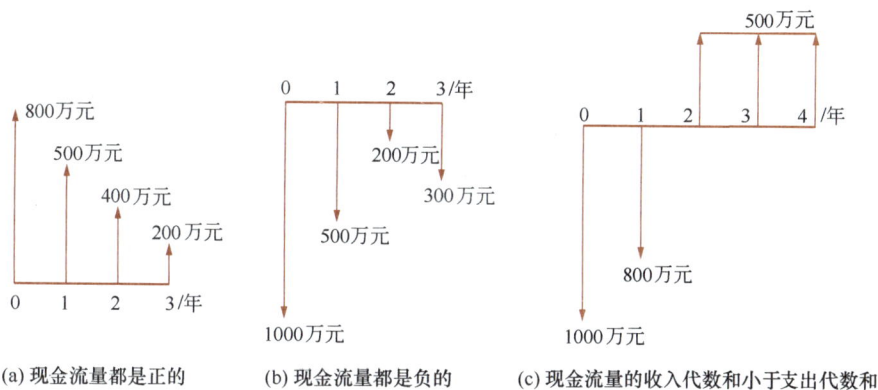

(a) 现金流量都是正的　　　(b) 现金流量都是负的　　　(c) 现金流量的收入代数和小于支出代数和

图 4.7　不存在内部收益率的净现金流量图

3）非投资的情况

非投资是一种较特殊的情况，如图 4.8 所示，即先从项目取得资金，然后偿付项目的有关费用，如现有项目的转让。

6. 内部收益率法的优缺点

1）优点

（1）反映了投资的使用效率，概念清晰、明确。

（2）内部收益率仅根据工程项目本身的现金流量就可求出来，避免了像计算净现值或净年值时需要事先给定既困难又易引起争议的基准收益率。

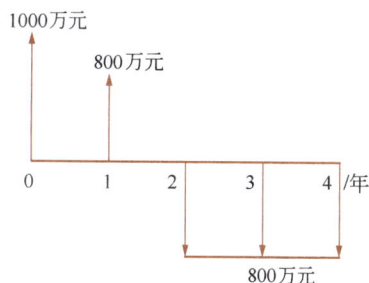

图 4.8　非投资情况

2）缺点

（1）不能在所有情况下给出唯一的确定值。

（2）在多方案比较时不能按内部收益率的高低直接决定方案的取舍，而要用差额投资内部收益率指标进行比选。

4.2.7　差额投资内部收益率法

差额投资内部收益率是两方案各年净现金流量差额的现值之和等于零时的折现率或是两方案净现值相等时的折现率，用符号 $\Delta\mathrm{IRR}$ 表示，其表达式为

$$\sum_{t=0}^{n} \left[(\mathrm{CI} - \mathrm{CO})_2 - (\mathrm{CI} - \mathrm{CO})_1 \right]_t (1 + \Delta\mathrm{IRR})^{-t} = 0$$

或

$$\sum_{t=0}^{n} (CI-CO)_{2t}(1+\Delta IRR)^{-t} = \sum_{t=0}^{n} (CI-CO)_{1t}(1+\Delta IRR)^{-t} \qquad (4.20)$$

式中：$(CI-CO)_2$——投资大的方案年净现金流量；

$\quad\quad (CI-CO)_1$——投资小的方案年净现金流量。

进行方案比较时，当 $\Delta IRR > i_c$（基准收益率或要求达到的收益率）或 $\Delta IRR > i_s$（社会折现率）时，投资大的方案所耗费的增量投资的内部收益要大于要求的基准值，以投资大的方案为优；反之，则以投资小的方案为优。当 $\Delta IRR = i_c$ 时，两方案在经济上等值，一般考虑选择投资大的方案。

对于三个（含三个）以上的方案进行比较时，通常采用前述的"环比法"进行比较，即首先将各方案按投资额现值的大小从低到高进行排序，然后按差额投资内部收益率法比较投资额最低和次低的方案，当 $\Delta IRR_{大-小} \geq i_c$ 时以投资大的方案为优，反之则以投资小的方案为优。选出的方案再与下一个（投资额第三低的）方案进行比选。以此类推，直到最后一个保留的方案，即为最优方案。

【例 4.12】 A 与 B 两个投资方案各年的现金流量见表 4.11，试进行方案的评价选择，设 $i_c = 10\%$。

表 4.11　A 与 B 两方案净现金流量表　　　单位：万元

年份	0	1~10
方案 A 的净现金流量	−200	39
方案 B 的净现金流量	−100	20

【解】 （1）求 NPV。

$$NPV_A = -200 + 39(P/A,10\%,10) = 39.62(万元)$$
$$NPV_B = -100 + 20(P/A,10\%,10) = 22.88(万元)$$

（2）求 IRR。

由 $-200+39(P/A,IRR_A,10)=0$，解得 $IRR_A=14.4\%$；

由 $-100+20(P/A,IRR_B,10)=0$，解得 $IRR_B=15.1\%$。

由于 $NPV_A > NPV_B$，按净现值最大准则，方案 A 优于方案 B。但如何解释 $IRR_B > IRR_A$ 呢？对此，要用差额投资内部收益率指标进行比选。

$$\Delta NPV = (200-100) + (39-20)(P/A,10\%,10) = 16.75(万元)$$

由公式(4.20)可得

$$(200-100) + (39-20)(P/A,\Delta IRR,10) = 0$$

求得 $\Delta IRR = 13.84\%$。

由于 $\Delta IRR = 13.84\% > i_c = 10\%$，表明方案 A 的总投资 200 万元之中有 100 万元的 IRR 与方案 B 的 IRR 相同，都是 15.1%；另有 100 万元的收益率较低，$IRR=13.84\%$，但仍然大于 $i_c=10\%$。因此，投资大的方案 A 优于投资小的方案 B，用 $\Delta NPV > 0$，也印证了结论的正确性。

当寿命期不同的方案采用差额投资内部收益率法进行方案比较时,采用两方案年值相等时的折现率计算差额投资内部收益率更为方便。

【例 4.13】　某建筑公司可用两种新设备来更换现有旧设备,设备 A 的使用寿命为 5年,设备 B 的使用寿命为 8 年,两方案的投资及年经营费用如图 4.9 所示。设 $i_c=12\%$,试分析选择哪个方案。

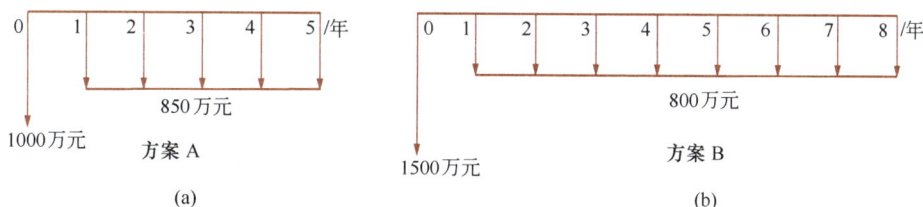

图 4.9　方案 A、B 费用流量图

【解】　本例中 A、B 两方案的效益是相同的,年值可用年费用 AC 来代替,两方案的年费用分别为

$$AC_A = 1000(A/P,\Delta IRR,5) + 850$$
$$AC_B = 1500(A/P,\Delta IRR,8) + 800$$

求两个方案年值相等的折现率,可得

$$1000(A/P,\Delta IRR,5) + 850 = 1500(A/P,\Delta IRR,8) + 800$$

通过试算,求得 $\Delta IRR = 18.36\% > i_c = 12\%$,故投资大的方案 B 较优。

4.2.8　IRR、ΔIRR、NPV、ΔNPV 之间的关系

通过 NPV 函数图来说明 IRR、ΔIRR、NPV、ΔNPV 之间的关系。例如有 D、E 两个互斥方案,现金流量图如图 4.10(a)、(b)所示,两者形成的差额现金流量图如图 4.10(c)所示。

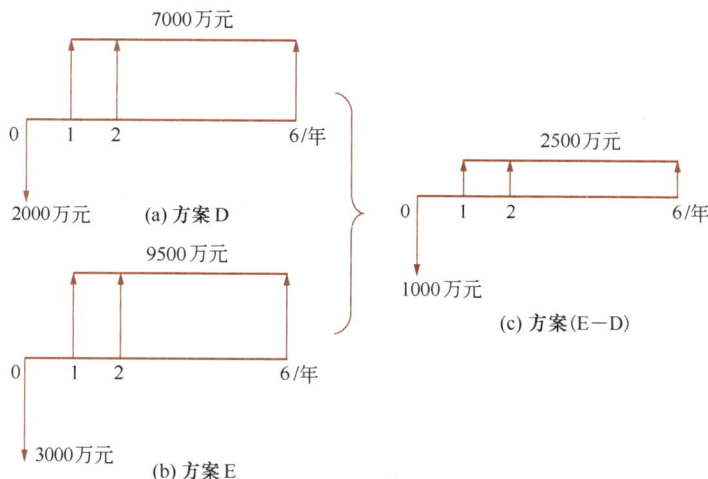

图 4.10　方案 D、E 现金流量图

　　根据现金流量,分别计算 D、E 两方案的内部收益率,得 $\mathrm{IRR_D}=26.4\%$,$\mathrm{IRR_E}=22.1\%$。两方案的 NPV 函数曲线如图 4.11 所示,两线的交点位于 i^*,则

$$\mathrm{NPV_D}(i^*)=\mathrm{NPV_E}(i^*)$$

即

$$-2000+7000(P/A,i^*,6)=-3000+9500(P/A,i^*,6)$$

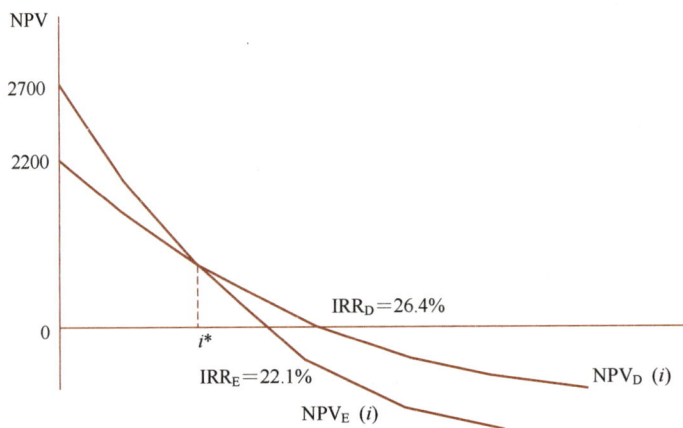

图 4.11　方案 D、E 的 NPV 函数图

求得

$$i^*=13\%$$

若以各方案的内部收益率来看,则 $\mathrm{IRR_D}>\mathrm{IRR_E}$。然而从图 4.11 中可发现:

　　(1) 当 $i_c<i^*$ 时,$\mathrm{NPV_D}(i_c)<\mathrm{NPV_E}(i_c)$,则方案 E 优于方案 D。

　　(2) 当 $i_c>i^*$ 时,$\mathrm{NPV_D}(i_c)>\mathrm{NPV_E}(i_c)$,则方案 D 优于方案 E。

　　所以,正如在前文中所述,不能简单地直接以 IRR 的大小来对互斥方案进行经济上的比较。

　　根据图 4.10(c)所示的方案 D 与方案 E 所形成的差额方案的现金流量图,差额净现值函数为

$$\Delta\mathrm{NPV_{E-D}}(i)=-1000+2500\times(P/A,i,6)$$

令上式等于 0,则求得差额内部收益率 $\Delta\mathrm{IRR_{E-D}}=13\%$(图 4.12)。

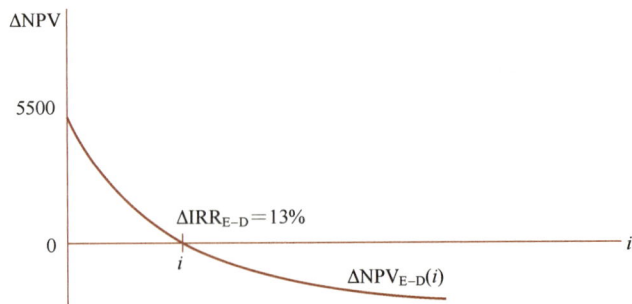

图 4.12　方案 D、E 的 ΔNPV 函数图

比较图 4.11 和图 4.12,可发现 ΔIRR 就是使两个方案净现值相等的折现率,或者说是使两个方案优劣相等的折现率。显然

(1) 当 $i_c=\Delta\text{IRR}_{E-D}=13\%$ 时,必有 $\Delta\text{NPV}_{E-D}=0$,则方案 D、E 在经济上等值。

(2) 当 $i_c<\Delta\text{IRR}_{E-D}=13\%$ 时,必有 $\Delta\text{NPV}_{E-D}>0$,则方案 E 在经济上优于方案 D。

(3) 当 $i_c>\Delta\text{IRR}_{E-D}=13\%$ 时,必有 $\Delta\text{NPV}_{E-D}<0$,则方案 E 在经济上劣于方案 D。

因此,用 ΔNPV 法和 ΔIRR 法判断方案优劣的结论是一致的。ΔNPV 法是常用的方法,ΔIRR 法适用于无法确定基准收益率的情况。

4.3 投资方案的类型与评价方法

通常,投资方案有三种不同类型:一是互斥(互不相容)的投资方案,即在一组投资方案中接受了某一方案便不能再接受其他的方案;二是相互独立的投资方案,即在一组方案中采纳了某一方案,并不影响再采纳其他的方案,只要资金充裕,可以同时兴建几个项目,它们之间互不排斥;三是相关的投资,即在多个方案之间,如果接受(或拒绝)某一方案,会显著改变其他方案的现金流量,或者会影响对其他方案的接受(或拒绝),我们称这些方案是相关的。

4.3.1 独立型方案的经济效果评价方法

当在一系列方案中接受某一方案并不影响其他方案的接受时,这种方案称为独立型方案。独立型方案之间的效果具有可加性,其选择可能会出现下列两种情况:

一种是企业可利用的资金足够多,这时独立方案的采用与否,只取决于方案自身的经济性,即只要 $\text{NPV}>0$,$\text{IRR}>i_c$,则方案可行,否则方案不可行。因此,它与单一方案的评价方法是相同的。

另一种是企业可利用的资金是有限制的,在不超出资金限额的条件下,选出最佳的方案组合。这类问题的处理是构造互斥型方案,即把不超过资金限额的所有可行组合方案排列出来,使得各组合方案之间是互斥的,这样就可以按照互斥型方案的选择方法来选出最佳的方案组合。

【例 4.14】(重要案例) 有三个相互独立的方案 A、B、C,其寿命期均为 10 年,现金流量如表 4.12 所示。设 $i_c=15\%$,求:

(1) 当资金无限额时,试判断各方案的经济可行性。

(2) 当资金限额为 18000 万元,应如何选择方案?

【解】 (1) 以方案 A 为例,NPV$_A$、IRR$_A$ 的计算过程和结果如下:

$$\text{NPV}_A=-5000+(2400-1000)(P/A,15\%,10)=2027(万元)$$

由 $-5000+1400(P/A,\text{IRR}_A,10)=0$,解得

$$\text{IRR}_A=25\%$$

同理，可求得方案 B、C 的 NPV_B、IRR_B 和 NPV_C、IRR_C 值，见表 4.12。由表 4.12 可知，A、B、C 三个方案均分别满足净现值和内部收益率指标的评价准则，故 A、B、C 三个方案均可接受。

表 4.12　各方案的现金流量及计算结果　　　　　　单位：万元

方案	初始投资	年收入	年支出	年净收益	NPV	IRR
A	5000	2400	1000	1400	2027＞0	$25\%＞i_c$
B	8000	3100	1200	1900	1536＞0	$20\%＞i_c$
C	10000	4000	1500	2500	2547＞0	$22\%＞i_c$

由上例可见，对于独立方案，不论采用净现值还是内部收益率评价指标，评价结论都是一样的。同时也可看出，内部收益率评价指标不能用于对方案比选，方案比选应采用差额内部收益率法。

（2）列出所有的互斥方案组合，共 $2^3＝8$ 个（包括全不投资方案）。如果本题采用净现值法，在资金限额不超过 18000 万元的方案组合中，以净现值最大选取最佳方案组合，如表 4.13 所示。

表 4.13　方案组合计算表　　　　　　单位：万元

序号	1	2	3	4	5	6	7	8
方案组合	0	A	B	C	A＋B	A＋C	B＋C	A＋B＋C
初始投资	0	5000	8000	10000	13000	15000	18000	23000
年净收益	0	1400	1900	2500	3300	3900	4400	5800
净现值	0	2027	1536	2547	3563	4574	4083	6110

从表中可看出，资金不超过 18000 万元限额的方案组合有 7 个，即 0、A、B、C、A＋C、A＋B 和 B＋C，其中 A＋C 方案组合的净现值最大，故选 A、C 两方案。

4.3.2　互斥型方案的经济效果评价

在互斥型方案中，经济效果评价包含了两部分内容：一是考察各个方案自身的经济效果，称为绝对效果检验；二是考察哪个方案相对最优，称相对效果检验。通常两种检验缺一不可。互斥型方案经济效果评价的特点是要进行方案比选，因此，必须使各方案在使用功能、定额标准、计费范围及价格等方面满足可比性。

互斥型方案评价中使用的评价指标有净现值、净年值、费用现值、费用年值和差额内部收益率等。下面分三种情况讨论互斥型方案的经济效果评价。

1. 寿命相等的互斥型方案的经济效果评价

1）净现值法和差额内部收益率法

仍以例 4.14 的背景为例，将例 4.14 改为以下条件。

【例 4.15】（重要案例）　有三个等寿命的互斥方案，现金流量如表 4.14 所示，其寿命期均为 10 年，试选择最佳方案，设 $i_c＝15\%$。

表 4.14 各方案的现金流量及计算结果　单位：万元

方案	初始投资	年净收益	NPV	IRR	ΔIRR_{C-A}	方案取舍
A	5000	1400	2027>0	25%>i_c	$\Delta IRR_{B-A}=10.59\%<i_c$	舍弃 A，
B	8000	1900	1536>0	20%>i_c	$\Delta IRR_{C-A}=17.86\%>i_c$	舍弃 B，
C	10000	2500	2547>0	22%>i_c		选择 C

【解】 由表 4.14 可知，A、B、C 三个方案均分别满足净现值和内部收益率指标的评价准则，即均通过了绝对经济效果检验，故三个方案均可行。

下面进行相对效果检验，即考察选出相对最优的方案。由于净现值、净年值、内部收益率指标的评价结论的一致性，现用差额内部收益率法和环比法对三个方案进行评价，见表 4.14，计算过程如下：

由 $-(8000-5000)+(1900-1400)(P/A,\Delta IRR_{B-A},10)=0$，解得

$$\Delta IRR_{B-A}=10.59\%<i_c=15\%$$

故应拒绝投资额大的方案 B 而选择投资额小的方案 A，见表 4.14。

再由 $-(10000-5000)+(2500-1400)(P/A,\Delta IRR_C,10)=0$，解得

$$\Delta IRR_{C-A}=17.86\%>i_c=15\%$$

它表明，方案 C 中有 5000 万元的 IRR 与方案 A 的 IRR 相同，都是 25%，另外 5000 万元的 IRR=17.86%>15%。

最后决策：由于方案 C 的净现值（或净年值）最高，且 IRR=22%，$\Delta IRR_{C-A}=17.86\%$，均大于 $i_c=15\%$，故最终选择方案 C 为最优方案。

对于仅有费用现金流量的互斥方案的比选，可采用差额内部收益率法进行。在这种情况下，实际上是把增量投资所导致的对其他费用的节约看成增量收益。

【例 4.16】 两个收益相同的互斥方案 A 与 B 的费用现金流量如表 4.15 所示，寿命期均为 15 年，试选择最佳方案，设 $i_c=10\%$。

表 4.15 互斥方案的费用现金流量表　单位：万元

方案	A	B	增量费用现金流量(B−A)
初始投资	150	225	75
年费用支出	17.52	9.825	−7.695

【解】 （1）采用差额内部收益率法。

$$75-7.695(P/A,\Delta IRR_{B-A},15)=0$$

解得　$\Delta IRR_{B-A}=6.14\%$

由于 $\Delta IRR_{B-A}<i_c=10\%$，故可断定投资额小的方案 A 优于投资额大的方案 B。

（2）采用费用现值法。

$$PC_A=150+17.52(P/A,10\%,15)=150+17.52\times7.606=283.257(万元)$$

$$PC_B=225+9.825(P/A,10\%,15)=225+9.825\times7.606=299.73(万元)$$

由于 $PC_A < PC_B$，根据费用现值（或年值）的选优准则，费用现值或费用年值最小者为最优方案，可判定方案 A 优于方案 B，故应选择方案 A。

可见，比选结果费用现值法与差额内部收益率法的比选结论一致。

2）投资回收期法

用投资回收期法评价互斥方案的步骤如下：

（1）把方案按投资额从小到大的顺序排列。

（2）计算每个方案的投资回收期，淘汰投资回收期大于基准投资回收期的方案。

（3）依次计算各对比方案间的差额投资回收期，凡差额投资回收期小于基准投资回收期者应舍弃投资较小的方案而保留投资较大的方案，最后一个保留的方案应为被选方案。

【例 4.17】　某项目有两种备选方案，方案 A 的总投资额为 1300 万元，估计每年净收益为 299 万元；方案 B 的总投资额为 1820 万元，每年净收益为 390 万元。试用投资回收期法确定最优方案，基准折现率为 6%，基准投资回收期 $P_b = 8$ 年。

【解】　（1）计算方案 A、B 的投资回收期。

方案 A：

$$-1300 + 299(P/A, 6\%, P'_{DA}) = 0$$
$$(P/A, 6\%, P'_{DA}) = \frac{1300}{299} = 4.35$$

用线性内插法求得

$$P'_{DA} = 5.2 \text{ 年} < 8 \text{ 年，可行}$$

方案 B：

$$-1820 + 390(P/A, 6\%, P'_{DB}) = 0$$
$$(P/A, 6\%, P'_{DB}) = \frac{1820}{390} = 4.67$$

用线性内插法求得

$$P'_{DB} = 5.6 \text{ 年} < 8 \text{ 年，可行}$$

（2）计算差额投资回收期。

$$-(1820 - 1300) + (390 - 299)[P/A, 6\%, P'_{D(B-A)}] = 0$$
$$[P/A, 6\%, P'_{D(B-A)}] = \frac{520}{91} = 5.71$$

用线性插入法求得

$$P'_{D(B-A)} = 7.2 \text{（年）}$$

由于方案 B 对方案 A 的差额投资回收期为 7.2 年 < 8 年，故应选择投资较大的方案 B。

2. 寿命期不等的互斥型方案的经济效果评价

寿命期不等的互斥方案的比较主要采用净现值法和净年值法。

1）净现值法

当互斥方案寿命期不等时，通常各方案在各自寿命期内的净现值不具有可比性，这时必须设定一个共同的分析期。分析期的设定一般有以下两种方法。

（1）最小公倍数法。此法取备选方案寿命期的最小公倍数作为共同的分析期，同时假定备选方案可以在其寿命结束后按原方案重复实施若干次。例如，有两个备选方案，方案 A 的寿命期为 6 年，方案 B 的寿命期为 9 年，则共同的寿命期为 6 和 9 的最小公倍数 18 年，这时方案 A 和方案 B 需分别重复三次和两次。

（2）分析期法。根据对未来市场状况和技术发展前景的预测直接选取一个合适的分析期，假定寿命期短于此分析期的方案重复实施。在备选方案寿命期比较接近的情况下一般取最短的方案寿命期作为分析期。

【例 4.18】 试对表 4.16 中三项寿命不等的互斥投资方案做出取舍决策。基准收益率 $i_c = 15\%$，各方案的现金流量如图 4.13 所示。

表 4.16 寿命不等互斥方案的现金流量表

方案	初始投资/万元	残值/万元	年度支出/万元	年度收入/万元	寿命/年
A	6000	0	1000	3000	3
B	7000	200	1000	4000	4
C	9000	300	1500	4500	6

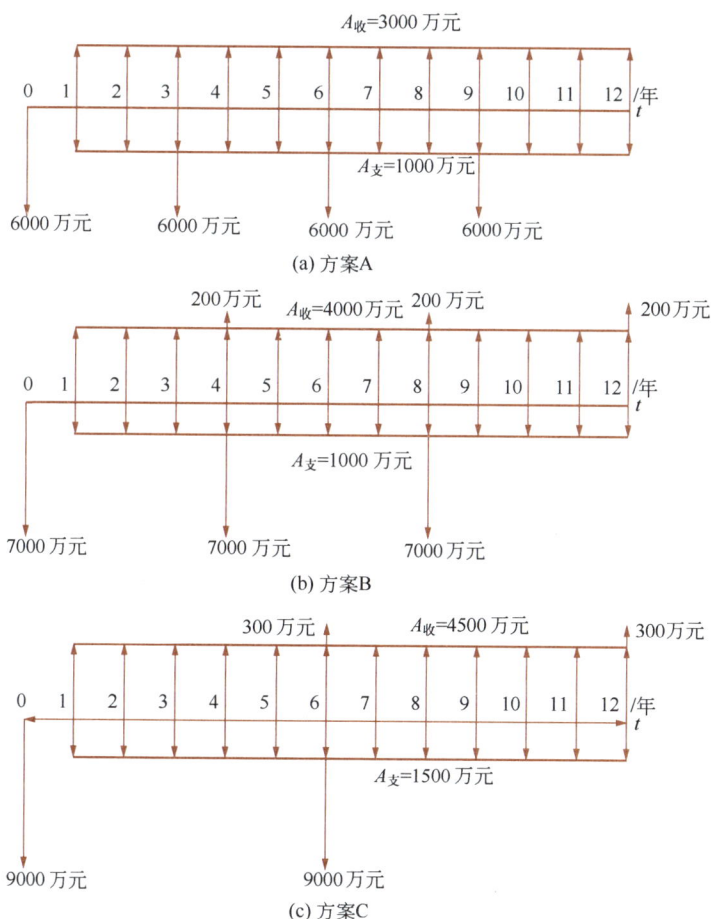

(a) 方案A

(b) 方案B

(c) 方案C

图 4.13 三个方案的现金流量图

【解】 用最小公倍数法按净现值法对方案进行评价,计算期为 12 年。

$$
\begin{aligned}
\text{NPV}_A = & -6000 - 6000(P/F,15\%,3) - 6000(P/F,15\%,6) - \\
& 6000(P/F,15\%,9) + (3000 - 1000)(P/A,15\%,12) \\
= & -3402.6(\text{万元}) \\
\text{NPV}_B = & -7000 - 7000(P/F,15\%,4) - 7000(P/F,15\%,8) + \\
& (4000 - 1000)(P/F,15\%,12) + 200(P/F,15\%,4) + \\
& 200(P/F,15\%,8) + 200(P/F,15\%,12) \\
= & 3189.22(\text{万元}) \\
\text{NPV}_C = & -9000(P/F,15\%,6) - 9000 + (4500 - 1500) \times (P/A,15\%,12) + \\
& 300(P/F,15\%,6) + 300(P/F,15\%,12) \\
= & 3558.06(\text{万元})
\end{aligned}
$$

由于 $\text{NPV}_C > \text{NPV}_B > \text{NPV}_A$,故选取方案 C。

2) 净年值法

在对寿命不等的互斥方案比选时,净年值法是最为简便的方法。净年值法以"年"为时间单位比较各方案的经济效果,从而使寿命不等的互斥方案具有可比性。

净年值法的判别准则为:NAV≥0,且该值最大的方案是最优可行方案。

【例 4.19】 对例 4.18 中的三个方案用净年值法进行评价。$i_c = 15\%$。

【解】 参看图 4.14。

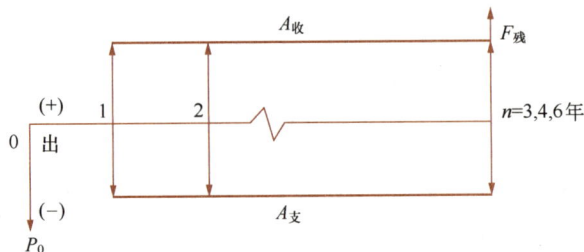

图 4.14 现金流量图

方案 A:

$$
\begin{aligned}
\text{NAV}_A = & -6000(A/P,15\%,3) + 3000 - 1000 \\
= & -6000 \times 0.43789 + 3000 - 1000 \\
= & -627.34(\text{万元})
\end{aligned}
$$

方案 B:

$$
\begin{aligned}
\text{NAV}_B = & -7000(A/P,15\%,4) + 4000 - 1000 + 200(A/F,15\%,4) \\
= & 588.164(\text{万元})
\end{aligned}
$$

方案 C:

$$
\begin{aligned}
\text{NAV}_C = & -9000 \times (A/P,15\%,6) + 4500 - 1500 + 300(A/F,15\%,6) \\
= & 656.11(\text{万元})
\end{aligned}
$$

由于 $NAV_C > NAV_B > NAV_A$，故方案 C 最优，与净现值法结论一致。

📖 **特别提示**

对于仅有或仅需要计算费用现金流量的寿命不等的互斥方案,可以比照净现值法或净年值法用费用现值法或费用年值法进行比选。判别准则是:费用现值或费用年值最小的方案为优。

3. 无限寿命的互斥型方案的经济效果评价

有些项目(如铁路、公路、桥梁、涵洞、水库、机场等)的服务年限可视为无限长。即使项目的服务年限不是无限长,但当服务年限比较长时(如超过 50 年),动态分析对遥远的未来已经不太敏感。例如,当 $i=4\%$,45 年后的 1 元现值约为 0.171 元,50 年后的 1 元现值约为 0.141 元。当 $i=6\%$ 时,30 年后的 1 元现值仅为 0.174 元,50 年后 1 元的现值约为 0.0543 元。在这种情况下,项目寿命可视为无限长。

1) 现值法

按无限长寿命计算出的现值 P 一般称为资金成本或资本化成本。资本化成本 P 的公式为

$$P = \frac{A}{i} \tag{4.21}$$

证明:

$$P = A\frac{(1+i)^n - 1}{i(1+i)^n} = A\left[\frac{1}{i} - \frac{1}{i(1+i)^n}\right]$$

当 n 趋近于无穷大时,有

$$P = A\lim_{n \to \infty}\left[\frac{1}{i} - \frac{1}{i(1+i)^n}\right] = \frac{A}{i}$$

资本化成本的含义是指与一笔永久发生的年金等值的现值。资本化成本从经济意义上可以解释为一项生产资金需要现在全部投入并以某种投资效果系数获利,以便取得一笔费用来维持投资项目的持久性服务。这时只消耗创造的资金,而无须耗费最初投放的生产资金,因此该项生产资金在下一周期内可以继续获得同样的利润,用以维持所需的费用,如此不断循环下去。

对无限期互斥方案进行净现值比较的判别准则为 $NPV \geq 0$,且该净现值最大的方案是最优方案。

对于仅有费用现金流量的互斥方案,可以比照净现值法用费用现值法进行比选。判别准则是:费用现值最小的方案为优。

【例 4.20】　某河上欲建大桥,有 A、B 两个选点方案,如表 4.17 所示,若基准折现率 $i_c = 10\%$,试比较何者为优。

表 4.17　方案的现金流量表　　　　　　　　　　　单位:万元

方案	一次投资	年维护费	再投资
A	3080	1.5	5(每 10 年一次)
B	2230	0.8	4.5(每 5 年一次)

【解】 两方案的现金流量如图 4.15 所示。

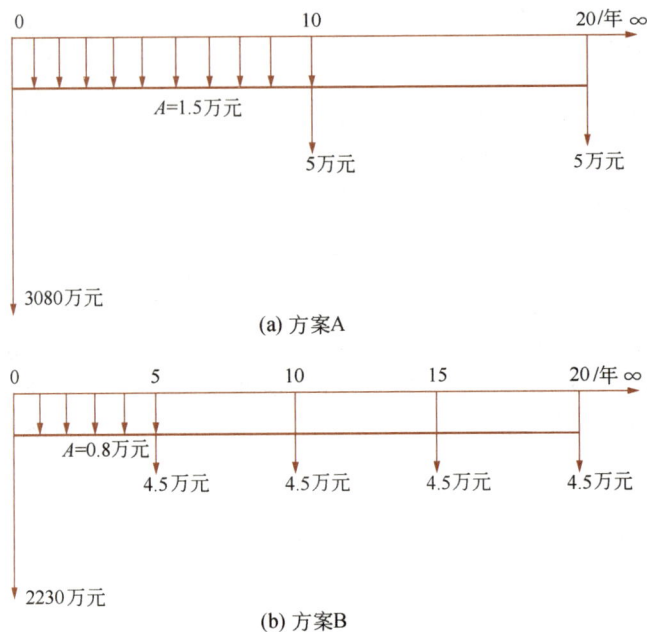

(a) 方案A

(b) 方案B

图 4.15 现金流量图(单位:万元)

$$PC_A = 3080 + \frac{A}{i} = 3080 + \frac{1.5 + 5(A/F, 10\%, 10)}{10\%} = 3098.13(万元)$$

$$PC_B = 2230 + \frac{A}{i} = 2230 + \frac{0.8 + 4.5(A/F, 10\%, 5)}{10\%} = 2245.37(万元)$$

由于 $PC_B < PC_A$,故方案 B 为优。

2) 净年值法

无限寿命的年值可以下面的公式为依据计算,即

$$A = Pi \tag{4.22}$$

对无限期互斥方案进行净年值比较的判别准则为:NAV$\geqslant$0 且该值最大的方案是最优方案。

对于仅有或仅需计算费用现金流量的互斥方案,可以比照净年值法,用费用年值法进行比选。判别准则是:费用年值最小的方案为优。

4.4 不确定性分析

4.4.1 投资项目决策分析与评价中的不确定性

1. 不确定性的由来

客观事物发展多变的特点以及人们对客观事物认识的局限性使得技术经济分析中各因

素的实际情况很难准确测定,像技术进步和革新指标、价格浮动指标、生产能力指标等,加之政治、社会、道德、文化、风俗习惯等因素的共同作用,这些因素随着时间的推移又不断发生变化,因而客观事物的发展结果可能会偏离人们的预期。可见,技术经济分析的结论并非是绝对的,投资项目也不例外。

尽管在投资项目决策分析与评价工作中已就项目市场、采用技术、设备、工程方案、环境保护、配套条件、投融资和投入产出、价格等方面作了尽可能详尽的研究,但项目经营的未来状况仍然可能与设想状况发生偏离,项目实施后的实际结果难免会与预测的基本方案产生偏差,投资项目因而有可能面临潜在的风险。这是由于上述投资项目决策分析与评价工作所采用的各项数据都是根据历史数据和经验对将来相当长一段时期进行预测得到的。项目经济评价的数据多数来自预测和估算,而预测的不确定性已为人所共知。因此,这些数据都或多或少带有某种不确定性,致使投资项目的决策分析与评价结果具有不确定性。为了尽量避免投资决策失误,有必要进行不确定性分析。

2. 不确定性分析的概念

不确定性分析是对决策方案受到各种事前无法控制的外部因素(如人力、物力、资金、固定资产投资、生产成本、产品售价等)变化与影响所进行的研究与估计,是研究技术方案中主要不确定性因素对经济效益影响的一种方法。这些因素变化对项目经济效果评价所带来的响应越强烈,表明所评价的项目及其方案对某个或某些因素越敏感。对于这些敏感因素,要求项目决策者和投资者予以充分的重视和考虑。

在完成对投资项目基本方案的财务评价和国民经济评价之后,为了了解在不确定性条件下,投资项目效益的可能变化,为决策提供充分的信息,在投资项目决策分析与评价过程中必须进行不确定性分析。不确定性分析包括盈亏平衡分析(损益平衡分析)、敏感性分析(灵敏度分析)和概率分析(风险分析)等方法和内容。盈亏平衡分析一般只用于财务评价,敏感性分析和概率分析可同时用于财务评价和国民经济评价。

3. 不确定性分析的目的及应对风险的策略

进行不确定性分析,是为了分析不确定因素,尽量弄清和减少不确定因素对经济效果评价的影响,以预测项目可能承担的风险,确定项目在财务上、经济上的可靠性,避免项目投产后不能获得预期的利润和收益,以致使投资不能如期收回或给企业造成亏损。在项目评价中,不确定性就意味着项目带有风险性。风险性大的工程项目,必须具有较大的潜在获利能力。

特别提示

任何经济活动都可能有风险,风险通常有四种基本方式:①风险回避(即完全规避风险);②风险降低;③风险转移;④风险自留。投资者必须清楚风险和收益是相伴的,不能将风险应对行动视为资源浪费,而应将其作为会产生收益的一种投资。

4.4.2　盈亏平衡分析法

1. 盈亏平衡点及盈亏平衡分析的概念

各种不确定因素的变化会影响投资方案的经济效果,当这些因素的变化达到某一临界值时,就会影响方案的取舍,如价格、产量(销售量)等。盈亏平衡分析的目的就是找出这些参数变化的临界值,即盈利与亏损的转折点,称之为盈亏平衡点 BEP(break even point),或称保本点。盈亏平衡点越低,说明项目盈利的可能性越大,亏损的可能性越小,因而项目有较大的抗风险能力。通过盈亏平衡分析找出不发生亏损的经济界限,以便判断投资方案对不确定因素变化的承受能力,为投资者决策提供依据。

盈亏平衡分析又叫损益平衡分析,在投资分析中有广泛的用途。它不仅可对单个方案进行分析,而且可用于对多个方案进行比较。它是根据拟建项目正常生产年份的产量(销售量)、投资、成本、产品价格、项目寿命期、税金等,研究拟建项目以上参数发生变化与平衡关系的方法。最常见的是研究产量、成本和利润之间的关系,即"量、本、利分析"。

2. 固定成本与变动成本

盈亏平衡分析是将成本划分为固定成本与变动成本。假定产销量一致,根据项目正常年份的产量、成本、售价和利润四者之间的函数关系,分析产销量对项目盈亏的影响。

固定成本是指在一定的产量范围内不随产量的增减变动而变化的成本,如辅助人员工资、折旧及摊销费、维修费等;而变动成本是指随产量的增减变动而成正比例变化的成本,如原材料的消耗、直接生产用辅助材料、燃料、动力等。

在盈亏平衡分析中分离固定成本和变动成本的常用方法有以下三种。

1)费用分解法

费用分解法就是按会计项目的费用属性进行归类分离的方法。

2)高低点法

高低点法就是取历史资料中产量最高和最低两个时期的成本数据为样本,求出单位变动成本后、推求固定成本和变动成本的方法,即

$$C_v = \frac{C_{\max} - C_{\min}}{Q_{\max} - Q_{\min}} \tag{4.23}$$

式中:C_v——单位产品变动成本;

$\quad\quad C_{\max}$——最高产量时期的成本额;

$\quad\quad C_{\min}$——最低产量时期的成本额;

$\quad\quad Q_{\max}$——最高产量;

$\quad\quad Q_{\min}$——最低产量。

求出单位变动成本 C_v 后,便可得到

$$V = C_v Q \tag{4.24}$$
$$F = C - V \tag{4.25}$$

式中:V——变动成本;

$\quad\quad F$——固定成本;

$\quad\quad C$——成本总额;

$\quad\quad Q$——产品销售量(产量)。

3)回归分析法

回归分析法就是采用一元线性回归方程 $C = F + C_v Q$(即 $y = a + bx$)来描述成本与产量之间的线性相关关系的方法。根据回归分析法的基本原理,系数 C_v、F 可由下面的式子求得

$$C_v = \frac{\sum QC_A - \overline{Q}\sum C_A}{\sum Q^2 - \overline{Q}\sum Q} \tag{4.26}$$

$$F = \overline{C}_A - C_v\overline{Q} \tag{4.27}$$

$$C_A = F + C_vQ \tag{4.28}$$

式中：C_A——年成本；

$\overline{C}_A$——统计期各年成本的平均值，$\overline{C}_A = \dfrac{1}{n}\sum\limits_{t=1}^{n} C_{At}$；

$\overline{Q}$——统计期各年产量的平均值，$\overline{Q} = \dfrac{1}{n}\sum\limits_{t=1}^{n} Q_t$；

n——统计期数。

由于回归分析考虑了统计期各年的所有数据，因此比高低点法更合理、更准确，所以在成本分离方面应用较普遍。

3. 线性盈亏平衡分析

独立方案盈亏平衡分析的目的是通过分析产品产量、成本与方案盈利能力之间的关系，找出投资方案盈利与亏损在产量、产品价格、单位产品成本等方面的界限，即盈亏平衡点，以判断在各种不确定因素作用下方案的风险情况。

1）销售收入、成本费用与产品产量的关系

进行分析的前提是：

（1）产品按销售量组织生产，即产品销售量等于产量。

（2）产量变化，其他指标（如单位可变成本、产品售价）等不变，从而总成本费用（或销售收入）是产量（或销售量）的线性函数。

（3）只生产单一产品，或者生产多种产品，但可以换算为单一产品计算，也即不同产品负荷率的变化是一致的，即

$$TR = PQ \tag{4.29}$$

式中：TR——销售收入；

P——单位产品价格（不含销售税）。

项目投产后，其总成本费用可分为固定成本和变动成本两部分。在经济分析中，一般可近似地认为变动成本与产品产量成正比例关系。因此，总成本费用与产品产量的关系也可以近似地认为是线性关系，即

$$TC = F + C_vQ \tag{4.30}$$

式中：TC——总成本费用；

F——固定成本。

2）盈亏平衡点的确定

盈亏平衡点可以用图解法或计算法确定。

（1）计算法。根据盈亏平衡点的定义，当达到盈亏平衡状态时，总成本＝总收入，即

$$TR = TC$$

$$PQ^* = F + C_vQ^*$$

$$Q^* = \frac{F}{P - C_v} \tag{4.31}$$

式中 Q^* 所表示的产量就是盈亏平衡点的产量。

若用含税价格 p 计算,则计算公式为

$$Q = \frac{F}{(1 - r)p - C_v} \tag{4.32}$$

式中: r——产品销售税率, $P = (1 - r)p$。

【例4.21】(重要案例)　某项目设计总产量3万吨,单位产品的含税价格为630.24元/t,年生产成本为1352.18万元,其中固定成本为112.94万元,单位可变成本为413.08元/t,销售税率为8%,求项目投产后的盈亏平衡产量。

【解】　$p = 630.24$ 万元, $F = 112.94$ 万元, $r = 8\%$, $C_v = 413.08$ 元/t,代入公式(4.32):

$$Q^* = 112.94/[(1 - 8\%) \times 630.24 - 413.08] = 0.68(万 t)$$

计算表明,项目投产后只要有0.68万t的订货量,就可以保本。

盈亏平衡点除可用产量表示外,还可用其他指标参数来表示。例如:

① 以销售收入表示的盈亏平衡点是指项目不发生亏损时必须达到的最低销售收入额,其计算公式为

$$TR^* = PQ^* = \frac{PF}{P - C_v} \tag{4.33}$$

式中: TR^*——盈亏平衡时的销售收入。

② 生产能力利用率的盈亏平衡点是指项目不发生亏损时至少达到的生产能力利用率,用下式表示,即

$$q^* = \frac{Q^*}{Q_C} \times 100\% = \frac{F}{Q_C(P - C_v)} \times 100\% \tag{4.34}$$

式中: q^*——盈亏平衡点的生产能力利用率; q^* 值越低,项目的投资风险度就越小;

$\quad Q_C$——设计年产量。

③ 若按设计能力进行生产和销售,则盈亏平衡销售价格 P^* 为

$$P^* = \frac{TR}{Q_C} = \frac{F + C_v Q_C}{Q_C} \tag{4.35}$$

④ 若按设计能力进行生产和销售,且销售价格已定,则盈亏平衡点单位产品变动成本 C_v^* 为

$$C_v^* = \frac{P - F}{Q_C} \tag{4.36}$$

【例4.22】(重要案例)　某项目年生产能力120万t,单位产品含税销售价 $p = 150$ 元/t,单位产品变动成本 $C_v = 40$ 元/t,固定成本总额 $F = 6000$ 万元,综合税率13.85%,试计算盈亏平衡点产量及生产能力利用率和盈亏平衡点价格。

【解】

$$Q^* = \frac{60000000}{150 \times (1-13.85\%) - 40} = \frac{60000000}{89.225} = 67.25 (万\ t/年)$$

$$q^* = \frac{67.25}{120} = 56\%$$

$$1 - q^* = 44\%$$

即若项目减产幅度不大于44%,项目不会亏损。

$$p^* = \frac{\frac{6000}{120} + 40}{1 - 13.85\%} = 104.47 (元)$$

当降价幅度在 $30.35\% \left(\frac{150 - 104.47}{150} \times 100\% = 30.35\% \right)$ 以内,该项目仍不会出现亏损局面。

(2) 图解法。盈亏平衡点也可以采用图解法求得。

将公式(4.32)和公式(4.33)表示在同一坐标图上,就得出线性盈亏平衡分析图,如图 4.16 所示。图中销售收入线(如果销售收入和成本费用都是按含税价格计算的,销售收入中还应减去增值税)与总成本费用线的交点即为盈亏平衡点,这一点所对应的产量即为 BEP(产量),也可换算为 BEP(生产能力利用率)。由图 4.16 还可看出,企业处于亏损状态或盈利状态的区域。

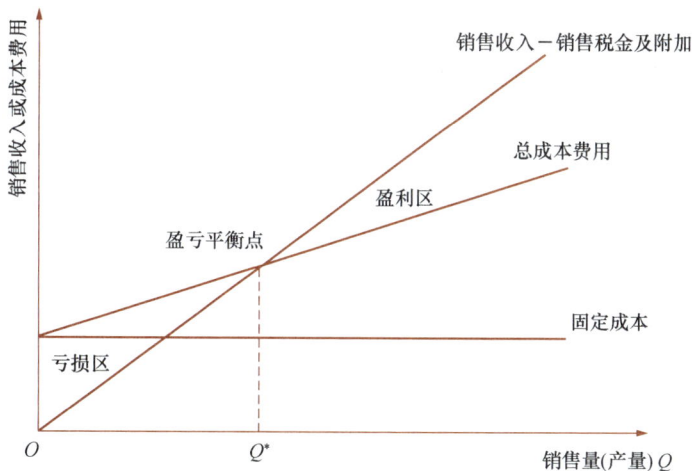

图 4.16　线性盈亏平衡分析图

4. 多方案比较时的优劣盈亏平衡分析

盈亏平衡分析也可用于两个以上方案的优劣比较与分析。如果两个或两个以上的方案其成本都是同一变量的函数时,便可以找到该变量的某一数值,恰能使两个对比方案的成本相等,该变量的这一特定值称为方案的优劣平衡点。

设有一组互斥方案,其成本函数决定于同一个共同变量 x,以共同变量建立每个方案的成本费用函数方程,即

$$C_i = f_i(x) \quad (i = 1, 2, \cdots, n) \tag{4.37}$$

式中：C_i——i 方案的成本费用；

　　　n——方案数。

若令 $C_i = C_{i+1}$，即 $f_1(x) = f_2(x)$。此时求出的 x 值即为两个方案费用平衡时的变量值，据此可以判断方案的优劣。

【例 4.23】（重要案例）　现有一挖土工程，有两个挖土方案：①人力挖土，单价为 3.5 元/m^3；②机械挖土，单价为 1.5 元/m^3，但需机械购置费 10 万元，问：在什么情况下（土方量为多少时）应采用人力挖土？

【解】　设土方量为 Q m^3，则人力挖土费用

$$C_1 = 3.5Q$$

机械挖土费用

$$C_2 = 1.5Q + 100000$$

令 $C_1 = C_2$，解得

$$Q^* = \frac{100000}{3.5 - 1.5} \approx 50000 (m^3)$$

可见，当土方量 $<50000 m^3$ 时应采用人力挖土方案。

思考

某预算土方量为 $80000 m^3$，原设计采用人力挖土方案。现由你按以上条件审核原预算，你有什么建议？

对于两个以上方案的优劣分析，其原理与两个方案的优劣分析相同。不同之处在于求优劣平衡点时要每两个方案进行求解，分别求出两个方案的平衡点，然后两两比较，选择其中最经济的方案。

4.4.3　敏感性分析

1. 敏感性分析的概念

敏感性分析又叫灵敏度分析，它主要研究不确定性因素的变化对项目经济效益的影响程度，即经济效益评价值对不确定性因素变化的敏感程度。敏感性分析就是要找出项目的敏感因素，并确定其敏感程度，以预测项目承担的风险，对项目提出合理的控制与改善措施，避免不利因素的影响，以便达到最佳经济效益。

所谓敏感因素，是指该不确定性因素的数值有很小的变动就能使项目经济效益评价值出现较显著改变的因素，反之则称为非敏感因素。

2. 敏感性分析的一般步骤

敏感性分析的步骤如下：

（1）确定敏感性分析的指标，如净现值、净年值、费用年值、内部收益率、投资收益率等。

（2）选择影响项目指标的不确定性因素，如投资额、建设工期、销售单价、年运营成本、基准收益率、项目经济寿命周期等，并设定它们的变化范围。

（3）按照预先给定的变化幅度（±10%、±15%、±20%等），先变动一个（或一组）变量因素，而其他因素不便，计算该（组）因素的变化对经济效益指标的影响程度。如此逐一进行，对所有的变量因素进行考察。

（4）在逐步计算的基础上，将结果加以整理分析，选择其中对经济效益指标影响变化幅度大的因素作为敏感因素，影响变化幅度小的因素则为非敏感因素。

（5）综合分析，采取对策。

3. 敏感性分析的方法

根据每次所考虑的变动因素的数目不同，敏感性分析分为单因素敏感性分析和多因素敏感性分析。

1）单因素敏感性分析

敏感性分析的方法主要是因素替换法，又称逐项替换法。它是先将方案中的其他因素固定不变，按照预先给定的变化幅度，逐一变动、替换该变动因素，以求得该因素敏感性的一种方法。计算时只变动某个因素，而令其他因素固定不变，观察该变动因素对方案经济效果的影响程度，从而确定其是否是敏感因素；然后逐次用其他因素来替换该因素，进而计算出其他影响因素的敏感性，直到得出方案全部影响因素的敏感性为止。

下面用一个具体的例子说明敏感性分析的具体做法和过程。

【例 4.24】（重要案例）　某地区最近发现铁矿石矿床，如果该矿床有开发价值，则进行投资。根据调查和分析，其基本情况是：初期投资（设备、铁路、公路、基础设施等）约需 5.4 亿美元；矿石品质（含铁量）为 60% 以上有开采价值的铁矿石储量为 30 亿 t。根据市场预测，每年的销售量可达 1000 万 t，即该矿床可持续开采 300 年；按现在的物价水平，作业费用（以年生产并销售 1000 万 t 计）每年约为 2.4 亿美元。其中，固定费用为 1.2 美元，产品的销售价格每 t 为 30 美元。若该矿床开发后有支付利息和偿还能力，则银行可予以贷款，贷款的利率 $i=10\%$。试对该投资方案进行敏感性分析。

【解】　按现在的预测值，每年折旧和支付利息前的净收益为

$$1000 \times 30 - 2.4 = 0.6（亿美元）$$

现金流量如图 4.17 所示。由于 $n=300$ 年（视为寿命无限），当所有数值都与预测值相同时，该投资方案的净现值为

$$\text{NPV} = \frac{\text{NAV}}{i} - 5.4 = \frac{0.6}{0.1} - 5.4 = 0.6（亿美元）$$

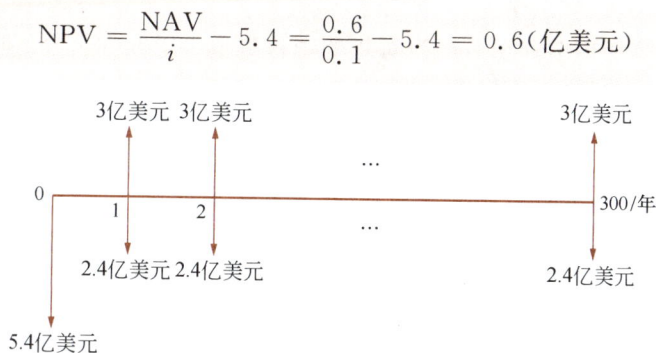

图 4.17　开发矿床的现金流量图

对于长期投资方案而言，不确定性是难免的。其中储量和市场的年需求量预测值是最令人不安的。对此，对以上两个因素进行敏感性分析，看各个因素单独变化时对经济评价指

标值(此处为净现值)的影响程度。

当储量比预测值小,例如仅为 3 亿 t 时,该投资方案的净现值为

$$NPV = 0.6 \times (P/A, 10\%, 30) - 5.4 = 0.6 \times 9.4269 - 5.4$$
$$= 0.25614(亿美元) > 0$$

上述结果表明,当储量发生了不利于投资方案的重大变化时,即储量由 30 亿 t 降为 3 亿 t,其他预测数值不变时,该投资项目仍然可行,因而储量因素是非敏感因素,方案对储量变化的风险抵抗能力很强。

当销售量比预测值 1000 万 t 少 10% 时,销售收益为 2.7 亿美元,此时的作业费用为

$$1.2 + 1.2 \times 0.9 = 2.28(亿美元)$$

假如其他所有量值都保持预测值不变,则此时投资方案的净现值为($n = 300$ 年)

$$NPV = \frac{2.7 - 2.28}{0.1} - 5.4 = -1.2(亿美元) < 0$$

可见,此时方案将由可行变为不可行。说明销售量是敏感因素,即使有 10% 的偏差也会给投资方案以致命的打击。

按照以上的思路,也可对其他不确定性因素进行类似的分析,从而搞清哪些因素是敏感因素,哪些因素是非敏感因素,以此判定投资方案对各个不确定性因素的风险抵抗能力。

为了对该投资方案的特点有更为清醒的认识,求出各个不确定性因素的盈亏平衡点,这将给投资方案对各因素的抗风险能力的分析带来极大的方便。下面就进行这种分析。

设年销售量为 X,单位产品的销售价格为 P,年固定经费为 f,可开采的年限为 n,初期的投资额为 K_0,资本利率为 i,则本题的预测值分别为:$X = 1000$ 万 t,$P = 30$ 美元/t,$q = 12$ 美元/t,$f = 1.2$ 亿美元,$n = 300$ 年,$i = 10\%$,此时应有下式成立,即

$$NAV = (P - q)X - f - K_0 i$$

以年销售量 X 为例,求其盈亏平衡点。此时设除 X 值之外,所有的其他量值都与预测值相同,则有下述等式成立,即

$$NAV = (30 - 12)X - 1.2 - 5.4 \times 10\% = 0$$

由上式解得:$X = 966.7$ 万 t,即当每年的销售数量小于 966.7 万 t 时该投资方案将变为不可行。

同理,可分别求出 P、q、n、f、K_0、i 等参数的盈亏平衡点值。为使问题的分析方便、清晰,现将上述的结果和该值与预测值偏差率列成表 4.18。

表 4.18　开发矿床的现金流量表

不确定性因素	盈亏平衡点值	盈亏平衡点值与预测值的偏差率	不确定性因素	盈亏平衡点值	盈亏平衡点值与预测值的偏差率
X：年销售量	966.7 万 t	-3.3%	f：年固定费用	1.26 亿美元	$+5\%$
P：销售单价	29.4 美元/t	-2.0%	K_0：初期投资额	6 亿美元	$+11\%$
q：作业费用	12.6 美元/t	$+3.3\%$	i：资本利率	11.1%	$+11\%$
n：寿命期	24 年	-92%			

根据表 4.18 即可判定投资方案对各个不确定性因素的抗风险的能力。表中盈亏平衡点值与预测值的偏差率是盈亏平衡点值减去预测值后的差值与预测值的比值。例如,年销售量的该值为$(966.7-1000)/1000=-3.3\%$。该值越大,说明该不确定性因素的变化对经济评价指标值的影响越小,方案越安全且抗该因素的风险能力越强。反之,该值越小,说明该不确定性因素越敏感,方案对该因素变化的抗风险能力越差。

【例 4.25】(重要案例)　某投资方案的现金流量见表 4.19,表中数据是对未来最可能出现的情况预测估算得到的。由于未来经济环境的不确定性,预计某些参数可能会发生一定的变化,项目寿命期为 10 年,基准折现率为 12%。(1)试通过计算净现值分析投资额、年收益、年成本分别变化超过多少百分比时,项目变得不可行;(2)本项目对投资额、年收益、年成本 3 个因素的敏感性由强到弱的排序是什么?

表 4.19　投资方案现金流量的未来预测数据表　　　　　　　　　单位:元

参数	投资额(P)	年收益(AR)	年成本(AC)	残值(L)
预测值	150000	38000	9000	6000

【解】　(1) 设投资额变动的百分比为 x,分析投资额变动对方案净现值的影响。

$$\mathrm{NPV}=-P(1+x)+(\mathrm{AR}-\mathrm{AC})(P/A,12\%,10)+L(P/F,12\%,0)$$

当净现值为 0 时,可以求出 $x=10.5\%$,表示其他因素不变时,投资额增加超过 10.5%,净现值将小于 0,即项目不可行。

同理,设年收益变动的百分比为 y,分析年收益变动对方案净现值的影响。

$$\mathrm{NPV}=-P+[\mathrm{AR}(1+y)-\mathrm{AC}](P/A,12\%,10)+L(P/F,12\%,10)=0$$

解得 $y=-7.35\%$,表示其他因素不变时,年收益减少超过 7.35% 时,净现值将小于 0,即项目不可行。

设年支出变动的百分比为 z,分析年支出变动对方案净现值的影响。

$$\mathrm{NPV}=-P+[\mathrm{AR}-\mathrm{AC}(1+z)](P/A,12\%,10)+L(P/F,12\%,10)=0$$

解得 $z=31.0\%$,表示其他因素不变时,年成本增加超过 31.0% 时,净现值将小于 0,即项目不可行。

(2) 比较上述 x、y、z 的绝对值大小,可以知道年收益变化(减小)一个较小幅度,就可以使得项目由可行变为不可行,项目对此因素最敏感。因此,本例中敏感性由强到弱的因素依次为年收益、投资额、年成本。

单因素敏感性分析方法适合于分析项目方案的最敏感因素,但它忽略了各个变动因素综合作用的结果。无论是哪种类型的技术项目方案,各种不确定因素对项目方案经济效益的影响,都是相互交叉综合发生,而且各个因素的变化率及其发生的概率是随机的。因此,研究分析经济评价指标受多个因素同时变化的综合影响、研究多因素的敏感性分析更具有实用价值。

2) 多因素敏感性分析

多因素敏感性分析要考虑可能发生的各种因素不同变动幅度的多种组合,分析多个因素同时变化对方案的综合影响,计算起来要比单因素敏感性分析复杂得多。在这里就不做具体介绍了。

根据项目国民经济评价指标,如经济净现值或经济内部收益率等所做的敏感性分析叫经济敏感性分析;而根据项目财务评价指标所做的敏感性分析叫作财务敏感性分析。

3)敏感性分析的特点

敏感性分析具有分析指标具体,能与项目方案的经济评价指标紧密结合,分析原理简单,分析方法容易掌握和应用,便于对方案的分析和决策等优点,有助于找出影响项目方案经济效益的敏感因素及其影响程度,对于提高项目方案经济评价的可靠性具有重大意义。但是,敏感性分析没有考虑各种不确定因素在未来发生变动的概率,这可能会影响分析结论的准确性。实际上,各种不确定因素在未来发生某一幅度变动的概率一般是不同的。可能有这样的情况,通过敏感性分析找出的某一敏感因素未来发生不利变动的概率很小,因而实际上所带来的风险并不大,以至于可以忽略不计。而另一非敏感因素未来发生不利变动的概率很大,实际上带来的风险比那个敏感因素更大。这种问题是敏感性分析方法所无法解决的,必须借助于概率分析方法。

思 考 题

1. 某工程项目各年净现金流量见表4.20。如果基准折现率为10%,试计算该项目的静态投资回收期、动态投资回收期。

表 4.20　净现金流量表

年份	1	2	3~10
净现金流量/元	−250000	−200000	120000

2. 某厂将购买一台机床,已知该机床的制造成本为6000元,售价为8000元,预计运输费需200元,安装费用为200元,该机床运行投产后,每年可加工工件2万件,每件净收入为0.2元,试问:该机床的初始投资几年可以回收?如果基准投资回收期为4年,则购买此机床是否合理?(不计残值)

3. 方案A、B在项目计算期内的现金流量见表4.21。试分别采用静态和动态评价指标比较其经济性($i_0=10\%$)。

表 4.21　方案 A、B 的现金流量表　　　　　单位:万元

方案 ＼ 年份	0	1	2	3	4	5
A	−500	−500	500	400	300	200
B	−800	−200	200	300	400	500

4. 某工程总投资5000万元。投资后,每年生产支出600万元,每年收益额为1400万元。产品经济寿命期为10年,在第10年年末,还能回收资金200万元,基准折现率为12%,求计算期内的净现值。

5. 某桥梁工程,初步拟定两个结构类型方案供备选。方案A为钢筋混凝土结构,初始

投资 1500 万元,年维护费 10 万元,每 5 年大修 1 次,费用为 100 万元;方案 B 为钢结构,初始投资 2000 万元,年维护费为 5 万元,每 10 年大修 1 次,费用为 100 万元。试问:哪一个方案经济?

6. 某项目建设期 1 年。方案 A:0 年投资 5000 元,寿命期为 8 年,每年收益 1400 元;方案 B:0 年投资 7000 元,第一年年末再投资 3000 元,寿命期为 10 年,每年收益为 2500 元。当基准收益率为 10% 时,试选择最优方案。

7. 有三个互斥方案,寿命期均为 10 年,$i_c = 10\%$,各方案的初始投资和年净收益见表 4.22。试分别用净现值法、年值法、差额净现值法及差额内部收益率法在三个方案中选择最优方案。

表 4.22　投资方案的现金流量表　　　　　　　　　　　单位:万元

方案	A	B	C
初始投资	49	60	70
年净收益	10	12	13

8. 有三个不相关的方案 A、B、C,各方案的投资、年净收益和寿命期见表 4.23,经计算可知,各方案的 IRR 均大于基准收益率 15%。已知总投资限额是 30000 元,问应当怎样选择方案?

表 4.23　方案 A、B、C 的有关数据表　　　　　　　　单位:元

方案	投资	年净收益	寿命期/年
A	12000	4300	5
B	10000	4200	5
C	17000	5800	10

9. 某厂为降低成本,现考虑三个相互排斥的方案,三个方案的寿命期均为 10 年,各方案的初始投资和年成本节约金额见表 4.24。试在折现率为 10% 的条件下选择经济上最有利的方案。

表 4.24　初始投资和年成本节约额表　　　　　　　　单位:万元

方案	A	B	C
初始投资	40	55	72
年成本节约金额	12	15	17.8

10. 某项目方案预计在计算期内的支出、收入见表 4.25,试以净现值指标对方案进行敏感性分析,找出最敏感因素(基准收益率为 10%)。

表 4.25　项目的支出和收入表　　　　　　　　　　　单位:万元

年份指标	0	1	2	3	4	5	6
投资	50	300	50				
年经营成本				150	200	200	200
年销售收入				300	400	200	400

11. 某工程方案设计生产能力为 1.5 万 t/年,产品销售价格为 3000 元/t,年总成本为 3900 万元,其中固定成本为 1800 万元。试求以产量、销售收入、生产能力利用率、销售价格和单位产品变动成本表示的盈亏平衡点。

12. 某投资方案用于确定性分析的现金流量见表 4.26。表中数据是对未来最可能出现的情况预测估算得到的。由于未来影响经济环境的某些因素的不确定性,预计各参数的最大变化范围为 −30%~+30%,基准折现率为 12%。试对各参数分别作敏感性分析。

表 4.26 现金流量表   单位:元

参数	投资额(K)	年收益(AR)	年支出(AC)	残值(L)	寿命期(n)/年
预测值	170000	35000	3000	20000	10

模拟自测题

一、填空题(共 11 空,每空 1 分,共 11 分)

1. 常用的动态分析方法有_____、_____、_____、_____和增量分析法。

2. 项目经济评价的指标有_____指标、_____指标和_____指标。

3. 不确定性分析的方法主要有_____、_____和_____。

二、判断题(共 9 小题,每小题 1 分,共 9 分)

1. 现值法、年值法和未来值法是等效的。(   )

2. 成本现值法就是将各方案的所有成本均折算成现值,然后取其现值最大的方案。(   )

3. 敏感性分析不能提供经济效果变化的可能性大小。(   )

4. 内部收益率就是一个项目尚未被收回的投资余额所取得的利率。(   )

5. 净现值法和内部收益率法得出的结论是完全一致的。(   )

6. 在多方案比较中,不能按内部收益率的大小来判断方案的优劣。(   )

7. 贷款偿还期其实就是投资回收期。(   )

8. 盈亏平衡分析不能提供经济效果变化的可能性大小。(   )

9. 在投资项目决策中,只要投资方案的内部收益率大于 0,该方案就是可行方案。(   )

三、单项选择题(共 11 小题,每小题 2 分,共 22 分)

1. 以下指标的计算中,没有考虑资金时间价值的是(   )。

   A. 平均投资收益率   B. 净现值率   C. 内部收益率   D. 基准折现率

2. 下列关于投资回收期的描述,正确的是(   )。

   A. 投资回收期不能全面反映项目在整个寿命期内真实的经济效果

   B. 投资回收期是一个静态指标

   C. 投资回收期是一个动态指标

   D. 投资回收期从项目开始投入之日算起,到项目结束为止

3. 如果某个投资方案的 NPV 为正数,则必然存在的结论是(   )。

   A. 投资回收期在 1 年以内   B. 净现值率大于 0

C. 内部收益率大于基准收益率　　　　　D. 年均现金流量大于原始投资

4. 某项目原始投资为12000万元,当年完工,有效期3年。每年可得净现金流量6730万元;则该项目的内部收益率为( )。

　　A. 7%　　　　　B. 6%　　　　　C. 8%　　　　　D. 9%

5. 下列各项中不会对内部收益率指标产生影响的因素是( )。

　　A. 原始投资　　　B. 现金流量　　　C. 计算期　　　D. 设定折现率

6. 净现值率是一个效率型的指标,它是( )之间的比值。

　　A. 净现值与项目净收益　　　　　　　B. 净现值与项目总投资

　　C. 净现值与项目固定资产投资　　　　D. 净现值与项目现金流出总额

7. 就单位产品而言,其中的固定成本随产量的增加而( )。

　　A. 增加　　　　　B. 减小　　　　　C. 不变　　　　　D. 不规则变化

8. 通过分析产品产量、成本和盈利之间的关系,找出方案盈利和亏损在产品产量的临界点,此临界点称为( )。

　　A. 最低成本点产量　　　　　　　　　B. 经济规模点产量

　　C. 盈亏平衡点产量　　　　　　　　　D. 最优决策点产量

9. 下列关于增量内部收益率的说法,正确的是( )。

　　A. 增量内部收益率就是内部收益率的增加值

　　B. 增量内部收益率常用来判断单方案的可行性

　　C. 增量内部收益率指单位净现值的增加值对应的内部收益率增加值

　　D. 增量内部收益率是指增量净现值为0时的折现率

10. 下列属于动态评价指标的是( )。

　　A. 投资利润率　　B. 投资回收期　　C. 投资利税率　　D. 费用年值

11. 同一地域的土地,现有两个利用方案作为备选实施,一个是建居民楼,一个是建写字楼,这两个方案之间的关系是( )。

　　A. 互斥型　　　　B. 混合型　　　　C. 相关型　　　　D. 独立型

四、多项选择题(共4小题,每小题3分,共12分)

1. 应对经济活动中的风险通常有( )等基本方式。

　　A. 风险识别　　　B. 风险分析　　　C. 风险降低　　　D. 风险转移

　　E. 风险自留

2. 如果某个投资方案的NPV为正数,则错误的结论是( )。

　　A. 投资回收期在1年以内　　　　　　B. 净现值率大于0

　　C. 内部收益率大于基准收益率　　　　D. 年均现金流量大于原始投资

　　E. 净年值率大于0

3. 在下列作为价值型经济评价指标的是( )。

　　A. 费用现值　　　B. 投资回收期　　C. 净现值　　　D. 内部收益率

　　E. 外部收益率

4. 关于盈亏平衡分析的论述,下列说法中( )是正确的。

　　A. 盈亏平衡点的含义是指企业的固定成本等于变动成本

　　B. 当实际产量小于盈亏平衡产量时,企业亏损

C. 生产能力利用率大于盈亏平衡点,就可盈利

D. 盈亏平衡产量越小,抗风险能力就越强

E. 盈亏平衡产量越大,抗风险能力就越强

五、名词解释(共 11 小题,每小题 2 分,共 22 分)

1. 净现值　　　 2. 净年值　　　　 3. 净现值率　　 4. 基准收益率

5. 零方案　　　 6. 净效益　　　　 7. 资金化成本　 8. 投资回收期

9. 环比法　　　 10. 差额内部收益率　 11. 敏感性分析

六、计算题(共 3 小题,每小题 8 分,共 24 分)

1. 现有投资 5000 万元,在预计 10 年中每年可回收 100 万元,并在第 10 年年末可获得 7000 万元,试计算内部收益率。

2. 某公司考虑下列可行而相互排斥的方案(表 4.27),各方案的寿命期为 5 年,标准折现率为 10%,试用增量净现值法选择方案。

表 4.27　方案　　　　　　　　　　　　　　　　　　单位:元

方案	A_0	A_1	A_2	A_3
投资	0	5000	8500	7000
年净收益	0	1400	2400	2000

3. 某厂设计能力为生产钢材 30 万 t/年,钢材价格为 650 元/t,单位产品可变成本为 400 元/t,总固定成本为 3000 万元,其中折旧费用为 250 万元。试作以下分析:

(1) 以生产能力利用率表示的盈亏平衡点;

(2) 当价格、固定成本和变动成本变动 ±10% 时,对生产能力利用率盈亏平衡点的影响,并指出敏感因素。

第5章　价值工程

价值工程就是"必要的功能"与"最低寿命周期成本"两个要素的结合。在工程经济分析中,它是一种思维方式、组织管理方法、设计理念和建造原则。价值工程的工作程序分为三个阶段和七个步骤,它以功能分析为核心;以产品、工艺技术等为研究对象;以有组织的集体创造活动为基础;以提高产品价值为目标。本章阐述价值工程的基本概念和特征,详细介绍开展价值工程活动的基本程序、工作内容和各种方法,最后以价值工程的应用实例结束本章内容。

5.1　价值工程的基本概念及其特征

价值工程(Value Engineering,VE),也称价值分析(VA),它通过研究产品或系统的功能与成本之间的关系来改进产品或系统状态,以提高其经济效益的现代管理技术。价值工程在20世纪40年代末起源于美国。

第二次世界大战期间,美国的军事工业得到了很大的发展,但同时也出现了原材料供应紧张的问题,给企业生产带来了很大的困难。当时在美国通用电器公司采购部门任职的麦尔斯(L. D. Miles),在原材料供应十分紧张的情况下,提出了大胆的设想,并在公司进行了实践:能否用其他材料来代替所需要的紧缺材料而获得同样的效用(功能)? 最典型的例子是所谓的"石棉板事件"。当时公司需要购买大量的石棉板,由于短缺,其价格成倍增长,给购买工作和公司财务都带来了很大的困难。当时麦尔斯提出了这样一个问题:为什么要使用石棉板? 它的功能是什么? 原来他们在给产品上涂料时,容易把地板弄脏,要在地板上垫一些东西,而涂料的溶剂又是易燃品,因而消防法规定要铺石棉板。经过市场调查,麦尔斯找到了一种不燃烧的纸,这种纸不仅容易采购而且价格便宜。由于消防法有明确规定,有人便以此为由不同意使用替代品。后几经周折,修改了消防法,才被允许代用,结果使成本大幅度降低。经过反复的研究和多次实践,麦尔斯于1947年总结出一套在保证同样功能的前提下,降低成本的比较完善的科学方法,并以"价值分析"为题发表。

1954年,美国国防部海军舰船局开始在产品设计中应用价值分析以节省费用,并把这一过程命名为"价值工程"。1955年签订的订货合同,一年就节约了3500万美元。其后的10多年里,这种以最小的寿命周期成本满足用户需求的分析技术,相继被英国、法国、加拿大、瑞典、德国、日本等多个国家和地区的政府部门和企业所采用。在20世纪80年代,美国哈佛大学迈克尔·波特(Michael E. Porter)教授提出价值链方法,从战略管理的方面继续完善了价值管理的理论。20世纪90年代开始,价值定价被作为一种提升企业价值的新途径,价值网、价值星群方法的提出是价值工程和价值管理(VM)研究的又一突破,其应用前景更为广阔。VE&VM 技术的成功应用,使之在世界各地迅速开展,为各国经济的持续增长作出了卓越的贡献。例如,1996 年英国伦敦地铁列车设计用 VE 方法节约了投资额的 16.2%,在投资额为 5 亿英镑的项目中累计节约的费用高达 8000 多万英镑。沃尔玛靠价值链管理成为了世界百货巨头,仅从下订单到货物抵达商店所需时间一项,就由 20 世纪 80 年代的 1 个月缩短到 21 世纪初的 3 天。

价值分析在 20 世纪 80 年代以后被许多国家的立法部门和政府机构日益看重。从里根开始,美国的历届政府都有行政指令,要求各行政机构在提出法规之前都要提供一份法规影响分析,用以说明所提出的法规"是否还有基本上能达到同样目标的、费用更低的法规备选方案? 简要说明这些备选方案的潜在效益和费用,并说明这些备选方案不被推荐的理由"。克林顿在任美国总统期间签署了第 104～106 号法令,要求国民经济各部门都要应用价值工程,并规定凡是政府出资超过 200 万美元的项目,都必须由持有 CVS(认证的价值管理专家)证书的价值工程专家进行审核。2004 年,美国白宫的预算管理办公室起草了一份改革报告,对联邦政府出台的各种法规的效益和费用进行了评估,提出了包括环保署在内的各政府部门都要遵循的、统一的法规评估准则。要求所有出台的法规都要附有两份独立的、基于不同经济参数预测的费用效益分析报告。

1978 年以后,在党和国家领导人的关怀和各科研院所、企业界的努力下,价值工程被介绍到我国,并被许多企业采用。1985 年在全国政协会议上,沈日新委员的 1378 号提案要求在我国迅速推广 VE 的科学管理方法。1987 年我国颁布了《价值工程基本术语和一般工作程序》的国家标准。1988 年江泽民同志题词"价值工程,常用常新"。至今 VE 已为国民经济的发展创造了巨额的经济效益。

5.1.1 价值工程的基本概念

1. 价值

价值工程中的价值被定义为"功能"与"成本"的比值,即单位成本实现的功能。价值是一个比较结果,接近于日常生活中"值不值""性价比"的概念。价值 V 的表达式为

$$V = \frac{F}{C} \tag{5.1}$$

式中:F——产品功能;

C——产品成本。

价值是评价某一产品、服务或工程项目的功能与实现这一功能所消耗费用之比的合理程度的尺度。衡量价值的大小主要看 F 与 C 的比值如何。通常在购买商品时要考虑商品的"性价比":"性"指性能,即商品所具有的功能和质量水平;"价"即价格,反映的是商品的成本水平;"性价比"则是指商品的价值。

功能 F 是指产品、服务、工程、作业等能够满足用户或消费者某种需求的一种属性。产品功能是产品具有的用途和使用价值,它是产品的本质特征。用户购买产品主要是购买产品的功能,以满足其需求。

由于功能只有通过对产品、工程等有形实体的使用才能体现出来,因此人们往往注重产品、工程的有形实体而忽视对产品功能的研究。这是造成设计不合理、产品功能不足或过剩

的重要原因。功能是产品、工程设计的出发点,应该认真加以研究、改进和完善,达到提高产品价值的目的。

价值工程中的成本 C 是指产品的寿命周期成本,它包括产品从开发设计、制造、使用到报废全过程所付出的费用总和,如图 5.1 及表 5.1 所示。这些费用可分为生产成本和使用成本,前者是企业生产产品必须付出的费用;后者是用户为了使用产品必须付出的费用。由于生产成本在短期内集中支出,并体现在产品价格中,容易被人们重视;而使用成本的耗费虽远高于生产成本,但由于分散支出,而容易被忽视。价值工程要求将两者综合考虑,兼顾生产者和消费者的利益。

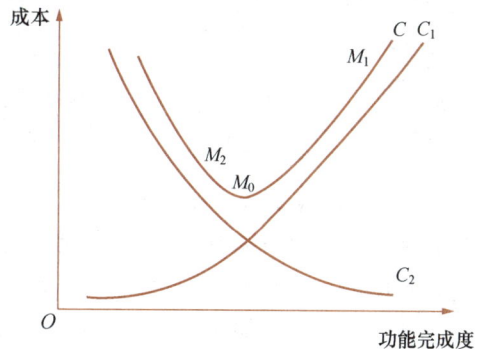

图 5.1 "成本—功能"特性曲线

表 5.1 产品寿命周期成本

产品寿命周期							
开发设计	试制	制造	销售	使用	维修	"三废"处理	报废
生产成本 C_1				使用成本 C_2			
寿命周期成本 C							

一般说来,生产成本随着产品功能的提高而增加,而产品功能越好使用成本越低,图 5.1 所示为成本—功能特性曲线。

从图 5.1 可知,若采取一定的技术措施,使功能成本点从 M_2 移到了 M_0,则既提高了功能,又降低了成本,属于第五种特征;当由 M_0 移到 M_1 时,也能提高功能,但增加了成本。

2. 价值工程

价值工程是一种运用集体智慧和有组织的活动,通过对产品(包括工程项目或服务,下同)进行功能分析,力求用最低的寿命周期总成本,实现产品的必要功能,借以提高产品价值的现代管理技术。

5.1.2 价值工程的特征

1. 提高产品价值是价值工程的目标

价值工程以提高产品价值、以最低的寿命周期成本实现产品的必要功能为目标;以有组织、有领导的活动为基础;以科学的技术方法为工具。它从技术与经济相结合的角度上去改进和创新产品。价值工程的这一目标不但反映了生产者、用户的共同利益,而且反映了有效利用社会资源的要求。

分析公式(5.1)可得表 5.2 结果,它表示了提高产品价值的五种途径,其中第 5 种类型:成本降低,功能提高,价值大幅提高是最理想的提高价值的途径。

表 5.2　提高价值的途径

项目 \ 类型	1	2	3	4	5
功能 F	不变	提高	大提高	略降低	提高
成本 C	降低	不变	略提高	大降低	降低
备注	节约型	改进型	投资型	牺牲型	双向型

2. 功能分析是价值工程的核心

功能是产品的某种属性,体现了满足人们某种需要的程度。价值工程以功能分析为核心,通过功能分析,区分产品的必要功能和不必要功能、基本功能和辅助功能,剔除不必要的功能,完善基本功能,从而降低产品的成本,改进产品的功能,严格按照用户的需求来设计产品。这种独特的以功能为核心的分析方法是管理思想和技术经济分析方法上的创新。

3. 有组织的集体创造活动是价值工程的基础

价值工程是贯穿于产品整个寿命周期的系统分析方法。从产品设计、材料选购、生产制造、交付使用,都涉及价值工程的内容。价值工程尤其强调创造性活动,只有创造才能突破原有的设计水平,大幅度提高产品性能,降低成本。因此,集体的知识、经验十分重要。在有组织的条件下,能充分发挥集体的智慧。

5.2　价值工程的工作程序与方法

5.2.1　价值工程的工作程序

价值工程的工作程序可分为两个阶段、七个步骤进行。

1. 分析问题阶段

1）选择对象

确定价值工程的研究对象,即要找出有待改进的产品、部件或问题。

2）收集资料

围绕选定的对象,收集一切必要的资料。

3）功能分析

对选定的对象进行功能分析。搞清对象有哪些功能,这些功能哪些是必要的,功能之间的关系如何。

4）功能评价

在功能分析的基础上进行功能评价。

2. 解决问题阶段

1）创造方案

依靠集体智慧,尽可能多的提出各种改进方案和设想。

2）方案评价与选择

对提出的各种改进方案和设想进行技术、经济、社会各方面的综合评价,选出有价值的方案,并使其具体化。

3)试验与提案

通过试验证实的最优方案可作为正式提案送交有关方面审批。价值工程工作程序如表 5.3 所示。

表 5.3 价值工程工作程序

构思的一般过程	程序内容		对应的问题及七个步骤
	基本步骤	详细过程	
分析	1. 功能定义	1. 对象确定	1. 这是什么
		2. 收集资料	
		3. 功能定义	2. 这是干什么用的
		4. 功能整理	
综合评价	2. 功能评价	5. 功能成本分析	3. 它的成本是多少
		6. 功能评价	4. 它的价值是多少
		7. 确定对象范围	
	3. 制订改进方案	8. 创造	5. 有其他方法达到功能要求吗
		9. 概略评价	6. 新方案的成本是多少
		10. 具体化、调查	
		11. 详细评价	7. 新方案满足功能要求吗
		12. 提案	

5.2.2 价值工程对象选择的原则和方法

1. 价值工程对象选择的原则

正确选择 VE 对象是 VE 收效大小与成败的关键。选择 VE 对象的原则如下。

(1)选择设计因素多、结构复杂、体积大的产品。对于结构过于复杂的产品,在保证其必要功能的基础上,则可对复杂结构进行分解,确定各组成部分的功能和作用,合理进行设计,加以简化,以大幅度降低成本。例如,为了满足交通的要求,柔性路面结构层次逐渐发展为面层、联结层、基层、底基层和垫层,不同结构层具有各自的主要功能。但结构层次过多则需要多种材料、多道工序施工,不但增加路面的造价,且往往因配合不当或施工不当引起质量问题。故可对路面层次进行价值分析。

(2)选择造价高,占总成本比重大,且对经济效益影响大的产品,例如软土地中的桩基础工程、道路工程中的互通式立交、桥梁下部工程中的桩基础等。

(3)选择量大而广的产品,如建筑用的砖、路面及桥梁工程中的上部结构物等。

(4)选择质量差、用户意见大的产品,如路面等损坏率高的产品。

(5)选择寿命周期较长的产品,如桥梁、堤坝、防洪建筑等产品。

(6)选择技术经济指标较差的产品。通过与同类产品进行技术性能、经济指标的比较,找出差距大的产品作为价值工程对象。

(7)从畅销产品中选择。为了使企业产品处于有利的竞争地位,必须做到既提高产品功能又不增加售价,甚至降低售价。

（8）选择产品设计年代已久、技术已显陈旧的产品。

2. 价值工程对象选择的方法

1）ABC 分析法

ABC 分析法是一种定量分析方法，它根据客观事物中普遍存在的不均匀分布规律分为"关键的少数"和"次要的多数"。此方法分别以对象数占总数的百分比为横坐标、对象成本占总成本的百分比为纵坐标绘制曲线分配图，如图 5.2 所示。

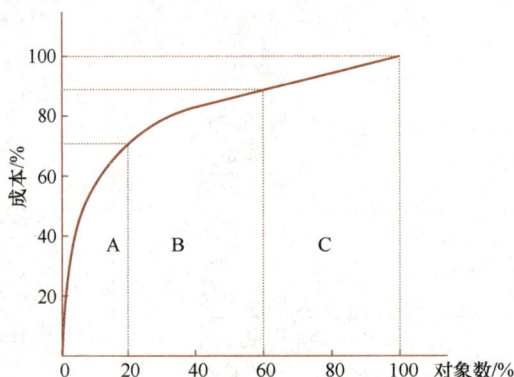

图 5.2　比重分布曲线图

ABC 分析法将全体对象分为 A、B、C 三类，A 类对象的数目较小，一般占总数的 20% 左右，但成本比重占 70% 左右；B 类对象一般占 40% 左右，其成本比重占 20% 左右；C 类对象占 40% 左右，其成本比重占 10% 左右。显然，A 类对象是关键少数，应作为 VE 对象；C 类对象是次要多数，不作为 VE 对象；是否分析 B 类对象则视情况予以选择。

2）百分比分析法

通过分析不同产品在各类技术经济指标中所占的百分数不同来进行比较，找出 VE 对象。表 5.4 中的某产品由 7 类零部件组成。

表 5.4　百分比法分析表

零部件	A	B	C	D	E	F	G	合计
动力消耗比重/%	34	29	17	10	5	3	2	100
产值比重/%	36	30	7	12	7	6	2	100

从表 5.4 可以看出，C 类零部件动力消耗较多，但产值比重小，应选为 VE 分析对象；A、B 类零部件虽然动力消耗较多，但产值比重大，两者比较吻合。

3）比较法

（1）价值比较法。价值比较法是同时考虑"成本"和"功能"两个因素的一种选择价值工程对象的方法。如果一个产品的零部件或工程结构的组成部分都具有一个共同的功能，则依据 $V=F/C$ 计算出每个零部件的价值，然后选取价值小的零部件作为 VE 对象。

【例 5.1】　某城市平交路口拟改建成直通式立交。已提出一个直通式立交设计方案，各结构组成部分投资估算见表 5.5，试选择立交设计方案作为 VE 对象的构件。

表 5.5 选择价值工程研究对象分析表

立交结构编号(单位)	A	B	C	D	E	F	G	H	I	J
功能(交通量)	1299	395	1852	955	1465	1600	438	1156	616	15127
成本 C/万元	800	100	200	100	200	100	200	100	200	400
价值 $V=F/C$	15.37	3.95	9.26	9.55	7.33	16	2.19	11.56	3.08	37.82

【解】 根据价值计算结果,可知 B、G、I 构件价值明显偏低,经济效果不好,应选为 VE 研究对象。

价值比较法计算方便,在方案设计、改进、比较方面都可应用。

(2)强制确定法,又称 FD(Force Decision)法,包括 01 法、04 法与多比例评分法。FD 法主要用于确定功能重要性系数,并以功能重要程度作为选择 VE 对象的决策指标。当若干个产品或组成产品的若干个部件中功能成本对比关系不突出,因而不易从功能成本对应关系中确定 VE 对象时,可以产品或组成产品部件的重要程度代替其功能,再以这种重要性与相关的产品或部件成本来确定 VE 对象。

① 01 评分法。FD 法确定 VE 对象的步骤是:确定功能系数、成本系数和价值系数,再确定 VE 对象。

a. 确定功能系数。组织 5~10 个评判人员,对产品或部件按其重要性一对一地比较,重要的给 1 分,不重要的给 0 分。逐次比较后,将产品或部件的结果累计。然后求出考评人员对同一产品或部件评分的平均值,用该值除以所有产品或部件的得分总和,即得此产品或部件的功能重要性系数 F_f。

b. 确定成本系数。将产品或部件的成本之和除以所有产品或部件的成本总和,即得成本系数 C_f。

c. 求价值系数 V_f。由 $V=F/C$,可得 $V_f=F_f/C_f$。

d. 确定 VE 对象。根据 V_f 确定。

【例 5.2】 已知组成某产品的部件为 A、B、C、D、E,现组织甲、乙、丙、丁、戊 5 人参加评选,试确定 VE 对象。

【解】 首先评价 A、B、C、D、E 各部件的重要性。其中甲的评价结果见表 5.6,其分值是一等差数列。同理,其余 4 人的评价结果见表 5.7 的左半部分。

表 5.6 功能重要性系数计算表(01 评分法)

部件	A	B	C	D	E	实际得分值	修正后得分值
A	×	1	0	1	1	3	4
B	0	×	0	1	1	2	3
C	1	1	×	1	1	4	5
D	0	0	0	×	0	0	1
E	0	0	0	1	×	1	2

然后确定功能系数 F_f 和成本系数 C_f,见表 5.7。

最后计算价值系数 $V_f=F_f/C_f$。根据 V_f 值选择 VE 对象并进行排序,如表 5.7所示。其选择对象的原则如下。

表 5.7 功能系数表

部件	甲	乙	丙	丁	戊	合计	平均得分值	功能系数 F_f/%	成本/万元	成本系数 C_f/%	V_f	排序
A	4	5	3	5	5	22	4.4	29.3	180	25.7	1.14	4
B	3	1	2	2	1	9	1.8	12.0	80	11.45	1.05	5
C	5	4	5	3	4	21	4.2	28.0	80	11.45	2.45	3
D	1	3	1	4	2	11	2.2	14.7	110	15.7	0.94	2
E	2	2	4	1	3	12	2.4	16.0	250	35.7	0.45	1
累　计							15.0	100.0	700	100.0		

a. $V_f<1$ 的产品或部件,如 E、D,说明其重要程度低而成本高,应选择。

b. $V_f>1$ 的产品或部件,说明其重要程度高而成本低,一般不选择;若 V_f 很大,如 C,则应选择,以分析产品或部件功能是否过剩。

c. $V_f=1$ 的产品或部件,说明其重要程度与成本相当,不选择。

② 04 评分法。04 评分法与 01 法基本相同,不同的是打分标准有所改进。当评价对象进行一对一的比较时,分为四种情况:

a. 非常重要(或实现难度非常大)的功能得 4 分,很不重要(或实现难度很小)的功能得 0 分。

b. 比较重要(或实现难度比较大)的功能得 3 分,不太重要(或实现难度不太大)的功能得 1 分。

c. 两个功能重要程度(或实现难度)相同时各得 2 分。

d. 自身对比不得分,如表 5.8 所示。

表 5.8 功能重要性系数计算表(0～4 评分表)

评价对象	F_1	F_2	F_3	F_4	得分	功能重要性系数
F_1	×	3	4	2	9	0.375
F_2	1	×	3	1	5	0.208
F_3	0	1	×	0	1	0.042
F_4	2	3	4	×	9	0.375
合　计					24	11

③ 多比例评分法。这种方法是 04 法的延伸,它是在对比评分时按(0.0,1.0),(0.1,0.9),(0.2,0.8),(0.3,0.7),(0.4,0.6),(0.5,0.5)六种比例来评定功能指数,以便能更准确反映功能之间的真实差别。若 A 功能相对于 B 功能的重要程度为 0.6,则 B 相对于 A 的重要程度为 0.4,其余以此类推。

对于例 5.2,若用多比例评分法,甲的评分表结果见表 5.9。对比表 5.6 和表 5.9 可看出两种方法的一些差别。

应当注意,FD 法只注意了价值系数本身对 1 的偏离程度,而忽视了价值系数和成本系数间可能有很大差别的情形,不易反映功能差异很大或很小的零部件间的关系。因此,FD 法适用于被评价对象在功能程度上差异不大、并且评价对象的子功能数目不太多的情况。

表 5.9　功能重要性系数计算表(多比例评分表)

功能	A	B	C	D	E	得分	F_1	得分值排序
A	×	0.6	0.3	0.6	0.7	2.2	0.22	③
B	0.4	×	0.3	0.8	0.9	2.4	0.24	④
C	0.7	0.7	×	0.6	0.8	2.8	0.28	5
D	0.4	0.2	0.4	×	0.1	1.1	0.11	1
E	0.3	0.1	0.2	0.9	×	1.5	0.15	2
合　　计						10	1.00	

5.2.3　对象情报的搜集

VE 对象确定之后,就可以围绕选定对象搜集资料了,这项工作十分重要。

1. 搜集资料的步骤

(1)确定搜集资料的目的。

(2)制订搜集资料的计划。

(3)搜集并整理资料。

(4)分析甄别资料。

(5)建立资料查询方法。

2. 重点搜集三类资料

1)内部资料

内部资料包括:企业的经营方针、生产能力、工时定额、质量统计数据;同类厂商的成本结构、生产费用、废品率及损耗额等;同类厂商的工艺方法,加工、作业管理,材料物理特性,设计、生产、销售资料,产量、批量等情况。

2)外部企业资料

搜集世界上各竞争对手的经济分析资料、生产资料、质量统计数据及用户反映等资料。

3)外部市场资料

外部市场资料包括:用户的使用目的及条件,使用中的故障情况,用户今后的希望是什么,使用上存在什么问题等。

5.2.4　功能分析

功能分析是价值工程活动的基本内容。从功能分析入手系统地对产品进行研究和分析是价值工程活动的核心。功能分析通过分析对象资料,正确表达分析对象的功能并予以满足,明确功能的特征要求,从而弄清产品与部件各功能之间的关系,去掉不合理的功能,使产品功能结构更合理,以达到降低产品成本的目的。通过功能分析,可以对对象"是干什么用的"这一价值工程提问做出回答,从而准确地掌握用户的功能要求。下面举两个案例来说明怎样进行功能分析。

【案例1】 对储油设备进行的功能分析。

美国的一个价值工程小组,对海军登陆舰艇上的储油设备进行功能分析。该设备是用不锈钢特制的方形容器,它的功能是仅仅储存900L汽油,成本为520美元。价值分析人员了解到市场上有两种铁制的储油圆桶,一种是1100L容量,30美元一只;另一种是230L容量,6美元一只。如果采用大的只需1只,采用小的需要4只,再加些管道零件,80美元就够了。由于设备的功能是储油,他们用市场上的圆桶代替特制的不锈钢容器,成本从520美元下降到80美元。

【案例2】 美国俄亥俄河大坝枢纽的功能分析。

1972年,在美国俄亥俄河大坝枢纽设计中,应用了价值工程。从功能和成本两个方面对大坝、溢洪道等进行了综合分析,采取增加溢洪道闸门高度的方法,使闸门数量由17道减少到12道,并且改进闸门施工工艺,但大坝的功能和稳定性不受影响,保证具有必需的功能。仅此一项节约了大坝建筑投资1930万美元,而用在聘请专家等进行价值工程分析的费用只花费了1.29万美元,取得了1美元收益接近于1500美元的投资效果。

通常,功能分析包括功能分类与定义和功能整理等内容。

1. 功能分类

根据功能的不同特点可将功能分为以下类型。

1) 按功能特征分为基本功能与辅助功能

基本功能是决定产品性质和存在的主要功能;辅助功能是次要功能,是为实现基本功能的附加功能。例如,承重外墙的基本功能是承受荷载;室内间壁墙的基本功能是分隔空间,而隔声、隔热、保暖等是墙体的辅助功能。

2) 按功能性质分为使用功能与美学功能

使用功能反映产品的使用属性,是动态功能;美学功能反映产品外观的艺术属性,是静态功能。建筑产品的使用功能一般包括可靠性、安全性、舒适性和维修性等。建筑产品的美学功能一般包括造型、色彩、图案以及周围环境等,它直接影响使用者对建筑产品的使用效果,是提高产品市场竞争力的重要因素。

3) 按用户要求分为必要功能与不必要功能

必要功能是用户要求产品必须具备的功能,例如使用功能、美学功能、基本功能、辅助功能等。不必要功能是不符合要求的功能,例如多余功能、重复功能和过剩功能。

4) 按功能完善程度分为过剩功能与不足功能

过剩功能是相对于标准功能而言,虽有必要但有余;不足功能是产品整体或部件功能水平低于标准水平。它们都是价值工程的研究对象,须经过设计,进行改造和完善。

5) 按功能的结构位置分为上位功能与下位功能

在一个系统中,功能的上、下位关系是指功能之间的从属关系,是两个相对的概念。上位功能是目的,也称目的性功能;下位功能是手段,也称手段性功能。

2. 功能定义

功能定义是根据已有信息资料,用简洁、准确的语言从本质上解释说明对象具有哪些功

能,从定性的角度对功能进行说明。在功能定义时应注意:

(1) 使用简洁的语言。多用"两词"法,即动词+名词,如承重外墙功能定义为"承受荷载",道路功能定义为"提高通行能力"。

(2) 尽量准确。使用词汇要反映功能的本质。

(3) 适当抽象。以不违反准确性原则为度。如路面功能定义为"调整摩擦系数"或"提高强度",但不注明采用何种方法提高强度,这有助于开阔思路。

(4) 全面。参照产品结构从上到下、从主到次顺序分析定义。功能不必与零部件一一对应。因为有的功能由若干零部件提供,有的零部件能提供多种功能。

3. 功能整理

功能整理是对定义出的功能系统进行分析整理,明确功能间的关系,分清功能类别,建立功能系统图。功能整理回答和解决"它的功能是什么"这样的问题。

1) 功能合理化的方法

(1) 通过功能分析,找出现存的全部功能,尤其是迄今尚未觉察到的功能,进行恰当的剔除、缩减、利用、增添、补足、联合,提高功能水平,确定合理的必要功能。

(2) 改进各种必要功能的功能方式,充分发挥其效能。

(3) 发现新原理。这一方法的难度大、效果大、意义深远。

(4) 实现标准化、系列化、通用化、模块化、程序化、自动化和柔性化。

(5) 提高人的工作能力与系统的管理能力。

(6) 提高美学功能的途径。

2) 绘制功能系统图

(1) 分析产品的基本功能和辅助功能。依据用户对产品的功能需求,挑出基本功能,并把其中最基本的功能排出来,它就是最上位功能。基本功能通过回答如下问题判别:

① 取消这个功能,产品本身是不是就没有存在的必要了?

② 对于功能的主要目的而言,它的作用是否必不可少?

③ 这个功能改变之后,是否要引起其他一连串的工艺和构配件的改变?

如果以上回答是肯定的,这个功能就是基本功能。除此之外,剩余的功能就是辅助功能了。

(2) 明确功能的上、下位关系和并列关系。如图 5.3 所示,平屋顶功能中的"遮盖室内空间"和"防水""保温隔热"的关系,就是上、下位功能关系。"遮盖室内空间"是上位功能,为目的;"防水"是为了能够"遮盖室内空间",为手段,所以是下位功能。这里,目的和手段是相对的,一个功能,对它的上位功能来说是手段(下位功能),对它的下位功能来说又是目的(上位功能)。

功能并列关系是指两个功能之间没有从属关系,但却同属于一个上位功能的关系。图 5.3 中,平屋顶为了"遮盖室内空间",有三条遮盖途径,即遮蔽顶部、防水、保温隔热。很显然,这三个功能是"遮盖室内空间"的下位功能,而这三个功能之间则是并列关系。同样,"隔绝雨水"与"排除雨水"也是并列关系。

(3) 排列功能系统图。所谓功能系统图,就是产品应有的功能结构图。在图中,上位功能在左,下位功能在右,依次排列,整个图形呈树形由左向右扩展、延伸。图 5.3 是根据上述步骤和方法,对平屋顶进行研究,在功能定义的基础上,通过功能分析和功能整理,得到的平屋顶功能系统图。

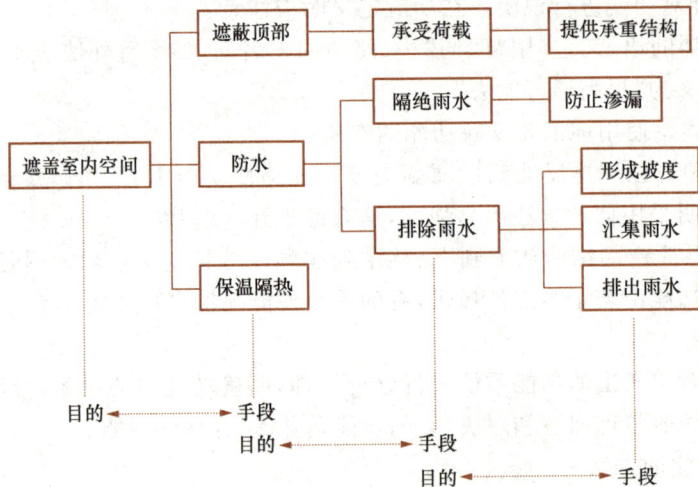

图 5.3　平屋顶功能系统图

5.2.5　功能评价

1. 功能评价的概念

所谓功能评价,就是对功能的价值进行测定和评定。它根据功能系统图,在同一级的功能之间,运用一定的技法,计算并比较各功能价值的大小,将那些功能价值低、成本改善期望值大的功能作为开展价值工程的重点对象。

功能评价的基本内容包括功能成本分析、功能评价和选择对象区域。进行功能评价,首先要进行功能成本分析,即确定功能的目前成本(实际成本)C,这是比较困难的,因为功能是一种概念性的东西,比较抽象。然后确定实现这一功能的最低成本,既确定功能评价值F,以此作为该功能成本的降低目标,称为功能目标成本。将功能的目标成本与实现功能的实际成本相比,便得到该功能的功能价值(功能系数)V;将实现功能的实际成本减去功能的目标成本,得到功能成本改善期望值E,E值大的功能将作为价值工程活动的重点对象。其公式为

$$V = \frac{F}{C} \tag{5.2}$$

$$E = C - F \tag{5.3}$$

功能评价的目的是探讨功能价值,找出低功能区域及$V<1$的部分,进而明确需要改进的具体对象及优先次序。

对V值的分析:$V=1$,表明实现评价对象功能的目前成本与实现此对象功能的最低成本(即目标成本)大致相当,一般无须改进;$V<1$,表明实现此对象功能的目前实际成本偏高,这时有两种可能:其一是此对象功能过剩;其二是虽无功能过剩,但实现功能的手段不佳,以至实现功能的实际成本大于功能的实际需要(目标成本),应纳入改进的范围;$V>1$,此时应首先检查功能评价值是否定得合理,若是F定得太高,则应降低F值;其次,可能是该对象的功能不足,没有达到用户的功能要求,应适当增加成本,提高功能水平。

2. 功能评价的方法

功能评价的一般程序是:

(1) 确定功能的实际成本(目前成本)C。

(2) 确定功能的目标成本(最低成本)F。

(3) 计算功能价值(价值系数)V。

(4) 计算功能成本改善期望值 E。

(5) 按价值系数(即 V)由低到高、功能成本改善期望值由大到小的顺序排列,确定价值工程的重点改进对象。

1) 计算功能的实际成本 C

成本通常是以产品或构配件为对象进行计算的,而功能 C 的计算是以功能为对象进行计算的。在产品中构配件与功能之间常常呈现一种相互交叉的复杂情况。因此,计算功能的实际成本 C,就是采用适当方法将构配件成本转移分配到功能中去。

当一个构配件只实现一个功能,且这项功能只由这个构配件实现时,构配件的成本就是功能的 C;当一项功能由多个构配件实现,且这多个构配件只为实现这项功能服务时,这多个构配件的成本之和就是该功能的 C;当一个构配件实现多项功能,且这多项功能只由这个构配件实现时,则按该构配件实现各功能所起作用的比重,将成本分配到各项功能上去,即为各功能的 C;然而更多的情况是多个构配件交叉实现多项功能,且这多项功能只由这多个构配件交叉的实现。这时计算功能的 C 可通过填表进行,见表 5.10。首先将各构配件成本按该构配件对实现各功能所起作用的比重,将成本分配到各项功能上去,然后将各功能从有关构配件上分配到的成本相加,便可得出各功能的 C。

表 5.10 功能实际成本计算表 　　　　单位:元

构配件			功能或功能区域				
			F_1	F_2	F_3	F_4	F_5
序号	名称	成本	比重 成本	比重 成本	比重 成本	比重 成本	比重 成本
1	A	150		66.7% 100		33.3% 50	
2	B	250	20% 50		60% 150		20% 50
3	C	500	50% 250	10% 50		40% 200	
4	D	100			100% 100		
功能实际成本 C_0			C_{01}	C_{02}	C_{03}	C_{04}	C_{05}
合计		1000	300	150	250	250	50

构配件对实现功能所起作用的比重,可请几位有经验的人员集体研究确定,或者采用评分方法确定。例如:某产品具有 $F_1 \sim F_5$ 共五项功能,由四种构配件实现,功能 C 的计算如表 5.10 所示。

在表 5.10 中,A 构配件对实现 F_2、F_4 两项功能所起的作用分别为 66.7％和 33.3％,故功能 F_2 分配成本为 66.7％×150＝100 元,F_4 分配成本为 33.3％×150＝50 元。按此方法将所有构配件成本分配到有关功能中去,再按功能进行相加,即可得出 $F_1 \sim F_5$ 五种功能的实际成本 $C_{01} \sim C_{05}$。

2)确定功能评价值(目标成本)F

功能评价值是依据功能系统图上的功能概念,预测出对应于功能的成本。它不是一般概念的成本计算,而是把用户需求的功能换算为金额,其中成本最低的即功能评价值。下面介绍三种确定功能评价值的方法。

(1)经验估算法。这种方法是邀请一些有经验的人,根据收集到的有关信息资料,构思出几个实现各功能或功能区域的方案,然后每个人对构思出的方案进行成本估算,取其平均值,最后从方案中取成本最低的。这种方法有时不一定很准确,但对经验丰富的人来说,还是比较实用的,见表 5.11。

表 5.11 各方案的功能成本

功能 F	F_1			F_2			F_3		
功能区	功能区$_1$			功能区$_2$			功能区$_3$		
方案	方案 A$_1$	方案 B$_1$	方案 C$_1$	方案 A$_2$	方案 B$_2$	方案 C$_2$	方案 A$_3$	方案 B$_3$	方案 C$_3$
成本/元	460	420	370	170	130	80	100	70	50

对于 F_1 功能,有三个方案,方案 C$_1$ 成本为 370 元为最低,则 F_1＝370 元。同理 F_2＝80 元,F_3＝50 元。

(2)实际调查法。该方法是通过广泛的调查,收集具有同样功能产品的成本,从中选择功能水平相同而成本最低的产品,以这个产品的成本作为功能评价值,如图 5.4 所示。由于此法确定的 F 值是现实中存在的,比较可靠。具体步骤如下。

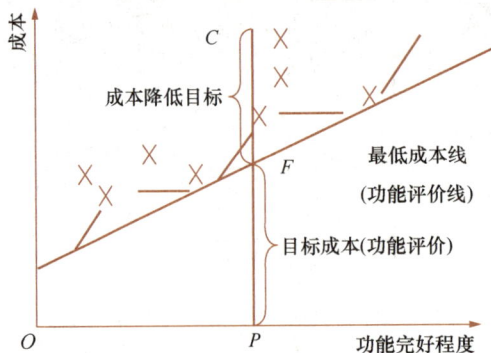

图 5.4 功能评价图解

① 广泛收集企业内外完成同样功能的产品资料,包括反映功能水平的各项性能指标和可靠性、安全性、操作性、维修性、外观等。

② 将收集到的产品资料进行分析整理,按各自功能要求的程度排出顺序。

③ 绘制坐标图,做出实际最低成本线。以横坐标表示功能水平,纵坐标表示成本。按

功能水平等级分类,把各产品功能水平等级和成本标在坐标图上,这样在每个等级的功能水平上总有一个产品的成本是最低的。将各功能水平等级的最低成本点连接起来,所形成的线即为最低成本线,因而可以把这条线上的各个点作为对应功能的评价值。但应注意,最低成本线是不断变化的,现实产品中难免存在不必要的功能,因此要不断去掉不必要的功能。

（3）功能重要程度评价法。此法是根据功能重要性程度确定功能评价值。首先将产品功能划分为几个功能区域,根据功能区的重要程度和复杂程度,确定各个功能区的功能重要性系数,然后将产品的目标成本按功能重要性系数分配给各功能区作为该功能区的目标成本,即功能评价值。其步骤如下。

第一步,确定功能重要性系数 F_f。

倍数确定法,又称环比评分法、DARE 法。这种方法的适用范围较广,它是利用评价因素之间的相关性进行比较,定出 F_f,用以选择方案,即首先由上而下两两比较相邻两个功能的重要程度（或实现难度）,给出它们之间的功能重要度比值,见表 5.12。然后对得出的功能重要度比值进行修正,令最后一个功能的重要度为 1,由下至上乘以相邻功能重要度比值,得相邻功能的修正重要度比值。最后求修正重要度比值之和,进而求得 F_f。

表 5.12　倍数确定法计算对象功能重要性系数

功能	F_1	F_2	F_3	F_4	合计
重要度比值	0.5	3.0		2.0	
修正重要度	$3.0=6.0\times0.5$	$6.0=2.0\times3.0$	$2.0=1.0\times2.0$	1.0	12.0
功能重要性系数 F_f	$3/12=0.25$	$6/12=0.50$	$2/12=0.17$	$1/12=0.08$	1.00
备注	修正重要度$_{i-1}$＝修正重要度$_i$×重要度比值$_{i,i-1}$				

【例 5.3】　某产品的目前成本为 800 元,目标成本为 600 元,有 F_1、F_2、F_3、F_4 四个功能区,各功能区的成本分别为 251 元、370 元、97 元和 82 元,试对各功能进行评价。

【解】　首先,用倍数确定法确定 F_f,其评分结果见表 5.12。除了倍数确定法外,也可用强制确定法、直接评分法、逻辑判断评分法等方法来确定 F_f。

第二步,确定各功能的功能评价值。

在第一步求出功能重要性系数之后,根据新产品和老产品的不同情况求出相应的功能评价值。

① 新产品设计:新产品的目标成本可以通过市场预测、技术预测等方法加以确定,然后将新产品的目标成本按 F_f 分摊到各个功能上去,即得各功能的评价值 F。如例 5.3,如果新产品的目标成本为 600 元,根据倍数确定法可求出各功能的功能评价值 F,如表 5.13所示。

表 5.13　新产品功能评价值计算表

功能	F_1	F_2	F_3	F_4	合计
F_f	0.25	0.50	0.17	0.08	1.00
功能评价值/元	$0.25\times600=150$	$0.50\times600=300$	$0.17\times600=102$	$0.08\times600=48$	600

② 老产品改进设计：老产品的现实成本已知，如例5.5。将已知现实成本分摊到各个功能上去，然后根据功能评价值求价值系数及成本降低值。具体计算见表5.14。

表 5.14 功能实际评价计算表

功能(1)	F_1	F_2	F_3	F_4	合计
现实成本(2)/元	251	370	97	82	800
功能重要性系数(3)	0.25	0.50	0.17	0.08	1.00
功能评价值(4)/元	150	300	102	48	600
价值系数(5)=(4)/(2)	0.598	0.811	1.052	0.585	
成本降低期望值(6)=(2)-(4)/元	101	70	-5	34	229
改善优先次序(7)	1	3		2	

3）计算功能价值（价值系数）V

V 值可由公式(5.2)求出。例如表5.14，功能 F_1 的现实成本为251元，则 F_1 的价值系数为 150/251＝0.598。

4）计算功能成本改善期望值 E

根据公式(5.3)求得改善期望值 E。例如 F_1 的功能成本改善期望值为 251－150＝101（元）。

5）选择改进对象

选择改进对象时，考虑因素主要是价值系数和功能成本改善期望值的大小。根据前面对 V_f 和 V 值的分析可知，F_3 无须改进；F_1、F_2、F_4 应作为价值工程的改进对象。

在选择改进对象时，应将价值系数和成本改善期望值两个因素综合起来考虑，即选择价值系数低、成本改善期望值大的功能或区域作为重点改进对象。例如 F_1 和 F_4 比较，尽管 F_4 的价值系数比 F_1 低，但成本改善期望值 F_1 明显要大得多，因此在选择改进对象排序时 F_1 排在 F_4 前面，见表5.14。

3. 功能评价的目的

1）进一步确定功能目标成本

通过功能评价可得出目标项目的最低成本和降低成本的期望值，由此便可比较价值工程之初所订的目标成本是否合理，从而使我们进一步准确确定功能目标成本，并据此适时修改设计构思方向，重新研究实现功能的其他手段，达到降低成本的期望值，使价值工程取得满意的效果。

2）准确地选定价值工程活动的改进对象

通过收集情报、功能定义、功能分析和功能评价，准确求出功能评价值和功能价值，明确产品或零部件各功能领域的价值高低及改进方向，有效提高价值工程的效率。

3）调动和激励工作人员的积极性和创造性

通过功能评价，明确价值工程的改善目标和降低成本期望值，不仅有利于挖掘企业内部降低成本、提高产品价值的潜力，也能够大大调动和激励价值工程人员工作的积极性和创造性，使价值工程工作取得良好的效果。

5.2.6 方案创新与评价

价值工程活动能否取得成效,关键在于针对产品存在的问题提出解决的方法,创造新方案,完成产品的改进。这是一个创造、突破、不断完整的过程。

1. 方案创新

方案创新要具备创新精神和创新能力。它以提高对象功能和降低成本为出发点,根据已建立的功能流程图和功能目标成本,运用创造性的思维方法,加工已获得的资料,在设计思想上产生质的飞跃,创造出实用效果好、经济效益高的新方案。因此,要注意养成积累知识、分析观察事物的习惯,要善于广泛联想。

价值工程中常用的方案创新的方法有头脑风暴法(BS 法)、头脑书写法(BW 法、"635"法)、提喻法(Gorden 法)、德尔菲法(Delphi 法)等,这里不再一一介绍。

2. 方案评价

方案创新阶段所产生的大量方案需要进行评价和筛选,从中找出有实用价值的方案付诸实施。方案评价分为以下两个阶段,如图 5.5 所示。

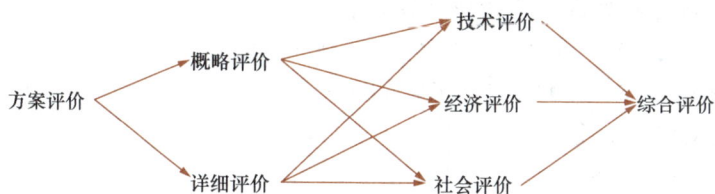

图 5.5 方案评价图

1)概略评价

概略评价是对创造出的方案从技术、经济和社会三个方面进行初步研究,其目的是从众多的方案中进行粗略筛选,使精力集中于优秀方案,为详细评价作准备。

2)详细评价

详细评价是在掌握大量数据资料的基础上,对概略评价获得的少数方案进行详尽的技术评价、经济评价和社会评价,或将以上三个方面结合起来进行综合评价,为提案的编写和审批提供依据。技术评价是对方案功能的必要性及必要程度以及实施的可能性进行分析评价;经济评价是对方案实施所带来的经济效果进行分析;社会评价是对方案给国家和社会所带来的影响,如环境、生态、国民生产总值等方面进行分析评价。一般先作技术评价,然后分别作经济评价和社会评价,再作综合评价,其中,经济评价是最主要的部分。

5.3 价值工程的应用

价值工程方法作为一个方便实用的经济分析方法,在施工方案的经济分析中也得到较好的应用。利用价值工程方法,可对建筑材料、构配件及周转性工具材料的代换进行价值分析,也可直接用于方案的经济比较。

【例5.4】 某工程一根9.9m长的钢筋混凝土梁,可采用三种设计方案见表5.15。经测算,梁侧模的摊销费用为21.4元/m²,梁底模的摊销费用为24.8元/m²,钢筋制作、绑扎的费用为3390元/t。问:哪个方案为优?

表5.15 钢筋混凝土梁设计方案

方案	梁断面尺寸 /(mm×mm)	钢筋/(kg/m³)	混凝土标号	混凝土制作费用 /(元/m³)
A	300×900	95	A	220
B	500×600	80	B	230
C	300×800	105	C	225

【解】 不管采用哪个方案,梁承受的荷载并不改变,也就是说梁发挥的功能和作用是一样的,所以可采用最小费用法比较。其次,对于各方案,梁将来的维护费用并无差异,因此只比较初始投资造价,而无须考虑资金的时间价值因素。可用方案的直接费的大小来比较优劣。

首先要计算出各方案中混凝土、钢筋、底模和侧模的使用量,然后根据给定的单价,计算每个方案的直接费。方案A的直接费计算如下。

(1) 混凝土费用:$0.3×0.9×9.9×220=588.06$(元)。

(2) 钢筋费用:$0.3×0.9×9.9×95×3390=860.72$(元)。

(3) 梁底模费用:$0.3×9.9×24.8=73.65$(元)。

(4) 梁侧模费用:$0.9×9.9×2×21.4=381.35$(元)。

(5) 方案A的直接费:$588.06+860.72+73.65+381.35=1906.78$(元)。

同理,可计算出方案B与C的直接费,计算结果汇总在表5.16中,比较后选方案C。

表5.16 三种方案的直接费计算结果

项目	混凝土 /m²	钢筋 /kg	梁侧模 /m²	梁底模 /m²	混凝土费用 /元	钢筋费用 /元	模板费用 /元	直接费合计 /元
方案A	2.637	253.9	17.82	2.97	588.06	860.72	455.00	1903.78
方案B	2.97	237.6	11.88	4.95	683.10	805.46	376.99	1865.55
方案C	2.373	249.5	15.84	2.97	534.60	845.81	412.63	1793.04

下面是价值工程在施工组织设计中的应用实例。

【例5.5】 某厂储配煤槽筒仓是我国目前最大的群体钢筋混凝土结构储煤仓之一。它由3组24个直径为11m,壁厚0.2m的圆柱形薄壁连体仓筒组成。工程体积庞大,地质条件复杂,施工场地狭小,实物工程多,结构复杂。设计储煤量为4.8万t,预算造价近千万元,为保证施工质量,按期完成施工任务,施工单位决定在施工组织设计中展开价值工程活动。

【解】 (1) 对象选择。

该施工单位对工程情况进行分析,工程主体由三个部分组成,即地下基础、地表至16m的框架结构并安装钢漏斗、16m以上的底环梁和筒仓。针对三个部分的主体工程就施工时间、实物工程、施工机具占用、施工难度和人工占用等进行测算,用百分比分析法选择价值工程对象的结果表明筒仓工程在指标对比中占首位,情况见表 5.17。

表 5.17 某筒仓工程各项指数预算

工程名称指标	施工时间	实物工程	施工机具占用	人工占用	施工难度
地下基础/%	15	12	11	17	5
框架结构,钢漏斗/%	25	34	33	29	16
底环梁,筒仓/%	60	54	56	54	79

能否如期完成施工任务的关键在于能否正确处理筒仓工程面临的问题,能否选择符合本企业技术经济条件的施工方法。总之,筒仓工程是整个工程的主要矛盾,是关键工程。决定以筒仓工程为价值工程研究对象,优化筒仓工程施工组织设计。

(2) 功能分析。

① 功能定义。筒仓的基本功能是提供储煤空间,其辅助功能主要为方便使用和外形美观。

② 功能整理。在筒仓工程功能定义的基础上,根据筒仓工程内在的逻辑联系,采取剔除、合并、简化等措施对功能定义进行整理,绘出筒仓工程功能系统图,如图 5.6 所示。

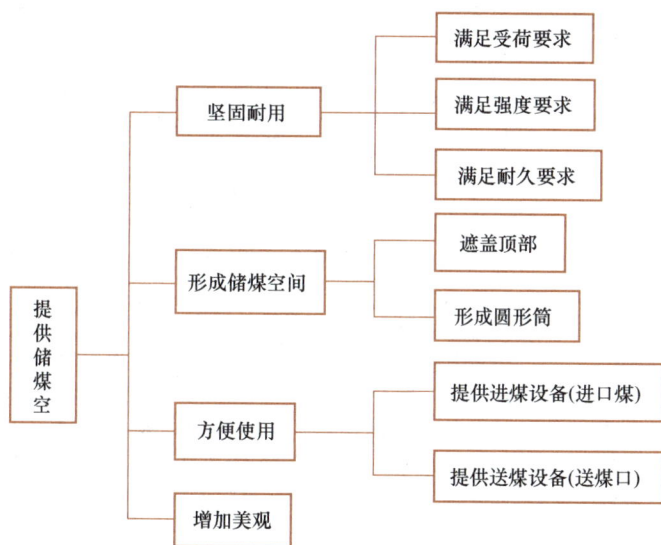

图 5.6 筒仓工程功能系统图

③ 功能评价和方案创造。根据功能系统图可以明确看出,施工对象是混凝土筒仓体。在施工阶段运用价值工程不同于设计阶段运用价值工程,其重点不在于如何实现储煤空间这个功能,而在于考虑怎样实现。这就是说,采用什么样的方法组织施工、保质保量地浇灌混凝土筒仓体,是应用价值工程编制施工组织设计中所要解决的中心问题。根据"质量好、时间短、经济效益好"的原则,工程技术人员、施工人员、管理人员初步建立滑模、翻模、大模板和合同转包四个方案,在此基础上进一步进行技术经济评价。

④ 施工方案评价。价值工程人员运用"给分定量法"进行方案评价,以 A、B、C、D 分别代表滑模、翻模、大模板、施工合同外包四种施工方案,评价情况和具体打分结果见表 5.18。

表 5.18 施工方案评价表（一）

指标体系	评分等级	分值	A	B	C	D
施工平台	1. 需要制作	0	0			
	2. 不需要制作	10		10	10	10
模板	1. 制作专用模板	0	0		0	
	2. 使用标准模板	10		10		
	3. 不需制作模板	15				15
千斤顶	1. 需购置	0	0			
	2. 不需购置	10		10	10	10
施工人员	1. 少工种少人员	10	10			
	2. 多工种多人员	5		5	5	
	3. 无需参加	15				15
施工准备时间	1. 较短	15		15		
	2. 中等	10			10	
	3. 较长	5	5			
	4. 无需准备	20				20
受气候机械等影响	1. 较大	5	5			
	2. 较小	10		10	10	
	3. 不受影响	15				15
施工时间	1. 保证工期	10	10	0	0	0
	2. 拖延工期	0				
施工难度	1. 复杂	5	5			
	2. 中等程度	10			10	
	3. 简单	15		15		
	4. 无难度	20				20
合　计			35	75	55	105

由表可知，合同外包方案得分最高，其次为翻模和大模板施工方案。合同外包方案较其他方案更优，还需作进一步分析。利用"给分定量法"对施工方案作进一步的分析，见表 5.19。

表 5.19 施工方案评价表（二）

指标体系	评分等级	分值	A	B	C	D
技术水平	1. 清楚	10	10	10	10	
	2. 不清楚	5				5
材料	1. 需求量小	5				5
	2. 需求量大	10	10	10	10	
成本	1. 很高	5				5
	2. 较低	10	10	10	10	
工程质量	1. 保证质量	10	10	10	10	
	2. 难以保证	5				5

续表

方案评价			方案			
指标体系	评分等级	分值	A	B	C	D
安全生产	1. 避免事故责任	10				10
	2. 尽量避免事故责任	5	5	5	5	
施工质量	1. 需要参加	5	5	5	5	
	2. 不需要参加	10				10
合　计			50	50	50	40

表 5.19 表明,虽然合同外包方案可以坐享其成,但权衡利弊,应选翻模施工方案。为了证明这种选择的正确性,进一步对各方案作价值分析,各方案的预算成本及价值系数如表 5.20 所示。由表 5.20 可知,方案 B 最优。

表 5.20　各方案预算成本及价值系数表　　单位:万元

方案	A	B	C	D
目标成本	630			
预算成本	>608.30	630.30	660.70	>750.00
价值系数	<0.880	0.999	0.950	<0.840

⑤ 翻模施工方案的进一步优化。由于翻模施工方案存在多工种、多人员作业和总体施工时间长的问题,适宜用价值工程方法作进一步优化。

经考察,水平运输和垂直运输使大量人工用在无效益的搬运上。为减少人工耗用,提出以下三种途径,同时对应提出三个施工方案:

a. 成本不增加,人员减少。提出方案一:单纯减少人员。

b. 成本略有增加,人员减少而工效大大提高。提出方案二:变更施工方案为单组流水作业。

c. 成本减少,总人数不变而工效提高。提出方案三:采用双组流水作业。

对以上三个方案采用"给分定量法"进行评价,方案三为最优,即采用翻模施工双组流水作业,在工艺上采用二层半模板和二层角架施工。

⑥ 效果评价。通过运用价值工程,使该工程施工方案逐步完善,施工进度按计划完成,产值小幅增加,利润提高,工程质量好,被评为全优工程。从降低成本方面看,筒仓工程实际成本为 577.2 万元。与原滑模施工方案相比节约 31.1 万元;与大模板施工方案相比节约 83.5 万元;与合同外包方案相比节约 172.8 万元;与翻模施工方案相比节约 53.1 万元,降低率为 8.4%;与目标成本相比下降 52.8 万元,降低成本率为 8.3%,成效显著。

思 考 题

1. 什么是价值工程?价值工程的价值含义是什么?提高价值有哪些途径?

2. 什么是寿命周期和寿命周期成本费用?价值工程中为什么要考虑寿命周期成本

费用？

3. 价值工程的特点是什么？

4. ABC 分析法和强制确定法选择分析对象的基本思路和步骤是什么？

5. 什么是功能？功能如何分类？什么是功能定义？怎样进行功能定义？

6. 造价工程师在某开发公司的某幢公寓设工程中，采用价值工程的方法对该工程的设计方案和编制的施工方案进行了全面的技术经济评价，取得了良好的经济收益和社会效益。有四个设计方案，经有关专家对上述方案进行技术经济分析和论证得出如下资料，见表 5.21 和表 5.22。

表 5.21 功能重要性评分表

方案功能	F_1	F_2	F_3	F_4	F_5
F_1	0	4	2	3	1
F_2	4	0	3	4	2
F_3	2	3	0	1	1
F_4	3	4	1	0	1
F_5	1	2	1	1	0

表 5.22 方案功能得分及单方造价表

方案功能	A	B	C	D
F_1	9	10	9	8
F_2	10	10	8	9
F_3	9	9	10	9
F_4	8	8	8	7
F_5	9	7	9	6
单方造价/(元/m²)	1420.00	1230.00	1150.00	1360.00

问题：

(1) 计算功能重要性系数。

(2) 计算功能系数、成本系数和价值系数，选择最优设计方案。

7. 某市住宅试点小区两幢科研楼及一幢综合楼，设计方案对比项目如下。

A 楼方案：结构方案为大柱网框架轻墙体系，采用预应力大跨度叠合楼板，墙体材料采用多孔砖及移动式可拆装式分隔墙，窗户采用单框双玻璃钢塑窗，面积利用系数 93%，单方造价为 1437.58 元/m²。

B 楼方案：结构方案同 A 墙体，采用内浇外砌，窗户采用单框双玻璃空腹钢窗，面积利用系数 87%，单方造价 1108 元/m²。

C 楼方案：结构方案采用砖混结构体系，采用多孔预应力砖，墙体材料采用标准黏土砖，窗户采用单玻璃空腹钢窗，面积利用系数 70.69%，单方造价 1081.8 元/m²。

各方案功能得分及重要系数见表 5.23，试应用价值工程方法选择最优设计方案。

表 5.23　方案功能得分及重要系数表

项　目	方案功能得分			方案功能
	方案 A	方案 B	方案 C	重要系数
结构体系 f_1	10	10	8	0.25
模板类型 f_2	10	10	9	0.05
墙体材料 f_3	8	9	7	0.25
面积系数 f_4	9	8	7	0.35
窗户类型 f_5	9	7	8	0.10

问题：

（1）试应用价值工程方法选择最优设计方案。

（2）为控制工程造价和进一步降低费用，拟针对所选的最优设计方案的土建工程部分，以工程材料费为对象开展价值工程分析。将土建工程划分为四个功能项目，各功能项目评分值及其目前成本见表 5.24。按限额设计要求，目标成本额应控制为 12170 万元。

表 5.24　基础资料表

序　号	功　能	功能评分	目前成本/万元
1	A. 桩基围护工程	11	1520
2	B. 地下室工程	10	1482
3	C. 主体结构工程	35	4705
4	D. 装饰工程	38	5105
合　计		94	12812

（3）试分析各功能项目的目标成本及其可能降低的幅度，并确定出功能改进顺序。

第**6**章 建设项目经济评价

建设项目的经济评价包括财务评价和国民经济评价,是项目可行性研究和项目评估决策的重要依据。财务评价是建设项目经济评价的核心内容,国民经济评价是建设项目经济评价的重要组成部分。本章论述财务评价的概念、作用、内容、指标体系和基本步骤,详细介绍财务评价中主要财务基础数据的估算、确定和分析,以及财务评价基本报表的编制,并通过实际案例的演示说明财务评价报表的编制和评价指标的计算;阐述国民经济评价的概念、作用、基本原理以及国民经济效益与费用识别和计算的原则,介绍国民经济评价费用效益评价报表以及评价指标等相关内容。

6.1 建设项目经济评价方法概述

6.1.1 建设项目经济评价的意义

为了把有限的资源合理配置到建设项目的建设活动中,真正体现最优的经济效益和社会效益,需要通过对拟建工程项目的经济效益进行预先估算,避免决策失误;同时,进行工程项目经济评价还有利于控制投资规模,优化投资结构,充分发挥投资效益。

建设项目的经济评价是项目可行性研究和项目评估的核心内容和决策的重要依据,由企业财务评价和国民经济评价两个部分构成。一般情况下,投资方案只有分别通过了财务评价和国民经济评价,才是可行方案。

企业财务评价属于微观经济效果分析范畴,是从企业或项目的角度出发,根据国家现行财税制度和价格体系,分析计算项目范围内的财务效益和费用,编制财务报表,计算评价指标,考察项目的盈利能力和清偿能力等财务状况,以此判断建设项目在财务上的可行性。

国民经济评价属于宏观经济效果分析范畴,是从国家整体角度出发,按照资源合理配置和有效利用的原则,采用费用与效益的分析方法,运用影子价格、影子工资、影子汇率和社会折现率等国民经济评价参数,考察项目的效益和费用,分析计算项目对国民经济的贡献,评价项目的经济合理性。

6.1.2 国民经济评价与财务评价的区别与联系

国民经济评价与财务评价都是经济评价,都使用基本的经济评价理论,即费用与效益比较的理论方法。

1. 国民经济评价与财务评价的区别

（1）两种评价的角度和基本出发点不同。财务评价是站在项目的层次上，从项目的经营者、投资者、未来的债权人角度，分析项目在财务上能够生存的可能性，分析各方的实际收益或损失，分析投资或贷款的风险及收益。国民经济评价则是站在国家和地区的层次上，从全社会的角度分析评价比较项目对国民经济可能产生的费用和效益。

（2）项目的费用与效益的含义及划分范围不同。财务评价只根据项目直接发生的财务收支，计算项目的直接费用和效益。国民经济评价则从全社会的角度考察项目的费用和效益，考察项目所消耗的有用社会资源和对社会提供的有用产品，不仅要考虑直接的费用和效益，还要考虑间接的费用和效益。

（3）价格体系不同。财务评价使用预测的财务收支价格，国民经济评价则使用一套专用的影子价格体系。

（4）财务评价包括两个方面，即盈利性分析和清偿能力分析。国民经济评价则仅有盈利性分析，而没有清偿能力分析。

2. 财务评价与国民经济评价之间的联系

财务评价与国民经济评价之间的联系是很密切的，在很多情况下，国民经济评价是在财务评价的基础之上进行的。国民经济评价利用财务评价中已经使用过的数据资料，以财务评价为基础进行所需要的调整计算，得到国民经济评价的结论。国民经济评价也可以独立进行，在项目的财务评价之前进行国民经济评价。

财务评价与国民经济评价的相同点在于：评价的目的相同，都是为了以最小的投入获得最大的产出；评价的基础相同，都是在完成了产品需求预测、工程技术方案、资金筹措等可行性研究的基础上进行评价。

6.2 建设项目经济评价参数

建设项目经济评价参数是指用于计算、衡量建设项目费用与效益的主要基础数据，包括项目计算期、财务价格、税费、借款利率、汇率、生产负荷等，以及判断项目财务可行性和经济合理性的一系列评价指标的基准值和参考值，包括财务评价参数和国民经济评价参数。

1. 费用与效益识别的参数

1）项目计算期

详见第 3 章 3.1.4 小节的内容。

2）财务价格

财务评价应采用以市场价格体系为基础的预测价格。在建设期内，一般应考虑投入的相对价格变动及价格总水平变动。在运营期内，若能合理判断未来市场价格变动趋势，投入与产出可采用相对变动价格；若难以确定投入与产出的价格变动，一般可采用运营期初的价格，有要求时，也可考虑价格总水平的变动。

3）税费

财务评价中合理计算各种税费，是正确计算项目效益与费用的重要基础。项目评价涉及的税费主要包括关税、增值税、所得税、资源税、城市维护建设税和教育费附加等。

4）借款利率

借款利率是项目财务评价的重要基础数据，用以计算借款利息。采用固定利率的借款项目，财务评价直接采用约定的利率计算利息。采用浮动利率的借款项目，财务评价时应对借款期内的平均利率进行预测，采用预测的平均利率计算利息。

5）生产负荷

生产负荷，也称生产能力利用率，是指项目生产运营期内生产能力的发挥程度，用百分比表示。生产负荷是计算销售收入和经营成本的依据之一，一般应按项目投产期和投产后正常生产年份分别设定生产负荷。

2. 财务评价参数

财务评价参数主要包括判断项目盈利能力的参数和判断项目偿债能力的参数。其中，前者主要包括财务内部收益率、总投资收益率、项目资本金净利润率等指标的基准值或参考值，后者主要包括利息备付率、偿债备付率、资产负债率、流动比率、速动比率等指标的基准值或参考值。

1）基准收益率 i_c

基准收益率 i_c 也称基准折现率（详见第 4 章 4.1.2 小节）。

2）盈利能力指标

（1）总投资收益率。总投资收益率（ROI）表示总投资的盈利水平，系指项目达到设计能力后正常生产年份的年息税前利润或运营期内年平均息税前利润（EBIT）与项目总投资（TI）的比率，常用于财务评价的静态盈利能力分析。其计算公式为

$$ROI = \frac{EBIT}{TI} \times 100\% \qquad (6.1)$$

其中，

$$EBIT = 年销售收入 - 年销售税金及附加 - 年总成本费用 + 利息支出$$
$$= 年利润总额 + 利息支出$$

总投资收益率的判别准则：将计算出的总投资收益率与所确定的基准收益率进行比较，若总投资收益率高于基准收益率，则建设项目在经济上可以考虑接受，否则，建设项目应予拒绝。

（2）项目资本金净利润率。项目资本金净利润率（ROE）表示项目资本金的盈利水平，是指项目达到设计能力后正常年份的年净利润或运营期内年平均净利润（NP）与项目资本金（EC）的比率。

项目资本金净利润率的计算公式为

$$ROE = \frac{NP}{EC} \times 100\% \qquad (6.2)$$

其中，

$$NP = 年销售收入 - 年销售税金及附加 - 年经营成本 - 年折旧摊销费 - 利息支出 - 所得税$$
$$= 年息税前利润 - 利息支出 - 所得税$$

项目资本金净利润率的判别准则：将计算出的项目资本金净利润率与所确定的基准收益率进行比较，若项目资本金净利润率高于基准收益率，则建设项目在经济上可以考虑接受，否则，建设项目应予拒绝。

3）项目偿债能力指标

（1）利息备付率。利息备付率（ICR）也称已获利息倍数、利息保障倍数，是指项目在借款偿还期内各年可用于支付利息的息税前利润（EBIT）与当期应付利息（PI）的比值。它从付息资金来源的充裕性角度反映项目偿付债务利息的保障程度和支付能力，表示使用项目税息前利润偿付利息的保证倍率。利息备付率高，表明利息偿付的保障程度高。利息备付率应分年计算，其计算公式为

$$\text{ICR} = \frac{\text{EBIT}}{\text{PI}} \tag{6.3}$$

利息备付率的判别准则：利息备付率在项目正常经营情况下应当大于2，并结合债权人的要求确定。尤其是当利息备付率低于1时，表示项目没有足够资金支付利息，偿债风险很大。

（2）偿债备付率。偿债备付率（DSCR）是指在借款偿还期内各年可用于还本付息的资金（EBITDA$-T_{\text{AX}}$）（其中，EBITDA 为息税前利润加折旧和摊销，T_{AX} 为企业所得税）与当期应还本付息金额（PD）的比值。而 PD 包括还本金额和计入总成本费用的全部利息。融资租赁费用可视同借款偿还。运营期内的短期借款本息也应纳入计算。偿债备付率从还本付息资金来源的充裕性角度反映项目偿付债务本息的保障程度和支付能力，其计算公式为

$$\text{DSCR} = \frac{\text{EBITDA} - T_{\text{AX}}}{\text{PD}} \tag{6.4}$$

偿债备付率应分年计算。其判别准则：偿债备付率在正常情况下应大于1.3，且越高越好。当指标小于1时，表示当年资金来源不足以偿付当期债务，需要通过短期借款偿付已到期债务。

（3）资产负债率。资产负债率（LOAR）是指各期末债务总额（TL）同资产总额（TA）的比率，表示总资产中有多少是通过负债得来的。它是评价项目负债水平的综合指标，反映项目利用债权人提供资金后的经营活动能力，同时又能体现债权人发放贷款的安全度。资产负债率越小，表明企业长期偿债能力越强，其计算公式为

$$\text{LOAR} = \frac{\text{TL}}{\text{TA}} \times 100\% \tag{6.5}$$

资产负债率的判别准则：对于资产负债率，应根据国家宏观经济状况、行业发展趋势、所处竞争环境等具体条件来分析，目前通常认为 LOAR 在 $40\% \sim 60\%$ 之间为宜。适度的资产负债率，表明企业经营安全、稳健，具有较强的筹资能力，企业和债权人的风险小。而过高的 LOAR（LOAR＞1）表明项目将资不抵债，其财务风险大，过低则表明项目对财务杠杆利用不够。

4）流动比率与速动比率

流动比率是反映项目各年偿付流动负债能力的指标，衡量项目流动资产在短期债务到期以前可以变为现金用于偿还流动负债的能力。流动比率是流动资产与流动负债之比，其

计算公式为

$$流动比率 = \frac{流动资产总额}{流动负债总额} \times 100\% \qquad (6.6)$$

速动比率反映了用可以立即变现的货币资金偿付流动负债的能力。速动比率是速动资产与流动负债之比,其计算公式为

$$速动比率 = \frac{速动资产总额}{流动负债总额} \times 100\% = \frac{流动资产总额 - 存货}{流动负债总额} \times 100\% \qquad (6.7)$$

流动比率与速动比率的比较如下。

(1) 流动比率是衡量企业资金流动性大小,考虑流动资产规模与负债规模之间的关系,判断企业短期债务到期前,可以转化为现金用于偿还流动负债的能力。速动比率指标是对流动比率指标的补充,是将流动比率指标计算公式的分子剔除了流动资产中变现力最差的存货后,计算企业实际的短期债务偿还能力,较流动比率更为准确。该指标越高,说明偿还流动负债的能力越强。

(2) 两个指标在行业间差异较大,国际公认的标准比率是:

① 流动比率是 2。通常,若行业生产周期较长,流动比率就应该相应提高,反之就可以相对降低。

② 速动比率为 1。实践中应结合行业特点分析判断。

3. 国民经济评价参数

国民经济评价参数体系有两类:一类是通用参数,如社会折现率、影子汇率和影子工资等,这些通用参数由有关专门机构组织测算和发布;另一类是土地影子价格等一般参数,由行业或者项目评价人员测定。

1) 社会折现率

社会折现率(i_s)是从社会角度对资金时间价值的估量,代表社会资金被占用应获得的最低收益率。社会折现率可根据国民经济发展的多种因素综合测定。各类投资项目的国民经济评价都应采用有关专门机构统一发布的社会折现率作为计算经济净现值的折现率。社会折现率可作为经济内部收益率的判别标准。

《方法与参数》中规定的社会折现率为 8%;而对于受益期长的建设项目,如果远期效益较大,效益实现的风险较小,社会折现率可适当降低,但不应低于 6%。

2) 影子汇率

影子汇率是指单位外汇的经济价值,区分于外汇的财务价格和市场价格。在国民经济评价中使用影子汇率,是为了正确计算外汇的真实经济价值,影子汇率代表着外汇的影子价格。在国民经济评价中,影子汇率通过影子汇率换算系数计算,影子汇率换算系数是影子汇率与国家外汇牌价的比值。投资项目投入物和产出物涉及进出口的,应采用影子汇率换算系数调整计算影子汇率。根据目前我国外汇收支状况、主要进出口商品的国内价格与国外价格的比较、出口换汇成本以及进出口关税等因素综合分析,目前我国的影子汇率换算系数取值为 1.08。

3) 影子工资

影子工资是建设项目使用劳动力、耗费劳动力资源而使社会付出的代价。在国民经济

评价中,影子工资为国民经济费用,计入经营费用。

4) 影子价格

影子价格是进行项目国民经济评价,计算国民经济效益与费用时专用的价格,是指依据一定原则确定的,能够反映投入物和产出物真实经济价值、市场供求状况、资源稀缺程度,使资源得到合理配置的价格。进行国民经济评价时,项目的主要投入物和产出物价格,原则上都应采用影子价格。

所谓影子价格,是指当社会经济处于某种最优状态时,能够反映社会劳动的消耗、资源稀缺程度和最终产品需求状况的价格。可见,影子价格是一种理论上的虚拟价格,是为实现一定的社会经济发展目标而人为确定的、更为合理(相对于实际交换价格)的价格,而不是产品的实际交换价格。在工程项目的国民经济评价中用来代替市场价格进行费用与效益的计算,从而消除在市场不完善的条件下由于市场价格失真可能导致的评价结论失实。

6.3　建设项目财务分析

6.3.1　财务分析概述

1. 财务分析的概念

财务分析也称财务评价,是依据国家现行的财税制度、价格体系和有关法规及规定,从企业或项目本身的角度出发,在财务效益与费用的估算以及编制财务辅助报表的基础上,分析、计算项目直接发生的财务效益和费用,编制财务报表,计算财务分析指标,考察和分析项目的盈利能力、偿债能力、财务生存能力等财务状况,据以评价和判别项目财务可行性。财务分析是建设项目经济评价中的微观层次,它主要从微观投资主体的角度分析项目可以给投资主体带来的效益以及投资风险。

财务评价是从投资者自身能否获利及获利程度来取舍项目,作出评价,它并不涉及一个项目建成投产后对国民经济、社会发展的影响。因而,一个项目在企业财务上可行,只是达到了作为直接受益的投资者的要求,至于是否达到整个国民经济和社会发展要求,尚需作进一步的评价。

2. 财务评价的作用

(1) 考察项目的财务盈利能力。

(2) 用于制定适宜的资金规划。

(3) 为协调企业利益和国家利益提供依据。

(4) 为中外合资项目提供双方合作的基础。

3. 财务评价的内容与指标体系

财务评价的内容主要包括盈利能力评价、清偿能力评价。

建设项目财务评价指标体系是按照财务评价的内容建立起来的,同时也与编制的财务评价报表密切相关。建设项目财务评价内容、评价报表、评价指标之间的关系见表 6.1。

表 6.1　财务评价指标体系

评价内容	基本报表		评 价 指 标	
			静态指标	动态指标
盈利能力分析	融资前分析	项目投资现金流量表	项目投资回收期	项目投资财务内部收益率 项目投资财务净现值
	融资后分析	项目资本金现金流量表		项目资本金财务内部收益率
		投资各方现金流量表		投资各方财务内部收益率
		利润与利润分配表	总投资收益率 项目资本金 净利润率	
偿债能力分析	借款还本付息计划表		偿债备付率 利息备付率	
	资产负债表		资产负债率 流动比率 速动比率	
财务生存能力分析	财务计划现金流量表		累计盈余资金	
不确定性分析	盈亏平衡分析		盈亏平衡产量 盈亏平衡生产能力利用率	
	敏感性分析		灵敏度 不确定因素的临界值	
风险分析	概率分析		FNPV≥0 的累计概率	
			定性分析	

4. 财务分析的步骤

建设项目的财务分析,首先要估算或计算出项目的投资、成本、各项税金和利润等基础数据,然后据此编制必要的财务报表,计算出相应的技术经济指标,并与有关标准进行比较,判断项目是否可行或从中选择最佳方案。具体步骤如下。

1) 选取财务分析的基础数据与参数

包括主要投入产品和产出品的财务价格、税率、利率、汇率、计算期、固定资产折旧率、无形资产和递延资产摊销年限,生产负荷及基准收益率等基础数据和参数。

2) 财务效益与费用估算

财务效益与费用是财务分析的重要基础,其估算的准确性与可靠程度对项目财务分析影响极大。财务效益和费用估算应遵循"有无对比"的原则,正确识别和估算"有项目"和"无项目"状态的财务效益与费用。

项目的财务效益是指项目实施后所获得的营业收入。对于适用增值税的经营性项目,除营业收入外,其可得到的增值税返还也应作为补贴收入计入财务效益;对于非经营性项目,财务效益应包括可能获得的各种补贴收入。项目所支出的费用主要包括投资、成本费用和税金等。

3) 编制财务分析辅助报表

根据项目市场分析和实施条件分析的结果,以及现行的有关法律法规和政策,对项目总投资、资金筹措方案、总成本费用、营业收入、税金、利润和利润分配,以及其他与项目有关的一系列财务基础数据进行分析和估算,并将所得的数据编制成财务分析辅助报表(详见本书第3章3.1节内容)。

4)编制财务分析基本报表

将分析和估算所得的财务基础数据进行汇总,即可编制出财务分析基本报表。

(1)财务现金流量表,包括项目投资现金流量表、项目资本金现金流量表和投资各方现金流量表。

(2)利润与利润分配表。

(3)资金来源与资金运用表。

(4)资产负债表。

(5)借款还本付息计划表。

(6)财务计划现金流量表。

以上报表是计算反映盈利能力、偿债能力和财务生存能力等分析指标的基础。

5)计算、分析财务评价指标

对于经营性项目,通过计算财务评价指标,分析项目的盈利能力、偿债能力和财务生存能力,判断项目的财务可接受性,明确项目对财务主体及投资者的价值贡献,为项目决策提供依据;对于非经营性项目,应主要分析项目的财务生存能力。

6)进行不确定性分析和风险分析

具体内容详见本书第4章4.4节。

7)编写财务评价报告

把上述分析结果与国家有关部门公布的基准值,或与经验标准、历史标准、目标标准等加以比较,并从企业或项目本身的角度提出项目可行性与否的结论。

财务分析的具体步骤如图6.1所示。

6.3.2 财务分析的基本报表

为了进行投资项目的经济效果分析,需编制财务分析基本报表。

1. 财务现金流量表

1)现金流量表的概念和作用

财务现金流量表是反映项目在计算期内各年的现金流入、现金流出和净现金流量的计算表格。根据投资计算基础不同,分为项目投资现金流量表和项目资本金现金流量表(表6.2和表6.3)。编制现金流量表的主要作用是计算财务内部收益率、财务净现值和投资回收期等分析指标。

现金流量表的编制基础是会计上的收付实现制原则。收付实现制又称现金制或现金基础,它是以现金是否收到或付出,作为该时期收入和费用是否发生的依据。因此,现金流量表中的成本是经营成本。即现金流量只反映项目在计算期内各年实际发生的现金收支,不反映非现金收支(如折旧费、摊销费等)。

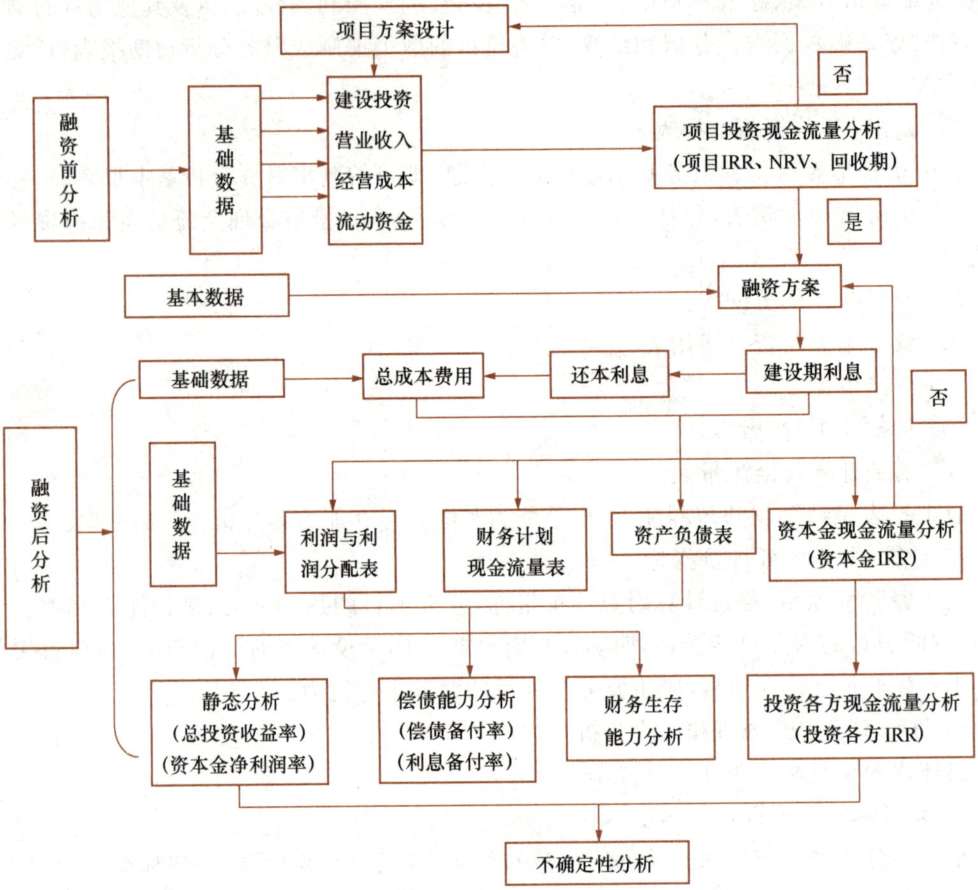

图 6.1 财务分析的具体步骤

表 6.2 项目投资财务现金流量表

单位：万元

序号	项　　目	合计	计算期/年					
			1	2	3	4	…	n
1	现金流入							
1.1	营业收入							
1.2	补贴收入							
1.3	回收固定资产余值							
1.4	回收流动资金							
2	现金流出							
2.1	建设投资							
2.2	流动资金							
2.3	经营成本							
2.4	增值税及附加							
2.5	维持运营投资							
3	所得税前净现金流量（1－2）							

续表

序号	项　　目	合计	计算期/年					
			1	2	3	4	…	n
4	累计所得税前净现金流量							
5	调整所得税							
6	所得税后净现金流量(3-5)							
7	累计所得税后净现金流量							

计算指标：项目投资财务内部收益率/%(所得税前)=

项目投资财务内部收益率/%(所得税后)=

项目投资财务净现值(所得税前)(i_c = 　　%)= 　　万元

项目投资财务净现值(所得税后)(i_c = 　　%)= 　　万元

项目投资回收期(年)(所得税前)= 　　年

项目投资回收期(年)(所得税后)= 　　年

注：(1) 现金流入中营业收入的各年数据取自营业收入和营业税金及附加估算表。另外,固定资产余值和流动资金的回收均在计算期最后一年。固定资产余值回收额为固定资产折旧费估算表中最后一年的固定资产期末净值,流动资金回收额为项目正常生产年份流动资金的占用额。

(2) 现金流出中固定资产投资和流动资金的数额取自第3章中表3.15项目总投资使用计划与资金筹措表；流动资金投资为各年流动资金增加额；经营成本取自总成本费用估算表；增值税及附加包含有增值税、城市维护建设税和教育费附加、地方教育费附加、河道管理费等,它们取自营业收入和增值税及附加估算表；尤其需要注意的是,项目投资现金流量表中的"所得税"应根据息税前利润(EBIT)乘以所得税率计算,称为"调整所得税"。原则上,息税前利润的计算应完全不受融资方案变动的影响,即不受利息多少的影响,包括建设期利息对折旧的影响(因为折旧的变化会对利润总额产生影响,进而影响息税前利润)。但如此将会出现两个折旧和两个息税前利润(用于计算融资前所得税的利润和利润表中的息税前利润)。为简化起见,当建设期利息占总投资比例不是很大时,也可按利润表中的息税前利润计算调整所得税。

(3) 项目计算期各年的净现金流量为各年现金流入量减对应年份的现金流出量,各年累计现金流量为本年及以前各年净现金流量之和。

(4) 所得税前净现金流量为上述净现金流量加所得税之和,也即在现金流出中不计入所得税时的净现金流量。所得税前累计净现金流量的计算方法与上述累计净现金流量的相同。

　　2) 项目投资现金流量表

　　项目投资现金流量表(表6.2)是站在项目全部投资的角度,不分资金来源(自有或借入),即在假定全部投资为自有资金的条件下,以项目所需的全部资金为计算基础,不考虑资金本息偿还的前提下,反映项目各年现金流量状况,并以此为基础计算表6.2中全部投资的相应经济指标,考察项目的盈利能力,为各个投资方案(不包括其资金来源及利息多少)进行比较建立共同的基础。

　　3) 项目资本金现金流量表

　　自有资本金现金流量表(表6.3)是站在项目投资主体角度考察项目的现金流入流出情况。从项目投资主体的角度看,建设项目投资借款是现金流入,但又同时将借款用于项目投资则构成同一时点、相同数额的现金流出,二者相抵,对净现金流量的计算无影响,因此表中投资只计自有资金。另一方面,现金流入又是因项目全部投资所获得,故应将借款本金的偿还及利息支付计入现金流出。以此表中的数据计算自有资金的财务内部收益率、财务净现值等财务分析指标。项目资本金现金流量表主要考察自有资金盈利能力和向外部借款对项目是否有利。

表 6.3　项目资本金现金流量表　　　　　　　　　单位：万元

序号	项　目	合计	计算期/年					
			1	2	3	4	…	n
1	现金流入							
1.1	营业收入							
1.2	补贴收入							
1.3	回收固定资产余值							
1.4	回收流动资金							
2	现金流出							
2.1	项目资本金							
2.2	借款本金偿还							
2.3	借款利息支付							
2.4	经营成本							
2.5	增值税及附加							
2.6	所得税							
2.7	维持运营投资							
3	净现金流量(1−2)							

计算指标：资本金财务内部收益率/％＝

注：(1) 现金流入各项的数据来源与全部投资现金流量表相同。

(2) 现金流出项目中项目资本金数额取自第 3 章表 3.13 项目总投资使用计划与资金筹措表中资金筹措项下的自有资金分项。借款本金偿还由两部分组成：一部分为借款还本付息计算表中所还本额；一部分为流动资金借款本金偿还，一般发生在计算期最后一年。借款利息支付数额来自总成本费用估算表中的利息支出项。现金流出中其他各项与全部投资现金流量表中相同。

(3) 项目计算期各年的净现金流量为各年现金流入量减对应年份的现金流出量。

4) 投资各方财务现金流量表

对于某些项目，为了考察投资各方的具体收益，还应从投资各方实际收入和支出的角度，确定其现金流入和现金流出，分别编制投资各方现金流量表(表 6.4)。投资各方现金流量表是通过计算投资各方财务内部收益率，分析投资各方投入资本的盈利能力的财务分析报表。

表 6.4　投资各方现金流量表　　　　　　　　　　单位：万元

序号	项　目	合计	计算期/年					
			1	2	3	4	…	n
1	现金流入							
1.1	实际分配利润							
1.2	资产处置收益分配							
1.3	租赁费收入							
1.4	技术转让或使用收入							
1.5	其他现金流入							
2	现金流出							
2.1	实缴资本							

续表

序号	项　　目	合计	计算期/年					
			1	2	3	4	…	n
2.2	租赁资产支出							
2.3	其他现金流出							
3	净现金流量(1-2)							

计算指标：投资各方财务内部收益率/％＝

注：现金流入与现金流出分别是指出资方因该项目的实施将实际获得的各种收入或将实际投入的各种支出。

填写时应注意下列问题：

(1) 实际分配利润是指投资者由项目获取的利润。

(2) 资产处置收益分配是指对有明确的合营期限或合资期限的项目，在期满时对资产余值按持股比例或约定比例的分配。

(3) 租赁费收入是指出资方将自己的资产租赁给项目使用所获得的收入，此时应将资产价值作为现金流出，列为租赁资产支出科目。

(4) 技术转让或使用收入是指出资方将专利或专有技术转让或允许该项目使用所获得的收入。

(5) 现金流入和现金流出的有关数据可以依据"利润和利润分配表""项目总投资使用计划与资金筹措表"和"总成本费用估算表"等有关财务报表，直接填列或经过这些报表计算间接得出。

2. 利润与利润分配表

利润与利润分配表(表6.5)是反映项目计算期内各年营业收入、总成本费用、利润总额以及所得税后利润的分配情况的表格，用以计算总投资收益率、投资利润率、投资利税率等指标，考察项目的盈利能力。

表6.5　利润与利润分配表　　　　　　单位：万元

序号	项　　目	合计	计算期/年					
			1	2	3	4	…	n
1	营业收入							
2	增值税及附加							
3	总成本费用							
4	补贴收入							
5	利润总额(1-2-3+4)							
6	弥补以前年度亏损							
7	应纳税所得额(5-6)							
8	所得税							
9	净利润(5-8)							
10	期初未分配利润							
11	可供分配利润(9+10)							
12	提取法定盈余公积金							
13	可供投资者分配的利润(11-12)							
14	应付优先股股利							
15	提取任意盈余公积金							
16	应付普通股股利(13-14-15)							
17	各投资方利润分配 其中：××方 ××方							

续表

序号	项　　目	合计	计算期/年					
			1	2	3	4	…	n
18	未分配利润(13－14－15－17)							
19	息税前利润(利润总额＋利息支出)							
20	息税折旧摊销前利润(息税前利润＋ 折旧＋摊销)							

3. 资金来源与资金运用表

资金来源与资金运用表(表6.6)反映项目计算期内各年的资金盈余或短缺情况,用于选择资金筹措方案,制订适宜的借款及偿还计划,并为编制资产负债表提供依据。编制该表时,首先要计算项目计算期内各年的资金来源与资金运用,然后通过资金来源与资金运用的差额反映项目各年的资金盈余或短缺情况,计算累计盈余资金,分析项目的财务生存能力。

表6.6　资金来源与运用表　　　　　　　　　单位:万元

序号	项　　目	合计	计算期/年					
			1	2	3	4	…	n
	生产负荷/%							
1	资金来源							
1.1	利润总额							
1.2	折旧费							
1.3	摊销费							
1.4	长期借款							
1.5	流动资金借款							
1.6	其他短期借款							
1.7	自有资金							
1.8	其他							
1.9	回收固定资产余值							
1.10	回收流动资金							
2	资金运用							
2.1	固定资产投资							
2.2	建设期贷款利息							
2.3	流动资金							
2.4	所得税							
2.5	应付利润							
2.6	长期借款本金偿还							
2.7	流动资金借款本金偿还							
2.8	其他短期借款本金偿还							
3	盈余资金(1－2)							
4	累计盈余资金							

注:(1)利润总额、所得税和应付利润取自利润与利润分配表;折旧费取自折旧费估算表;摊销费取自无形资产摊销估算表。

(2)长期借款、流动资金借款、其他短期借款、自有资金及"其他"项的数据均取自投资总额与资金筹措表。

(3)回收固定资产余值、回收流动资金取自全部投资现金流量表。

(4)固定资产投资、建设期利息及流动资金数据取自投资计划与资金筹措表;各种借款本金偿还取自借款还本付息计算表。

(5)盈余资金等于资金来源减去资金运用。累计盈余资金各年数额为当年及以前各年盈余资金之和。

4. 资产负债表

资产负债表(表 6.7)综合反映项目计算期内各年年末资产、负债和所有者权益的增减变化以及对应关系,以考察项目资产、负债、所有者权益的结构是否合理,用以计算资产负债率、流动比率及速动比率等指标,进行清偿能力分析。

表 6.7　资产负债表　　　　　　　　　人民币单位:万元

序号	项　　目	合计	计算期/年					
			1	2	3	4	···	n
1	资产							
1.1	流动资产总额							
1.1.1	货币资金							
1.1.2	应收账款							
1.1.3	预付账款							
1.1.4	存货							
1.1.5	其他							
1.2	在建工程							
1.3	固定资产净值							
1.4	无形资产和其他资产净值							
2	负债及所有者权益(2.4+2.5)							
2.1	流动负债总额							
2.1.1	短期借款							
2.1.2	应付账款							
2.1.3	预收账款							
2.1.4	其他							
2.2	建设投资借款							
2.3	流动资金借款							
2.4	负债小计(2.1+2.2+2.3)							
2.5	所有者权益							
2.5.1	资本金							
2.5.2	资本公积金							
2.5.3	累计盈余公积金							
2.5.4	累计未分配利润							

计算指标:资产负债率/%＝

注:(1) 应收账款、预付账款和存货三项数据取自流动资金估算表;货币资金数据则取自财务计划现金流量表的累计资金盈余与流动资金估算表中现金项之和。

(2) 在建工程是指建设投资和建设期利息的年累计额。

(3) 固定资产净值和无形资产净值分别取自固定资产折旧费估算表和无形及其他资产摊销估算表。

(4) 流动负债中的应付账款、预收账款数据取自流动资金估算表。

(5) 建设投资借款和流动资金借款需要根据财务计划现金流量表中的对应项及相应的本金偿还进行计算。

(6) 所有者权益中的累计未分配利润可直接取自利润表;累计盈余公积金也可由利润表中盈余公积金项计算各年份的累计值,但应根据是否用盈余公积金弥补亏损或转增资本金的情况进行相应调整;资本金为项目投资中累计自有资金(扣除资本溢价),当存在由资本公积金或盈余公积金转增资本金的情况时应进行相应调整。资本公积金为累计资本溢价及赠款,转增资本金时进行相应调整。

(7) 资产负债表满足等式:资产＝负债＋所有者权益。

5. 借款还本付息计划表

借款还本付息计划表(表6.8)反映项目计算期内各年借款本金偿还和利息支付情况，用于计算偿债备付率和利息备付率指标。

表 6.8　借款还本付息计划表　　　　　　　　　　　单位：万元

序号	项　　目	合计	计算期/年					
			1	2	3	4	…	n
1	借款1							
1.1	期初借款余额							
1.2	当期还本付息							
	其中：还本							
	付息							
1.3	期末借款余额							
2	借款2							
2.1	期初借款余额							
2.2	当期还本付息							
	其中：还本							
	付息							
2.3	期末借款余额							
3	债券							
3.1	期初债务余额							
3.2	当期还本付息							
	其中：还本							
	付息							
3.3	期末债务余额							
4	借款和债券合计							
4.1	期初余额							
4.2	当期还本付息							
	其中：还本							
	付息							
4.3	期末余额							

计算指标：利息备付率/% ＝
　　　　　偿债备付率/% ＝

注：期末借款余额＝期初借款余额－当期还本付息。

6. 财务计划现金流量表

财务计划现金流量表(表6.9)反映项目计算期各年的投资、融资及经营活动的现金流入和流出，用于计算累计盈余资金，分析项目的财务生存能力。

表 6.9　财务计划现金流量表　　　　　　　　　　　单位：万元

序号	项　　目	合计	计算期/年					
			1	2	3	4	…	n
1	经营活动净现金流量(1.1－1.2)							
1.1	现金流入							
1.1.1	营业流入							
1.1.2	增值税销项税额							

续表

序号	项　　目	合计	计算期/年					
			1	2	3	4	…	n
1.1.3	补贴收入							
1.1.4	其他流入							
1.2	现金流出							
1.2.1	经营成本							
1.2.2	增值税进项税额							
1.2.3	增值税及附加							
1.2.4	所得税							
1.2.5	其他流出							
2	投资活动净现金流量(2.1−2.2)							
2.1	现金流入							
2.2	现金流出							
2.2.1	建设投资							
2.2.2	维持运营投资							
2.2.3	流动资金							
2.2.4	其他流出							
3	筹资活动净现金流量(3.1−3.2)							
3.1	现金流入							
3.1.1	项目资本金流入							
3.1.2	建设投资借款							
3.1.3	流动资金借款							
3.1.4	债券							
3.1.5	短期借款							
3.1.6	其他流入							
3.2	现金流出							
3.2.1	各种利息支出							
3.2.2	偿还债务本金							
3.2.3	应付利润(股利分配)							
3.2.4	其他流出							
4	净现金流量(1+2+3)							
5	累计盈余资金							

6.4　建设项目的国民经济评价

6.4.1　国民经济评价概述

1. 国民经济评价的概念

建设项目的国民经济评价是把工程项目放到整个国民经济体系中来研究考察,从国民经济的角度来分析、计算和比较国民经济为项目所要付出的全部成本和国民经济从项目中可能获得的全部效益,并据此评价项目的经济合理性,从而选择对国民经济最有利的方案。国民经济评价是针对工程项目所进行的宏观效益分析,其主要目的是实现国家资源的优化配置和有效利用,以保证国民经济能够可持续地稳定发展。

2. 国民经济评价的作用

建设项目国民经济评价的作用主要体现在以下几个方面:

(1) 可以从宏观上优化配置国家的有限资源。

(2) 可以真实反映建设项目对国民经济的净贡献。

(3) 可以对项目进行优化并作出科学的决策。

3. 国民经济评价的基本原理

建设项目的国民经济评价使用基本的经济评价理论,采用费用效益分析方法,即费用与效益比较的理论方法,寻求以最小的投入(费用)获取最大的产出(效益)。国民经济评价采取"有无对比"方法识别项目的费用和效益,采取影子价格理论方法估算各项费用和效益,采用现金流量分析方法,使用报表分析,采用经济内部收益率、经济净现值等经济盈利性指标进行定量的经济效益分析。

国民经济评价的主要工作包括识别国民经济的费用与效益、测算和选取影子价格、编制国民经济评价报表、计算国民经济评价指标并进行方案比选。

> **特别提示**
>
> "有无对比"方法是经济评价的基本方法,在建设项目的国民经济评价中,应采取将"有"项目与"无"项目两种不同条件下国民经济的不同情况进行对比,识别项目的费用和效益。

6.4.2 建设项目国民经济效益与费用识别

进行国民经济评价,首先要对项目的费用和效益进行识别和划分,也就是要认清所评价的项目在哪些方面对整个国民经济产生费用,又在哪些方面产生效益。识别和划分费用与效益的基本原则是:凡是建设项目使国民经济发生的实际资源消耗,或者国民经济为建设项目付出的代价,即为费用;凡是建设项目对国民经济发生的实际资源产出与节约,或者对国民经济做出的贡献,即为效益。

1. 直接费用与直接效益

1) 直接效益的确定

项目的直接效益是指项目本身直接增加销售量和劳动量所获得的收益,或为社会节约开支、减少的损失和节省的资源。它是由项目本身产生,由其产出物提供,并用影子价格计算的产出物的经济价值。项目直接效益的确定分为以下两种情况。

(1) 如果项目的产出物用以增加国内市场的供应量,其效益就是所满足的国内需求,也就等于消费者支付意愿。

(2) 如果国内市场的供应量不变,则又有以下三种情况。

① 项目产出物增加了出口量,其效益为所获得的外汇。

② 项目产出物代替了进口货物,即减少了总进口量,其效益为节约的外汇。

③ 项目产出物顶替了原有项目的生产,致使其减产或停产的,其效益为原有项目减产或停产向社会释放出来的资源,其价值也就等于这些资源的支付意愿。

2) 直接费用的确定

项目的直接费用是指由项目消耗社会资源(投入物)所产生,并在项目范围内计算的经济费用。也就是用影子价格计算的,本身为项目的建设和生产经营而支付的各项投入物的经济价值。项目直接费用的确定,分为以下两种情况:

(1) 项目所需投入物需要依靠国内供应总量的增加,才能满足项目需求的,其成本就是增加国内生产所消耗的资源的价值。

(2) 如果国内供应总量不变:

① 项目投入物依靠从国外进口来满足需求时,其经济成本就是进口投入物所花费的外汇。

② 项目的投入物本来可以出口换汇,为满足项目需求,减少了该项投入物的出口量,其经济成本就是因减少出口而减少的外汇收入。

③ 项目投入物本来用于其他项目和企业,由于拟建项目需要使用该项投入物而导致减少对其他项目或企业的供应,其经济成本应为其他项目或企业因减少该投入物的用量而减少的效益,也就是其他项目或企业对该项投入物的支付意愿。

以上②、③两项经济成本的确定,也就是通常所说的机会成本的原则,即投入物的经济成本要以放弃另一用途而减少的效益来确定。

2. 间接费用与间接效益

1) 间接效益与间接费用的概念

间接效益与间接费用是指项目对国民经济做出的贡献与国民经济为项目付出的代价中,在直接效益与直接费用中未得到反映的那部分效益与费用。通常把与项目相关的间接效益(外部效益)和间接费用(外部费用)统称为外部效果。它必须同时满足下列两个条件。

(1) 相关条件:生产消费经济活动将影响与本项目无直接关系的其他生产者和消费者的生产水平和效用水平。

(2) 不计价条件:这种效果不计价或不需补偿。

例如,养蜂者的产出受水果生产者的影响,这对水果生产者来说,有一个积极的外部效果,即间接效益(外部效益);但是,如果要对养蜂者收取相应的费用,那就不是水果生产者的间接效益(外部效益)了。又如,印染厂的排废液,使附近区域的鱼类生产下降,是一种间接费用(外部费用);如果给养鱼者以相应的赔偿,那也不算是间接费用(外部费用)。

2) 项目的间接效益

项目的间接效益是项目对社会做出了贡献,它由项目引起而项目本身并未得益的那部分效益。项目的外部效益通常主要表现为以下几种情况:

(1) 项目建设中修建了厂外运输等公用系统,它除了为项目本身服务外,还使当地工农业生产和人民生活得到效益。

(2) 项目生产出一种新产品,它在使用中可使用户得到节料、节能和降低运行费用的好处,如果这部分节料、节能的效益未反映在项目新产品的财务价格中,那么它就成为项目的外部效益。

(3) 工业项目中引进先进技术得到推广、扩散,以致提高了社会的科学技术水平,而使社会生产力得到提高和发展的效益。

3）项目的间接费用

项目的间接费用是国民经济为项目付出的代价,它由项目引起而项目本身并不实际支付的费用。例如,工业项目生产中产生的"三废"(废水、废气和废渣)所引起的环境污染和对生态平衡的破坏,项目除投资内安排治理三废的措施费用外,一般不支付任何费用,而国民经济却为之付出了更多的代价。

4）间接费用与间接效益计量方法

间接费用与间接效益不仅难以鉴别,而且难以计量。为了减少计量上的困难,首先可采取外部效果内部化的方法,即:①扩大项目范围。把一些相互关联的项目合并作为一个"联合体"进行评价,从而使外部成本和外部效益转为直接成本和直接效益;②投入物、产出物价格本身的内部化。一般是运用机会成本和消费者支付意愿等原则,在确定项目投入物和产出物的影子价格、影子工资、影子外汇汇率时,用影子价格等参数计算成本和效益,在很大程度上已使外部效果在项目内部得到了体现。

通过以上两步工作,虽然还有一些"外部效果"需要单独计算和考虑,但实际上已将很多"外部效果"内部化了。

3. 转移支付

在项目的评价中,某些财务费用和效益并不真正反映国民经济整体的有用资源的投入和产出变化。这些收支便不影响社会最终产品的增减,即不反映国民收入的变化,而只是表现为资源的使用权力从社会的一个实体转移到另一个实体手中,仅仅是货币在社会实体之间的一种转移而已。这种并不伴随资源增减的纯粹货币性质的转移,称为转移支付。

例如,税金作为国家财政收入的主要来源,仅表明相应资源的分配权与使用权从交税者那里转移到了国家手中,而在财务评价中,税金无疑是一种费用。相反,补贴,如国家对下乡的家电产品实行价格补贴,则是一种货币流动方向与税金相反的转移支付;又如,证券市场各方股东、相关公司之间的博弈产生的效益与费用,以及印花税等就属于转移支付;再如,贷款及其还本付息、折旧、工资等也是属于转移支付。可以判定转移支付并不构成国民经济评价意义上的费用或效益,即它们既不是经济费用也不是经济效益。

总之,在项目的国民经济评价中,对转移支付的识别和处理是将财务现金流调整为经济现金流的关键内容之一。它不仅反映了评价中系统边界的扩展,而且也反映了国民经济评价中始终追踪实际资源流动,而不是货币流动的本质特征。

6.4.3 建设项目国民经济效益评价及指标

国民经济效益评价包括国民经济盈利能力分析和外汇效果分析。建设项目国民经济评价的基本报表一般包括全部投资国民经济效益费用流量表和国内投资国民经济效益费用流量表。前者以全部投资作为计算基础,用以计算全部投资的经济内部收益率、经济净现值等评价指标;后者以国内投资作为计算基础,将国外借款利息和本金的偿还作为费用流出,用以计算国内投资的经济内部收益率、经济净现值等指标,作为利用外资项目经济评价和方案比较取舍的依据。对于涉及产品出口创汇或替代进口节汇的项目,还需编制经济外汇流量表,以计算经济外汇净现值、经济换汇成本和经济节汇成本等指标,进行外汇效果分析。

1. 建设项目国民经济费用效益评价报表的编制

编制建设项目国民经济评价报表是进行建设项目国民经济评价的基础工作之一。建设项目经济费用效益流量表的编制可以在建设项目投资现金流量表的基础上,按照经济费用效益识别和计算的原则和方法直接进行,也可以在财务分析的基础上将财务现金流量转化为反映真正资源变动状况的经济费用效益流量。

1) 直接编制建设项目国民经济费用效益流量表

有些行业的项目可能需要直接进行国民经济评价,以判断项目的经济合理性。可按以下步骤直接编制国民经济费用效益流量表。

(1) 确定国民经济效益、费用的计算范围,包括直接效益、直接费用以及间接效益、间接费用。

(2) 测算各种主要投入物的影子价格和产出物的影子价格(交通运输项目国民经济效益不按产出物影子价格计算,而是采用按节约运输时间、费用等计算效益),并在此基础上对各项国民经济费用和效益进行估算。

(3) 编制国民经济效益费用流量表。

2) 在财务分析的基础上编制国民经济效益费用流量表

由于国民经济评价时取用的成本、效益范围、外汇汇率以及主要投入产出物的价格都同财务评价不同,因而需要对财务效益评价所用的成本效益数据进行必要的调整。

首先,剔除在财务评价中计算为效益或费用的转移支付,增加财务评价中未反映的间接效益和间接费用;其次,用影子价格、影子工资、影子汇率和土地影子费用等代替财务价格及费用,对销售收入(或收益)、固定资产投资、流动资金、经营成本等进行调整;然后,编制国民经济评价基本报表,并据此计算国民经济评价的有关评价指标。具体调整内容如下:

(1) 剔除转移支付。将财务现金流量表中列支的销售税金及附加、增值税、国内借款利息作为转移支付剔除。

(2) 计算外部效益与外部费用。根据建设项目的具体情况,确定可以量化的项目外部效益和外部费用。分析确定哪些是项目重要的外部效果,需要采用什么方法估算,并保持效益费用的计算口径一致。

(3) 调整建设投资。用影子价格、影子汇率逐项调整构成投资的各项费用,剔除涨价预备费、税金、国内借款建设期利息等转移支付项目。进口设备价格调整通常要剔除进口关税、增值税等转移支付。建筑工程费和安装工程费按材料费、劳动力的影子价格进行调整,土地费用按土地影子价格进行调整。

(4) 调整流动资金。财务账目中的应收、应付款项及现金并没有实际耗用国民经济资源,在国民经济评价中应将其从流动资金中剔除。如果财务评价中的流动资金是采用扩大指标法估算的,国民经济评价仍应按扩大指标法,以调整后的销售收入、经营费用等乘以相应的流动资金指标系数进行估算;如果财务评价中的流动资金是采用分项详细估算法进行估算的,则应用影子价格重新分项估算。

(5) 调整经营费用。用影子价格调整各项经营费用,对主要原材料、燃料及动力费用用影子价格进行调整;对劳动工资及福利费用,用影子工资进行调整。

(6) 调整销售收入。用影子价格调整计算项目产出物的销售收入。

(7) 调整外汇价值。国民经济评价各项销售收入和费用支出中的外汇部分,应用影子汇率进行调整,计算外汇价值。从国外引入的资金和向国外支付的投资收益、贷款本息,也应用影子汇率进行调整。

2. 建设项目国民经济费用效益分析的指标

在国民经济评价中,反映项目投资的经济效率指标主要有经济内部收益率、经济净现值和经济效益费用比。这些指标可根据国民经济效益费用流量表来进行计算。

1) 经济净现值(ENPV)

经济净现值是反映项目对国民经济净贡献的绝对指标,是用社会折现率 i_s 将建设项目计算期各年的净效益流量折算到建设期初的现值之和,是经济费用效益分析的主要评价指标。其计算公式为

$$\text{ENPV} = \sum_{t=1}^{n} (B-C)_t (1+i_s)^{-t} \tag{6.8}$$

式中:B——国民经济效益流量;

C——国民经济费用流量;

$(B-C)_t$——第 t 年的国民经济净效益流量;

n——建设项目计算期;

i_s——社会折现率。

经济净现值可行性判别标准:当 ENPV>0 时,表明项目收益超过了社会折现率 i_s 的水平。即国家为拟建项目付出代价后,项目的盈利性(净贡献)除了满足 i_s 的社会盈余外,还得到以现值计算的超额社会盈余;当 ENPV=0 时,表明项目收益刚好达到了 i_s 的水平。因此,项目是可行的。反之,当 ENPV<0 时,则表明项目不可行。

2) 经济内部收益率(EIRR)

经济内部收益率是反映建设项目对国民经济净贡献的相对指标,它表示项目占用资金所获得的动态收益率,也是项目在计算期内各年经济净效益流量的累计现值等于零时的折现率,是经济费用效益分析的辅助评价指标。其计算公式为

$$\sum_{t=1}^{n} (B-C)_t (1+\text{EIRR})^{-t} = 0 \tag{6.9}$$

经济内部收益率可根据定义式用数值法求解,或根据国民经济效益费用流量表利用试算法求解,或利用计算机使用现成的软件程序求解。为方便国民经济效益费用流量表的编制,可将投资调整、销售收入调整及经营费用调整的结果用表格的形式反映出来,然后根据这些辅助报表直接编制国民经济效益费用流量表。

经济内部收益率可行性判别标准:当 EIRR$\geq i_s$ 时,表明建设项目投资对国民经济的净贡献能力达到或者超过了预定要求的水平,项目可以接受;否则,项目不可以接受。

以上经济净现值和经济内部收益率按分析效益费用的口径不同,可分为全部投资(包括国内投资和国外投资)的经济内部收益率和经济净现值,以及国内投资经济内部收益率和经济净现值。如果项目没有国外投资和国外借款,全部投资指标与国内投资指标相同;如果项目有国外资金流入与流出,应以国内投资的经济内部收益率和经济净现值作为项目国民

经济评价的评价指标。

3）经济效益费用比（R_{BC}）

经济效益费用比是项目在计算期内效益流量的现值与费用流量的现值的比率，是经济费用效益分析的辅助评价指标。其计算公式为

$$R_{BC} = \frac{\sum\limits_{t=1}^{n} B_t (1+i_s)^{-t}}{\sum\limits_{t=1}^{n} C_t (1+i_s)^{-t}} \qquad (6.10)$$

式中：B_t——经济效益流量；

C_t——经济费用流量。

经济效益费用比可行性判别标准：当 $R_{BC} > 1$ 时，表明项目资源配置的经济效率达到了可以接受的水平。

6.5　新建项目的财务分析

根据不同决策的需要，对于新建项目财务分析可分为融资前分析和融资后分析。

1. 融资前分析与融资后分析的关系

新设项目决策可分为投资决策和融资决策两个层次。投资决策重在考察项目净现金流量的价值是否大于其投资成本，融资决策重在考察资金筹措方案能否满足要求。从严格意义上说，投资决策在先，融资决策在后。

财务分析宜先进行融资前分析，融资前分析是指在考虑融资方案前就可以进行的财务分析，即不考虑债务融资条件下进行的财务分析。在融资前分析结论满足要求的情况下，初步设定融资方案，然后再进行融资后分析。融资后分析是指以设定的融资方案为基础进行的财务分析。

融资前分析只进行盈利能力分析，并以项目投资折现现金流量分析为主，计算项目投资内部收益率和净现值指标，也可以计算投资回收期指标（静态）。

融资后分析主要是针对项目资本金折现现金流量和投资各方折现现金流量进行盈利能力分析，又包括偿债能力分析和财务生存能力分析等。

融资前分析广泛应用于项目各阶段的财务分析。在规划和机会研究阶段，可以只进行融资前分析，此时也可只选取所得税前指标。只有通过了融资前分析的检验，才有必要进一步进行融资后分析。

2. 融资前分析

1）融资前项目投资现金流量分析

融资前项目投资现金流量分析，是从项目投资总获利能力的角度，考察项目方案设计的合理性，以动态分析（折现现金流量分析）为主，静态分析（非折现现金流量分析）为辅。根据需要，可从所得税前和（或）所得税后两个角度进行考察，选择计算所得税前和（或）所得税后指标。

计算所得税前指标的融资前分析(所得税前分析)是从息前税前角度进行的分析;计算所得税后指标的融资前分析(所得税后分析)是从息前税后角度进行的分析。

2) 正确识别选用现金流量

进行现金流量分析应正确识别和选用现金流量,包括现金流入和现金流出。融资前财务分析的现金流量应与融资方案无关。从该原则出发,融资前项目投资现金流量分析的现金流量主要包括建设投资、营业收入、经营成本、流动资金、营业税金及附加和所得税。

为了体现与融资方案无关的要求,在各项现金流量的估算中都需要剔除利息的影响。

所得税前和所得税后分析的现金流入完全相同,但现金流出略有不同,所得税前分析不将所得税视为现金流出,所得税后分析视所得税为现金流出。

3) 所得税前分析

现金流入主要包括营业收入,还可能包括补贴收入,在计算期最后一年还包括回收固定资产余值及回收流动资金。

现金流出主要包括建设投资、流动资金、经营成本、营业税金及附加。

$$净现金流量 = 现金流入 - 现金流出$$

净现金流量是计算分析指标的基础。

根据上述现金流入与流出编制项目投资现金流量表,并依据该表计算项目投资息税前财务内部收益率(FIRR)和项目投资息税前财务净现值(FNPV)。

按所得税前净现金流量计算的相关指标,即所得税前指标,是投资盈利能力的完整体现,用以考察由项目方案设计本身所决定的财务盈利能力,它不受融资方案和所得税政策变化的影响,仅仅体现项目方案本身的合理性。

所得税前指标可以作为初步投资决策的主要指标,并用于考察项目是否基本可行,是否值得去为之融资。

4) 所得税后分析

项目投资现金流量表中的所得税应根据息税前利润乘以所得税税率计算,称为调整所得税。原则上,息税前利润的计算应完全不受融资方案变动的影响,即不受利息多少的影响,包括建设期利息对折旧的影响(因为折旧的变化会对利润总额产生影响,进而影响息税前利润)。但如此将会出现两个折旧和两个息税前利润(用于计算融资前所得税的息税前利润和利润表中的息税前利润)。当建设期利息占总投资比例不是很大时,也可按利润表中的息税前利润计算和调整所得税。

所得税后分析是所得税前分析的延伸。由于所得税作为现金流出,可用于在融资的条件下判断项目投资对企业价值的贡献,是企业投资决策依据的主要指标。

5) 融资前分析参数的选取

在财务分析中,一般将内部收益率的判别基准(i_c)和计算净现值的折现率采用同一数值,以便与项目效益的判断结果一致。

作为项目投资判别基准的财务基准收益率的计算或项目投资净现值的折现率取值,在实际工作中,应根据项目的性质使用有关部门发布的行业财务基准收益率,或参考使用有关主管部门发布的财务基准收益率。

计算净现值的折现率也可以取不同于内部收益率判别基准的数值。折现率的取值应十分谨慎,因为折现率的微小差异,会带来净现值数以万计的差异。当依据不充分时或可变因素较多时,可取几个不同数值的折现率,计算多个净现值,以给决策者提供全面的信息。

3. 融资后分析

在融资前分析结果可以接受的前提下,可以开始考虑融资方案,进行融资后分析。融资后分析包括项目的盈利能力分析、偿债能力分析以及财务生存能力分析,进而判断项目方案在融资条件下的合理性。融资后分析是比选融资方案,进行融资决策和投资者最终决定出资的依据。可行性研究阶段必须进行融资后分析,但只是阶段性的。实践中,在可行性研究报告完成之后,还需要进一步深化融资后分析,这样才能完成最终的融资决策。

1) 融资后的盈利能力分析

融资后的盈利能力分析,包括动态分析(折现现金流量分析)和静态分析(非折现盈利能力分析)。

(1) 动态分析。动态分析是指通过编制财务现金流量表,根据资金等值原理,计算财务内部收益率、财务净现值等指标,分析项目的获利能力。融资后的动态分析可分为以下两个层次:

① 项目资本金现金流量分析。项目资本金现金流量分析是从项目权益投资者整体的角度,考察项目给项目权益投资者带来的收益水平。它是在拟定的融资方案的基础上进行的息税后分析,依据的报表是项目资本金现金流量表。该表将各年投入项目的项目资本金,以及各年缴付的所得税和还本付息作为现金流出,因此其净现金流量可以表示为在缴税和还本付息之后的剩余,即项目增加的净收益,也是投资者的权益性收益。因此计算的项目资本金内部收益率指标反映了从投资者整体权益角度考察盈利能力的要求,也就是从项目发起人(或企业)的角度对盈利能力进行判断的要求。在依据融资前分析的指标对项目基本获利能力有所判断的基础上,项目资本金内部收益率指标体现了在一定的融资方案下,投资者整体所获得的权益收益水平,该指标可用来对融资方案进行比较和取舍,是投资者整体做出最终融资决策的依据,也可进一步帮助投资者最终决定取舍。

② 投资各方现金流量分析。投资各方的内部收益率表示了投资各方的收益水平。一般情况下,投资各方按股本比例分配利润和分担亏损及风险,因此投资各方的利益一般是均等的,没有必要计算投资各方的内部收益率。只有投资者中的各方有股权之外的不对等的利益分配时(契约式的合作企业常常会有这种情况),投资各方的收益率才会有差异,此时常常需要计算投资各方的内部收益率。计算投资各方的内部收益率可以看出各方收益是否均衡,或者其非均衡性是否在一个合理的水平上,这有助于促成投资各方在合作谈判中达成平等互利的协议。

(2) 静态分析。静态分析是不采取折现方式处理数据,主要依据利润与利润分配表,并借助现金流量表计算相关盈利能力指标,包括项目资本金净利润率(ROF)、总投资收益率(ROI)等。

对静态分析指标的判断,应按不同指标选定相应的参考值(企业或行业的对比值)。当静态分析指标分别符合其相应的参考值时,则认为从该指标看盈利能力满足要求。如果不同指标得出的判断结论相反,则应分析原因,得出合理的结论。

2) 融资后的偿债能力分析

对筹措了债务资金(以下简称借款)的项目,偿债能力分析主要用来考察项目能否有按期偿还借款的能力。

通过计算利息备付率和偿债备付率指标,可以判断项目的偿债能力。如果能够得知或根据经验设定所要求的借款偿还期,就可以直接计算利息备付率和偿债备付率指标;如果难以设定借款偿还期,也可以先大致估算出借款偿还期,再采用适宜的方法计算出每年需要还本和付息的金额,代入公式计算利息备付率和偿债备付率指标。需要注意的是,该借款偿还期只是为估算利息备付率和偿债备付率指标所用,不应与利息备付率和偿债备付率指标并列。

按照有关法规,融资租赁固定资产可视同购置的固定资产计算折旧,同时按税法规定,融资租赁费用不应在所得税前扣除,因此在项目评价中,融资租赁费用的支付可视作偿还本金处理,按要求的期限和数额逐年偿还。

3)融资后的财务生存能力分析

在项目运营期间,确保从各项经济活动中得到足够的净现金流量是项目能够持续生存的条件。在财务分析中,应根据财务计划现金流量表,综合考察项目计算期内各年的投资活动、融资活动和经营活动所产生的各项现金流入与流出,计算净现金流量和累计盈余资金,分析项目是否有足够的净现金流量维持正常运营。因此,财务生存能力分析也可称为资金平衡分析。

财务生存能力分析应结合偿债能力分析进行。如果拟安排的还款期过短,致使还本付息负担过重,导致为维持资金平衡必须筹借的短期借款过多,可以调整还款期,减轻各年还款负担。

通过以下相辅相成的两个方面可具体判断项目的财务生存能力:

(1)拥有足够的经营现金流量是财务可持续的基本条件,特别是在通常还本付息负担较重的运营初期。一个项目具有较大的经营现金流量,说明项目方案比较合理,实现自身资金平衡的可能性大,不会过分依赖短期融资来维持运营。

而对于非经营项目,如果不能产生足够的经营现金流量实现自身资金平衡,则提示要靠政府补贴。

(2)各年累计盈余资金不出现负值是财务生存的必要条件。在整个运营期间,允许个别年份的净现金流量出现负值,但不能容许任一年份的累计盈余资金出现负值。

财务计划现金流量表是项目财务生存能力分析的基本报表,其编制基础是财务分析辅助报表和利润与利润分配表。

6.6 新建工业项目财务分析案例

6.6.1 简述

1. 项目概况

某新建工业项目,其可行性研究已完成市场需求预测、生产规模、工艺技术方案、建厂条件和厂址方案、环境保护、工厂组织和劳动定员以及项目实施规划诸方面的研究论证与多方案比较。生产规模为年产1.2万t某化工原料。产品方案为A型及B型两种,以A型为主。

2. 编制依据

本项目财务分析的编制依据为《方法与参数》和国家现行的财税政策、会计制度与相关法规(按营改增前计算)。根据 2007 年 3 月 16 日第十届全国人民代表大会第五次会议通过的《中华人民共和国企业所得税法》规定,从 2008 年 1 月 1 日起,企业所得税按应纳税所得额的 25% 计取。

3. 计算期

计算期包括建设期与生产经营期,根据项目实施计划建设期确定为 2 年,生产经营期确定为 8 年,项目计算期为 10 年。第 3 年投产,当年生产负荷达到设计能力的 70%,第 4 年达到 90%,第 5 年达到 100%。

4. 产品售价与产销计划

产品售价以市场价格为基础,预测到生产期初的市场价格,每 t 出厂价按 15850 元计算(不含增值税)。产品产销率按 100% 考虑,即产量＝销量。

6.6.2　财务效益与费用估算

1. 投资估算

(1) 建设投资估算。建设投资为 19143.45 万元,建设投资估算见表 6.10。

(2) 建设期利息估算。建设期利息为 889.82 万元,建设利息估算见表 6.10。

表 6.10　财务分析辅助报表——建设投资估算表(概算法)

单位:万元

序号	工程或费用名称	建筑工程费	设备购置费	安装工程费	其他费用	合计
1	建设投资(1.1+1.2+1.3)	1559.25	10048.95	3892.95	3642.3	19143.45
1.1	工程费用	1559.25	10048.95	3892.95	0	15501.15
1.1.1	主要生产项目	463.5	7849.35	3294		11606.85
1.1.2	辅助生产车间	172.35	473.4	22.95		668.7
1.1.3	公用工程	202.05	1119.6	457.65		1779.3
1.1.4	环境保护工程	83.25	4915	101.25		679.5
1.1.5	总图运输	23.4	111.6			135
1.1.6	厂区服务性工程	117.9				117.9
1.1.7	生活福利工程	496.8				496.8
1.1.8	厂外工程			17.1		17.1
1.2	工程建设其他费用				1368.9	1368.9
	其中:土地费用				600	600
	1.1+1.2	1559.25	10048.95	3892.95	1368.9	16870.05
1.3	预备费				2273.4	2273.4
2	建设期利息					889.82
	合计(1+2)	1559.25	10048.95	38922.95	3642.3	20033.27

（3）流动资金估算。流动资金估算采用分项详细估算法进行估算，估算总额为3111.02万元。流动资金估算见表6.11。

表6.11　财务分析辅助报表二——流动资金估算表　　　　单位：万元

序号	项　目	最低周转天数	周转次数	计　算　期					
				3	4	5	6	…	10
1	流动资产(1.1+1.2+1.3)			2925.50	3645.15	4001.22	4001.22	…	4001.22
1.1	应收账款	30	12	769.17	951.03	1040.03	1040.03	…	1040.03
1.2	存货			2117.99	2655.78	2922.85	2922.85	…	2922.85
1.3	现金	15	24	38.34	38.34	38.34	38.34	…	38.34
2	流动负债			622.80	800.93	890.20	890.20	…	890.20
2.1	应付账款	30	12	622.80	800.93	890.20	890.20	…	890.20
3	流动资金(1-2)			2302.70	2844.22	3111.02	3111.02	…	3111.02
4	当年流动资金增加额			2302.70	541.52	266.80	0.00	…	0.00

（4）总投资估算。总投资＝建设投资＋建设期利息＋流动资金，即

$$19143.45 + 889.82 + 3111.02 = 23144.29(万元)$$

2. 总成本费用估算

（1）外购原材料费。每年总材料费用见表6.12。

（2）外购燃料及动力费。每年总外购燃料及动力费用见表6.12。

（3）工资及福利费。全厂定员500人，工资及福利费按平均每人每年8000元估算，全年工资及福利费估算为400万元（其中福利费按工资总额的14％计算）。工资及福利费估算见表6.13。

（4）折旧费。固定资产原值中除工程费用外还包括建设期利息、预备费用以及其他费用中的土地费用。固定资产原值为19524.29万元，按平均年限法计算折旧，折旧年限为8年，残值率为5％，折旧率为11.88％，年折旧额为2318.51万元。固定资产折旧费估算见表6.14。

（5）摊销费。无形资产为368.90万元，按8年摊销，年摊销额为46.11万元。其他资产为400万元，按5年摊销，年摊销额为80万元。其计算过程见表6.15。

（6）修理费。修理费按年折旧额的50％计取，每年1159.25万元。

（7）财务费用。财务费用全部为借款利息支出。流动资金年应计利息为136.78万元，长期借款利息计算见表6.16。生产经营期间应计利息全部计入财务费用。

（8）其他费用。其他费用是指除了上述七项费用以外的费用，本案例为每年520.20万元。

（9）可变成本和固定成本。可变成本包含外购原材料、外购燃料、动力费以及流动资金借款利息。固定成本包含总成本费用中扣除可变成本以外的费用。

3. 营业收入和税金

（1）营业收入。营业收入的估算见表6.17。

（2）税金。产品增值税税率为17％。本项目采用价外计税方式考虑增值税。城市维护建设税按增值税的7％计算，教育费附加按增值税的3％计算。税金的估算见表6.17。

表 6.12 财务分析辅助报表三——总成本费用估算表（生产要素法）

单位：万元

序号	项目	合计	投产期			达到设计生产能力期				
			3	4	5	6	7	8	9	10
	生产负荷/%		70	90	100	100	100	100	100	100
1	外购原材料费	71811	6614.4	8503.8	9448.8	9448.8	9448.8	9448.8	9448.8	9448.8
2	外购燃料及动力费	9357	861.6	1108.2	1231.2	1231.2	1231.2	1231.2	1231.2	1231.2
3	工资及福利费	3200	400	400	400	400	400	400	400	400
4	修理费	9274.04	1159.25	1159.25	1159.25	1159.25	1159.25	1159.25	1159.25	1159.25
5	其他费用	4161.6	520.2	520.2	520.2	520.2	520.2	520.2	520.2	520.2
6	经营成本(1+2+3+4+5)	97803.64	9555.45	11691.45	12759.45	12759.45	12759.45	12759.45	12759.45	12759.45
7	折旧费	18548.08	2318.51	2318.51	2318.51	2318.51	2318.51	2318.51	2318.51	2318.51
8	摊销费	768.88	126.11	126.11	126.11	126.11	126.11	46.11	46.11	46.11
9	利息支出	3246.31	939.41	819.63	607.59	332.56	136.78	136.78	136.78	136.78
10	总成本费用合计(6+7+8+9)	120366.91	12939.48	14955.7	15811.66	15536.63	15340.85	15260.85	15260.85	15260.85
	其中:固定成本	35952.61	4524.08	4524.08	4524.08	4524.03	4524.08	4524.08	4524.08	4524.08
	可变成本	84414.31	8415.41	10431.63	11287.59	11012.56	10816.78	10816.78	10816.78	10816.78

表 6.13　总成本费用估算表附表一——工资及福利费估算表

单位：万元

序号	项　目	合计	投产期		达到设计生产能力期					
			3	4	5	6	7	8	9	10
1	工资及福利费	3200	400	400	400	400	400	400	400	400

表 6.14　总成本费用估算表附表二——固定资产折旧费估算表　　单位：万元

序号	项目	合计	折旧率/%	投产期		达到设计生产能力期					
	固定资产合计			3	4	5	6	7	8	9	10
1	原值	19524.29									
2	折旧	18548.08	11.88	2318.51	2318.51	2318.51	2318.51	2318.51	2318.51	2318.51	2318.51
3	余值	976.21		17205.78	14887.27	1256.76	10250.25	7931.74	5613.23	3294.72	976.21

表 6.15　总成本费用估算表附表三——无形资产和其他资产摊销估算表

单位：万元

序号	项　目	摊销年限	合计	投产期		达到设计生产能力期					
				3	4	5	6	7	8	9	10
1	无形资产	8 年									
	原值		368.90								
	当期摊销费		368.90	46.11	46.11	46.11	46.11	46.11	46.11	46.11	46.11
	余值		0	322.79	276.68	230.56	184.45	138.34	92.22	46.11	0.00
2	其他资产	5 年									
	原值		400.00								
	当期摊销费		400.00	80.00	80.00	80.00	80.00	80.00			
	余值		0	320.00	240.00	160.00	80.00	0.00			
3	合计										
	原值		768.90								
	当期摊销费		768.90	126.11	126.11	126.11	126.11	126.11	46.11	46.11	46.11
	余值		0	642.79	516.68	390.56	264.45	138.34	92.22	46.11	0.00

表 6.16　利息支付计算表　　　　　　单位：万元

项　目	合计	3	4	5	6	7～10
长期借款利息支付(6.2%)	2215.94	850.65	698.70	470.81	195.78	
流动资金中的借款数额		1494.38	2035.9	2302.7		
流动资金借款利息支付(5.94%)	1030.37	88.76	120.93	136.78	136.78	136.78
各种借款利息支付总和	3246.31	939.41	819.63	607.59	332.56	136.78

表 6.17 财务分析辅助报表四——营业收入、营业税金及附加和增值税估算表

单位：万元

序号	项 目	合计	投 产 期		达到设计生产能力
			3	4	5~10
1	营业收入		13314.00	17118.00	19020.00
2	营业税金及附加		99.25	127.60	141.78
2.1	营业税				
2.2	消费税				
2.3	城市维护建设费		69.47	89.32	99.25
2.4	教育费附加		29.77	38.28	42.53
3	增值税		992.46	1276.02	1417.80
	销项税额		2263.38	2910.06	3233.40
	进项税额		1270.92	1634.04	1815.60

6.6.3 资金筹措

1. 项目资本金

项目资本金为 7121.43 万元,其中甲方出资 3000 万元、乙方出资 4121.43 万元,资本金用于流动资金 808.32 万元。从还完建设投资长期借款年开始,每年分红按出资额的 20% 进行,经营期末收回投资。

2. 借款

流动资金借款为 2302.70 万元,建设投资由中国建设银行提供贷款,年利率为 6.2%;流动资金由中国工商银行提供贷款,年利率 5.94%。

投资分年使用,计划按第一年 60%、第二年 40% 的比例分配。资金筹措的估算见表 6.18。

表 6.18 财务分析辅助报表五——项目总投资使用计划与资金筹措表 单位：万元

序号	项 目	合计	1	2	3	4	5
1	总投资	23144.29	11724.71	8308.56	2302.70	541.52	266.80
1.1	建设投资	19143.45	11486.07	7657.38			
1.2	建设期利息	889.82	238.64	651.18			
1.3	流动资金	3111.02			2302.70	541.52	266.80
2	资金筹措	23144.29					
2.1	项目资本金	7121.43	3787.87	2525.24	808.32		
2.2	借款	16022.86	7936.84	5783.32	1494.38	541.52	266.80
2.2.1	长期借款	12830.34	7698.20	5132.14			
2.2.2	流动资金借款	2302.70			1494.38	541.52	266.80
2.2.3	建设期利息	889.82	238.64	651.18			
2.3	其他资金						

6.6.4　参数的选取

项目财务基准收益率为 12%,行业标准投资回收期为 8.3 年,行业平均投资利润率为 8%。

6.6.5　财务分析

1. 有关数据说明

(1) 所得税。根据规定,企业所得税按应纳税所得额的 25% 计取。

(2) 利润及利润分配。利润总额正常年为 3617.36 万元,盈余公积金按税后利润的 10% 计取。

(3) 财务分析说明。本项目采用量入偿付法归还长期借款本金。财务分析辅助报表三——总成本费用估算表、财务分析报表四——利润与利润分配表及财务分析报表五——借款还本付息计划表。通过利息支出、当年还本和税后利润互相联系,通过三表联算得出借款偿还计划;在全部借款偿还后,再计提盈余公积金和确定利润分配方案。三表联算的关系如图 6.2 所示。

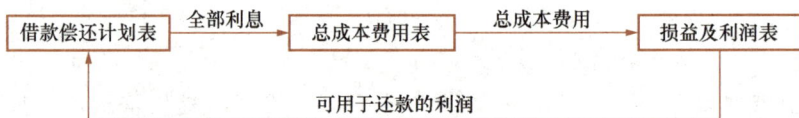

图 6.2　三表联算的关系

2. 盈利能力分析

(1) 项目投资现金流量表见表 6.19。根据表 6.19 计算的评价指标为:项目投资财务内部收益率(FIRR)为 17.62%>12%,说明盈利能力满足了行业最低要求;项目投资财务净现值(FNPV)(i_c=12%)为 4781.34 万元>0,说明项目在财务上可以接受;全部资金静态投资回收期为 6.17 年(含建设期)<8.3 年,表明项目投资能按时收回。

(2) 项目资本金现金流量表见表 6.20。根据该表计算资本金财务内部收益率为 21.29%。

(3) 甲方现金流量表见表 6.21。根据该表计算甲方投资内部收益率为 16.85%。

(4) 利润与利润分配表见表 6.22。根据表 6.22 和表 6.10 计算以下指标。

$$投资利润率 = \frac{年利润总额}{总资金} \times 100\% = \frac{3617.36}{20033.27} \times 100\% = 18.06\%$$

该项目投资利润率大于行业平均利润率 8%,说明单位投资收益水平达到行业标准。

表6.19 财务分析报表——项目投资现金流量表

单位：万元

序号	项目	合计	建设期		投产期		达到设计生产能力期					
			1	2	3	4	5	6	7	8	9	10
	生产负荷/%				70	90	100	100	100	100	100	100
1	现金流入	148639.23	0.00	0.00	13314.00	17118.00	19020.00	19020.00	19020.00	19020.00	19020.00	23107.23
1.1	营业收入	144552.00			13314.00	17118.00	19020.00	19020.00	19020.00	19020.00	19020.00	19020.00
1.2	补贴收入											
1.3	回收固定资产余值	976.21										976.21
1.4	回收流动资金	3111.02										3111.02
2	现金流出	121135.64	11486.07	7657.38	11957.40	12360.58	13168.03	12901.23	12901.23	12901.23	12901.23	12901.23
2.1	建设投资	19143.45	11486.07	7657.38								
2.2	流动资金	3111.02			2302.70	541.52	266.80					
2.3	经营成本	97803.64			9555.45	11691.45	12759.45	12759.45	12759.45	12759.45	12759.45	12759.45
2.4	营业税金及附加	1077.53			99.25	127.60	141.78	141.78	141.78	141.78	141.78	141.78
2.5	维持运营投资											
3	所得税前净现金流量（1-2）	27503.60	-11486.07	-7657.38	1356.60	4757.42	5851.97	6118.77	6118.77	6118.77	6118.77	10206.00
4	累计所得税前净现金流量		-11486.07	-19143.45	-17786.85	-13029.43	-7177.46	-1058.70	5060.07	11178.83	17297.60	27503.60

计算指标：项目投资财务内部收益率/%（所得税前）（FIRR）=17.62%
项目投资财务净现值/万元（所得税前）（FNPV）(i_c=12%)=4781.34万元
项目投资回收期/年（所得税前）（从建设期算起）=6.17年

表 6.20 财务分析报表二——项目资本金现金流量表

单位：万元

序号	项 目	合计	建 设 期		投 产 期				达到设计生产能力期			
			1	2	3	4	5	6	7	8	9	10
	生产负荷/%				70	90	100	100	100	100	100	100
1	现金流入	148639.23	0	0	13314	17118	19020	19020	19020	19020	19020	23107.23
1.1	营业收入	144552			13314	17118	19020	19020	19020	19020	19020	19020
1.2	补贴收入											
1.3	回收固定资产余值	976.21										976.21
1.4	回收流动资金	3111.02										3111.02
2	现金流出	130905.16	3787.87	2525.24	13855.56	16773.63	18687.76	17222.96	13922.35	13942.35	13942.35	16245.05
2.1	项目资本金	7121.43	3787.87	2525.24	808.32							
2.2	借款本金偿还	16022.86			2450.82	3675.62	4435.92	3157.8				2302.7
2.3	借款利息支付	3246.31			939.41	819.63	607.59	332.56	136.78	136.78	136.78	136.78
2.4	经营成本	97803.64			9555.45	11691.45	12759.45	12759.45	12759.45	12759.45	12759.45	12759.45
2.5	营业税金及附加	1077.53			99.25	127.6	141.78	141.78	141.78	141.78	141.78	141.78
2.6	所得税	5633.39			2.31	459.33	743.02	831.37	884.34	904.34	904.34	904.34
2.7	维持运营投资											
3	净现金流量(1-2)	17734.07	-3787.87	-2525.24	-541.56	344.37	332.24	1797.04	5097.65	5077.65	5077.65	6862.18

计算指标：资本金财务内部收益率=21.29%

表 6.21　财务分析报表三——甲方投资现金流量表　　　　　　　　单位：万元

序号	项　目	合计	建设期		投产期		达到设计生产能力期					
			1	2	3	4	5	6	7	8	9	10
	生产负荷/%				70	90	100	100	100	100	100	100
1	现金流入	6000						600	600	600	600	3600
1.1	实际分配利润	6000						600	600	600	600	3600
1.2	资产处置收益分配											
1.3	租赁费收入											
1.4	技术转让或使用收入											
1.5	其他现金流入											
2	现金流出	3000	1800	1200								
2.1	实缴资本	3000	1800	1200								
2.2	租赁资产支出											
2.3	其他现金流出											
3	净现金流量（1-2）	3000	-1800	-1200				600	600	600	600	3600

计算指标：甲方投资内部收益率＝16.85%

3. 偿债能力分析

根据财务分析报表四——利润与利润分配表、财务分析报表五——借款还本付息计划表（表 6.23）、总成本费用估算表附表二——固定资产折旧费估算表、总成本费用估算表附表三——无形资产和其他资产摊销估算表计算以下指标。

$$
\begin{aligned}
\text{利息备付率（按整个借款期考虑）} &= \frac{\text{利息前利润}}{\text{当期应付利息费用}} = \frac{\text{借款利息支付} + \text{利润总额}}{\text{借款利息支付}} \\
&= \frac{3246.31 + 22533.56}{3246.31} = 7.94 > 2.0
\end{aligned}
$$

$$
\begin{aligned}
\text{偿债备付率（按整个借款期考虑）} &= \frac{\text{当期用于还本付息资金}}{\text{当期应还本付息金额}} \\
&= \frac{\text{固定资产折旧费} + \text{无形及其他资产摊销} + \text{税后利润} + \text{应付利息}}{\text{借款利息支付} + \text{借款本金偿还}} \\
&= \frac{18548.07 + 768.90 + 16900.17 + 3246.31}{3246.31 + 13720.16} = 2.33 > 1.0
\end{aligned}
$$

式中，利息支付的计算如表 6.16 所示，借款偿还金为

$$
\begin{aligned}
\text{借款本金偿还} &= \text{建设投资} - \text{建设投资中的资本金} \\
&= 20033.27 - 7121.43 + 808.32 = 13720.16（\text{万元}）
\end{aligned}
$$

该项目利息备付率大于 2.0，偿债备付率大于 1.0，说明项目偿债能力较强。

单位：万元

表 6.22　财务分析报表四——利润与利润分配表

序号	项目	合计	投产期		达到设计生产能力期					
			3	4	5	6	7	8	9	10
	生产负荷/%		70	90	100	100	100	100	100	100
1	营业收入	144552	13314	17118	19020	19020	19020	19020	19020	19020
2	营业税金及附加	1077.53	99.25	127.6	141.78	141.78	141.78	141.78	141.78	141.78
3	总成本费用	120940.91	13205.5	15153.09	15906.14	15552.76	15340.86	15260.86	15260.86	15260.86
4	补贴收入									
5	利润总额(1−2−3+4)	22533.56	9.25	1837.31	2972.08	3325.46	3537.36	3617.36	3617.36	3617.36
6	弥补以前年度亏损									
7	应纳税所得额	22533.56	9.25	1837.31	2972.08	3325.46	3537.36	3617.36	3617.36	3617.36
8	所得税(25%)	5633.39	2.31	459.33	743.02	831.37	884.34	904.34	904.34	904.34
9	净利润(5−8)	16900.17	6.94	1377.98	2229.06	2494.10	2653.02	2713.02	2713.02	2713.02
10	期初未分配利润	39240.98	0	6.2	1237.19	3228.49	5456.55	7589.58	9770.85	11952.12
11	可供分配利润(9+10)	56141.15	6.94	1384.18	3466.25	5722.59	8109.57	10302.60	12483.87	14665.14
12	盈余公积金(9×10%)	1079.21					265.30	271.30	271.30	271.30
13	应付利润	0								
14	未分配利润(11−12−13)	55061.94	6.94	1384.18	3466.25	5722.59	7844.27	10031.30	12212.57	14393.84
15	息税前利润(5+利息总支出)	25779.87	948.66	2656.94	3579.67	3658.02	3674.14	3754.14	3754.14	3754.14

表 6.23　财务分析报表五——借款还本付息计划表　　　　　　单位：万元

序号	项　　目	合计	建　设　期		投　产　期		达到设计生产能力期	
			1	2	3	4	5	6
1	借款							
1.1	期初借款余额			7936.84	13720.16	11269.34	7593.72	3157.80
1.2	本年借款	12830.34	7698.2	5132.14				
1.3	当期还本付息	15936.10			3301.47	4374.32	4906.73	3353.58
	其中：还本	13720.16			2450.82	3675.62	4435.92	3157.8
	付息	2215.94			850.65	698.70	470.81	195.78
1.4	期末借款余额							

计算指标：利息备付率/%＝7.94%

　　　　　偿债备付率/%＝2.33%

6.6.6　不确定性分析

1. 盈亏平衡分析

$$BEP_{生产能力利用率} = \frac{年固定成本}{年营业收入 - 年可变成本 - 年营业税金及附加} \times 100\%$$

$$= \frac{4524.08}{19020.00 - 11382.06 - 141.78} \times 100\% = 60.35\%$$

盈亏平衡点的产量为

$$BEP_{产量} = \frac{年固定成本}{单位产品价格 - 单位产品可变成本 - 单位产品营业税金及附加}$$

$$= \frac{4524.08}{1.5850 - (11382.06 - 141.78)/12000} = 7242.24(t)$$

或

$$BEP_{产量} = 12000 \times 60.35\% = 7242.24(t)$$

计算结果表明，当年产量为 7242.24t，即产量达到设计能力的 60.35% 时，可保本。

2. 敏感性分析

产品产量、售价、经营成本及投资等因素的变化对财务内部收益率的影响见表 6.24，对投资回收期的影响见表 6.25。

表 6.24　敏感性分析表（对内部收益率的影响）　　　　　　单位：%

指标	−20	−15	−10	−5	0	5	10	15	20
产量	0.94	4.44	9.23	13.59	17.62	21.38	24.92	28.28	31.48
售价	−0.72	4.58	9.32	13.63	17.62	21.34	24.85	28.18	31.36
经营成本	27.45	25.13	22.72	20.22	17.62	14.89	12.03	9.0	5.78
投资	22.95	21.45	20.08	18.80	17.62	16.51	15.47	14.49	13.57

表 6.25　敏感性分析表(对投资回收期的影响)　　　　　单位：年

指标	−20%	−15%	−10%	−5%	0	5%	10%	15%	20%
产量	>10	9.23	7.86	6.86	6.17	5.67	5.28	4.98	4.73
售价	>10	9.16	7.83	6.85	6.17	5.67	5.29	4.99	4.73
经营成本	5.04	5.26	5.51	5.81	6.17	6.62	7.18	7.92	8.92
投资	5.55	6.70	6.86	6.02	6.17	6.33	6.49	6.64	6.80

从敏感性分析表可知,四个因素中产品产量和销售单价的变化对内部收益率和投资回收期的影响最大。当产量和售价下降 10% 时,内部收益率分别下降到 9.23% 和 9.32%,方案将不可行;而建设投资的变化对内部收益率和投资回收期的影响最小,当投资增加 20% 时,内部收益率下降到 13.57%,投资回收期增加到 6.80 年,方案仍然可行。

6.6.7　财务分析结论

财务分析结论详见财务分析结论汇总表(表 6.26)。

表 6.26　评价结论汇总表

财务分析指标	计算结果	评价标准	是否可行
项目投资财务内部收益率	17.62%	>12%	是
项目投资回收期	6.17 年	<8.3 年	是
项目投资财务净现值	4781.34 万元	>0	是

从主要指标上看,财务分析效益均可行,而且生产的产品是国家急需的,所以项目是可以接受的。

思　考　题

1. 建设项目的国民经济评价与财务评价有何异同?
2. 简述财务评价的概念和作用。
3. 财务评价的主要内容及其评价指标是什么?
4. 财务评价的基本步骤是什么?
5. 全部投资现金流量表和自有资金现金流量表的主要差别有哪些?
6. 国民经济评价的作用是什么?
7. 在国民经济评价中采用的经济参数主要有哪些?
8. 什么叫社会折现率? 它的作用是什么?
9. 什么是影子价格? 在国民经济评价中为什么要采用影子价格来度量建设项目的费用与效益?
10. 在国民经济评价中,识别和划分费用与效益的基本原则是什么? 外部效果包括哪些内容?

11. 什么是建设项目的直接效益、直接费用和间接效益、间接费用?

12. 什么是转移支付?常见的转移支付有哪些?

13. 项目财务分析分为融资前分析和融资后分析,试从分析的时间、内容和目的等方面简述两种分析的联系和区别。

14. 建设某工业生产项目,项目基础数据如下:

(1) 固定资产投资额为 5058.9 万元,其中无形资产 600 万元,建设期 2 年,生产期 8 年。

(2) 项目投资来源为自有资金和贷款。自有资金在建设期均衡投入;贷款总额 2000 万元,建设期每年贷入 1000 万元。贷款利率为 10%(年息)。在生产期每年按最大偿还能力偿还(有多少可用于偿还的资金就还多少)。无形资产在生产期 8 年中,均衡摊入成本。固定资产残值 300 万元,按直线法折旧,折旧年限 12 年。

(3) 项目第 3 年投产,当年生产负荷达到生产能力的 70%,第 4 年达到设计生产能力的 90%,以后各年均达到设计生产能力。流动资金全部为自有资金。

(4) 所得税税率为 25%。项目的资金投入、收益、成本见表 6.27。

表 6.27 建设项目资金投入、收益、成本费用表 单位:万元

序号	项 目	1	2	3	4	5	6	7	8~10
1	建设投资,其中: 自有资金 贷款(不含建设期贷款利息)	1529.45 1000	1529.45 1000						
2	销售额			3500	4500	5000	5000	5000	5000
3	销售税金及附加			210	270	300	300	300	300
4	经营成本			2490.9	3443.2	3947.9	4003.8	4059.7	4061.3
5	流动资产 (应收账款+现金+存货)			532	684	760	760	760	760
6	流动负债(应付账款)			89.83	115.5	128.33	129.33	128.33	128.33
7	流动资金(5-6)			442.17	568.5	631.67	631.67	631.67	631.67

问题:

(1) 计算建设期贷款利息和生产期固定资产折旧费、无形资产摊销费。

(2) 编制还本付息表、损益表。

(3) 编制资金来源与运用表。

(4) 编制资产负债表,分析项目清偿能力和项目可行性。

第 7 章　项目环境影响评价与社会评价

　　项目建设及运营与环境、与社会密切相关,项目的经济评价不能解决项目与环境、与社会的相互适应性问题。本章简要介绍项目环境影响评价与社会评价的概念、内容、基本做法和程序,以及相关要求,重点介绍特大型建设项目区域经济和宏观经济影响分析,同时详细介绍特大型建设项目对区域经济影响和宏观经济影响的四个评价指标体系,使读者对一个项目的完整评价,即财务评价、国民经济评价、环境影响评价及社会评价四个部分有一个全面的掌握和了解,并对特大型建设项目的经济影响分析有所了解。

　　本章可作为选学内容。

7.1　项目环境影响评价

　　项目建设及运营与环境密切相关,环境是由不同的环境要素组成的,主要包括大气、水(地表水和地下水)、声环境、土壤、生态、人群健康状态、文物与自然遗迹、珍贵景观、地质环境及日照、热、振动、放射性、电磁与光辐射波等。在项目评价阶段,如何运用科学的方法和技术手段,对项目进行环境影响评价是项目评价的重要组成部分,也是项目法人必须履行的法律义务。为了规范建设项目的环境影响评价工作,国家颁布了《中华人民共和国环境保护法》《中华人民共和国环境影响评价法》(以下简称《环评法》)、《中华人民共和国水污染防治法》《中华人民共和国固体废物污染环境防治法》《中华人民共和国环境噪声污染防治法》《中华人民共和国海洋环境保护法》以及《环境影响评价技术导则——总纲》等法律法规。在这些法律法规中,规定了建设项目环境保护及环境影响评价的一般原则、评价方法、内容和要求。其目的是规范项目环境影响评价工作,以保护环境,促进经济、社会的可持续发展。

7.1.1　项目环境影响评价的工作程序

1. 建设项目环境影响评价的管理程序

(1) 编制环境影响评价大纲。

(2) 编制环境影响报告书(表)。

(3) 评估环境影响报告书(表)。

(4) 审批环境影响报告书(表)。

2. 建设项目环境影响评价的工作程序

1) 工作准备阶段

工作准备阶段主要是研究有关文件,具体包括:国家、行业和地方的法律法规、发展规划、环境功能区划、技术导则和相关标准、建设项目依据、可行性研究资料及其他技术文件。根据项目组成和工艺流程进行初步工程分析,确定排污环节和主要污染物。根据环境现状调查及初步工程分析,识别项目的环境影响因素,明确项目环境影响评价重点,确定评价的范围和工作等级,最终编制完成环境影响评价大纲。

2)评价工作阶段

评价工作阶段主要是作进一步的工程分析,进行充分的环境现状调查、监测,并开展环境质量现状评价。根据污染源及环境现状资料进行项目的环境影响预测,评价项目的环境影响。根据环境保护的法律法规、标准及公众意愿,提出减少环境污染和生态影响的措施。

3)环境影响报告编制阶段

根据评价工作阶段所得的各种数据、资料,从环境保护的角度确定建设项目的可行性,给出评价结论并提出减缓环境影响的建议,最终完成环境影响报告书或报告表的编制。

7.1.2　项目环境影响评价的工作等级

根据《中华人民共和国环境影响评价法》(以下简称《环评法》)的规定,国家根据建设项目对环境的影响程度,对建设项目的环境影响评价实行分类管理。

建设单位应当根据建设项目对环境的影响程度,按照规定对可能造成重大或者轻度环境影响的,分别编制环境影响报告书,对产生的环境影响进行全面评价;或者编制环境影响报告表,对产生的环境影响进行分析或专项评价。对于环境影响很小、不需要进行环境影响评价的,应当填报环境影响登记表。

建设项目的环境影响评价分类管理目录,由国务院环境保护行政主管部门制定并公布。

7.1.3　项目环境影响评价的工程分析

工程分析是为项目的环境影响预测和评价提供数据,为项目的环境管理及环境决策提供基础服务。

1. 工程分析的主要内容

工程分析应对建设项目的全部项目组成和所有时段的全部行为过程的环境影响因素及影响特征、强度、方式等进行详细分析与说明。包括工艺过程分析、资源和能源的储运分析、交通运输影响分析、场地的开发利用分析、非正常工况分析、宏观背景分析、总图布置方案分析、生态影响因素分析八项主要内容。

工程分析的重点是通过工艺过程分析、核算,确定污染源强(源强是指污染源的排放能力),其中应特别注意非正常工况污染源强的核算与确定。工艺过程分析是指通过对工程项目的选址、选线、各时段及工艺过程的分析,了解对环境产生各类影响的来源,各种污染物产生、排放情况,确定种类、性质、产生量、产生浓度、削减量、排放量、排放浓度、排放方式、去向及达标情况,分析噪声、振动、热、光、辐射等污染的来源、特性及强度,根据工程设计及项目运行情况分析各种污染物的治理、回收、利用措施及环保设施状况。非正常工况是指建设项目生产运行阶段的开车、停车、检修、一般性事故和泄漏等情况发生时的污染物非正常排放。

通过对非正常工况进行分析,找出污染物排放的来源、种类与强度,分析发生的可能性及发生的频率。

2. 工程分析的主要方法

工程分析常用的主要方法有以下几种。

(1)类比分析法:通过考察相同或类似的工程项目进行类比分析。

(2)物料平衡计算法:按照设备运行的理想状态进行物料平衡理论计算,确定污染源强。

(3)查阅参考资料分析法。这种方法最为简便,可以作为上述两种方法的补充。

以上方法所获得的工程分析结果可信度逐渐降低。

3. 工程分析的基本原则

(1)贯彻执行我国环境保护的法律法规和方针政策。

(2)应以对建设项目选址选线、设计方案、运行方式等进行充分调查为基础。

(3)突出重点,对不利因素重点分析。

(4)提出的数据资料真实、准确、可信。

(5)定量表述的内容应通过科学分析,尽量给出定量的结果。

7.1.4 项目环境现状调查

1. 环境现状调查的内容

1)地理位置

地理位置包括建设项目所处的经度、纬度,行政区位置和交通位置,并附区域平面图。

2)地质环境

概要说明与建设项目直接相关的地质构造,如岩层、断层、断裂、坍塌、地面沉陷等不良地质构造对项目的影响。

3)地形地貌

简要说明项目所在地区的海拔高度、地形特征、相对高差及地貌类型,如山地、平原、沟谷、丘陵、海岸、熔岩地貌、冰川地貌、风成地貌等情况。特别说明可能直接或间接威胁建设项目的崩塌、滑坡、泥石流、冻土等有危害的地貌及分布情况。

4)气候与气象

概要说明项目所在地的大气环境状况,如风速、主导风向、年平均气温、极端气温、年平均相对湿度、平均降水量、降水天数、降水量极值、日照等。特别说明主要灾害性天气的特征,如梅雨、寒潮、雹、台风、飓风等对项目的影响。

5)地表水环境

概要说明地表水情况,如水系分布、水文特征、极端水情、地表水资源的分布利用情况、水质状况、地表水的污染来源等。

6)地下水环境

简述地下水资源的储存及开采利用情况,地下水水位、水质状况与污染来源。还应根据需要,对水质的物理、化学特性,污染源情况,水的储量与运动状态,水质的演变趋势,水文地质方面的蓄水层特性,承压水状况,采补平衡分析水源地及保护区的划分进行调查分析。

7）大气环境

简单说明建设项目周围地区大气环境中主要的污染物、污染来源、污染物的浓度值、超标量、变化趋势、大气环境质量现状等。

8）土壤与水土流失

简要说明建设项目周围地区的主要土壤类型及其分布，土壤层厚度、肥力与使用情况，土壤的物理及化学性质，土壤成分与结构，颗粒度，土壤容重，含水率与持水能力，土壤污染状况，水土流失的原因、特点、面积、流失量等，应附土壤和水土流失现状图。

9）生态调查

简述建设项目周围地区植被的类型、主要组成、覆盖度、生长情况、有无应重点保护的野生动植物等。如果项目规模较大，还应进一步调查生态系统的生产力、物质循环状况、生态系统与周围环境的关系、生态功能区及生态敏感目标等。

10）声环境

按照评价需要确定声环境现状调查范围，根据布点监测与污染源调查，确定噪声源种类、数量、噪声级、超标情况及受噪声影响的人口分布等。明确噪声敏感目标及噪声限制标准。

11）社会经济

简要叙述建设项目周围地区现有厂矿企业的分布、产值及能源供给与消耗方式、交通运输概况、居民区分布、人口状况、农业生产及土地利用状况，确定环境中现有污染物及项目将排放污染物的评价指标。

12）人文遗迹、自然遗迹与珍贵景观

概要说明建设项目周围地区有哪些人文遗迹、自然遗迹与珍贵景观需要保护，建设项目与遗迹或景观的相对位置和距离。遗迹或景观易于受哪些物理的、化学的或生物学的影响，目前有无已损害的迹象及其原因，主要污染或其他影响的来源。

13）人群健康状况

当建设项目规模或拟排放污染物毒性较大时，应进行一定的人群健康状况调查，以确定建设项目拟排放污染物的限制指标。

14）其他

根据当地环境及项目特点，决定是否将放射性、光与电磁辐射、振动、地面下沉及其他项目列入调查。

2. 环境现状调查的方法

对环境现状调查常见的主要方法有以下三种。

1）收集资料法

进行环境现状调查时，应首先收集现有各种相关资料。这种方法省时、省力，且范围广、收效大。但由于资料的时效性、准确性等的限制，还需要利用其他方法进行补充。

2）现场调查法

通过现场调查可直接获得第一手的数据和资料，信息真实可靠。但这种方法耗用人力、物力和时间较多，有时还可能受季节、仪器设备条件的限制。

3）遥感方法

利用先进的遥感遥测技术，获取环境信息。

3. 环境现状调查的一般原则

（1）根据建设项目的污染源、影响因素、所在地区的环境特点及环境影响评价工作等级，确定环境现状的调查范围及有关参数。

（2）进行环境现状调查时，应首先收集现有资料，当现有资料不能满足要求时，再通过现场调查或其他方法获取信息。

（3）在环境现状调查中，应重点调查与建设项目密切相关的内容，如大气、地表水、地下水等。对这部分环境质量现状应有定量数据并做出分析或评价，其他调查内容可根据需要增减。

7.1.5　项目环境影响预测

1. 环境影响预测的内容

对建设项目的环境影响进行预测，通常是指对评价区的各种环境质量参数的变化进行预测。环境质量参数一般包括常规参数和特征参数，前者反映评价项目的一般质量状况，后者反映与建设项目有联系的环境质量状况。具体的参数类别和数目可根据工程项目和环境特性及当地环保要求来确定。

2. 环境影响预测的范围及时段

环境影响预测的范围及时段取决于评价工作的等级、工程特点、环境特性及敏感保护目标分布等情况。具体预测范围、预测点和断面设置，因环境要素的不同而不同。如大气环境的影响预测范围以边长和面积表示，预测点以相距污染源的方位和距离表示；河流水环境的影响预测范围以河流上下游距离和预测断面表示等。

环境影响预测时段可以按照项目实施的不同阶段划分为建设期、生产运行期、服务期满后三个时段。

3. 环境影响预测的方法

（1）数学模型法。根据环境影响因素的产生机理及历史监测数据建立预测模型，按照数学模型的应用条件，输入必要的参数、数据，通过计算即可得出定量的预测结果。

（2）物理模型法。在具备基础数据的前提下，建立仿真试验设施，模拟真实环境条件，通过试验对环境影响进行预测。

（3）类比分析法。采用类似项目的环境影响数据类比分析，进行预测。预测结果属于半定量性质，在评价工作时间较短时可采用。

（4）专业判断法。对建设项目的某些环境影响很难定量估算时，可通过向专家调查求证，并通过专家的专业判断力对建设项目的环境影响进行预测。

4. 环境影响预测的原则

（1）对需要进行环境影响评价的项目，都应分析、预测和评估其对环境产生的影响。

（2）根据评价工作的等级、工程特点、环境特性和当地的环保要求，确定分析、预测和评估的范围、时段、内容和方法。

（3）对建设项目的环境影响预测要充分，要能满足项目环境影响评价的需要。

7.1.6　项目环境影响报告书的编制

建设项目的环境影响报告书或环境影响报告表,应当由具有相应环境影响评价资质的机构来编制。任何单位和个人不得为建设单位指定对其建设项目进行环境影响评价的机构,为建设项目环境影响评价提供技术服务的机构,不得与负责审批建设项目环境影响评价文件的环境保护行政主管部门或者其他有关审批部门存在任何利益关系。

1. 环境影响报告书编制的总体要求

环境影响报告书应全面、概括地反映环境影响评价的全部工作,文字应当简洁、准确,并尽量采用图表和照片,以使提出的资料清楚,论点明确,有利于阅读和审查。

原始数据、全部计算过程等不必在报告书中列出,必要时可编入附录。参考文献应按时间列出目录。评价内容较多的报告书,可另编分项报告书或专题技术报告书。

2. 环境影响报告书的主要内容

(1) 建设项目概况。
(2) 建设项目周围环境状况。
(3) 建设项目对环境可能造成影响的分析、预测和评估。
(4) 建设项目环境保护措施及其技术经济论证。
(5) 建设项目对环境影响的经济损益分析。
(6) 对建设项目实施环境监测的建议。
(7) 环境影响评价的结论。

涉及水土保持的建设项目,还必须有经水行政主管部门审查同意的水土保持方案。

3. 环境影响报告书的结论

环境影响报告书的结论应在概括和总结全部评价工作的基础上,总结建设项目实施过程各阶段的生产和生活活动与当地环境的关系,明确一般情况和特定情况下的环境影响,规定应采取的环境保护措施,从环境保护的角度分析,得出建设项目是否可行的结论。

7.1.7　项目环境影响评价文件的审批

根据《环评法》的规定,除国家规定需要保密的情形外,对环境可能造成重大影响,应当编制环境影响报告书的建设项目,建设单位应当在报批建设项目环境影响报告书前,举行论证会、听证会,或者采取其他形式,征求有关单位、专家和公众的意见。建设单位报批的环境影响报告书应当附有对有关单位、专家和公众的意见采纳或者不采纳的说明。

建设项目的环境影响评价文件,由建设单位按照国务院的规定报有审批权的环境保护行政主管部门审批。建设项目有行业主管部门的,其环境影响报告书或者环境影响报告表应当经行业主管部门预审后,报有审批权的环境保护行政主管部门审批。审批部门应当自收到环境影响报告书之日起 60 日内,收到环境影响报告表之日起 30 日内,收到环境影响登记表之日起 15 日内做出审批决定并书面通知建设单位。

国务院环境保护行政主管部门负责审批下列建设项目的环境影响评价文件:
(1) 核设施、绝密工程等特殊性质的建设项目。
(2) 跨省、自治区、直辖市行政区域的建设项目。

（3）由国务院审批的或者由国务院授权有关部门审批的建设项目。

以上规定以外的建设项目的环境影响评价文件的审批权限，由省、自治区、直辖市人民政府规定。

建设项目可能造成跨行政区域的不良环境影响，有关环境保护行政主管部门对该项目的环境影响评价结论有争议的，其环境影响评价文件由共同的上一级环境保护行政主管部门审批。

建设项目的环境影响评价文件经批准后，建设项目的性质、规模、地点、采用的生产工艺或者防治污染、防止生态破坏的措施发生重大变动的，建设单位应当重新报批建设项目的环境影响评价文件。

建设项目的环境影响评价文件自批准之日起超过 5 年才决定该项目开工建设的，其环境影响评价文件应当报原审批部门重新审核。原审批部门应当自收到建设项目环境影响评价文件之日起 10 日内，将审核意见书面通知建设单位。

建设项目的环境影响评价文件未经法律规定的审批部门审查或者审查后未予批准的，该项目审批部门不得批准其建设，建设单位不得开工建设。

建设项目在建设、运行过程中，建设单位应当同时实施环境影响报告书或者环境影响报告表，以及环境影响评价文件审批部门审批意见中提出的环境保护对策措施。若发现产生不符合经审批的环境影响评价文件的情形的，建设单位应当组织项目的环境影响的后评价，采取改进措施，并报原环境影响评价文件审批部门和建设项目审批部门备案；原环境影响评价文件审批部门也可以责成建设单位进行环境影响的后评价，采取改进措施。

环境保护行政主管部门应当对建设项目投入生产或者使用后所产生的环境影响进行跟踪检查，对造成严重环境污染或者生态破坏的，应当查清原因、查明责任。

7.2 项目社会评价

社会评价自 20 世纪 60 年代末、70 年代初逐渐在欧美一些国家兴起。例如，美国在"国家环境政策条例"（NEPA，1969 年公布）中规定要及时进行社会影响评价，后来政府还发布过行政令 12074 号"城市及社会影响分析"，强调要进行项目的社会评价；英国及欧共体推行环境评价（environment assessment，EA），其中包括对自然环境的评价和对社会环境的评价；加拿大推行的社会评价，包括分配效果、环境质量和国防能力等许多方面的影响分析；世界银行在其投资项目中，要求社会影响分析不仅用于开发性项目的可行性研究阶段，还用于部分项目的后评价；世界银行、亚洲开发银行、英国国际发展部（原海外开发署）对发展中国家进行援助的某些项目也要进行社会评价（也称社会分析），并且对社会评价的内容和做法都有原则上的要求。由此可见，社会评价的重要性正越来越为社会所认同。

7.2.1 社会评价概述

1. 社会评价的概念

项目评价是为了达到一个国家或地区的发展目标，对政府或私人企业的投资项目进行可行性评价。在第 6 章介绍的财务评价和国民经济评价统称为项目经济评价,也即传统的项目评价。它们是从投资主体的角度出发或从国家的角度出发,考察判别项目在经济方面的可行性。

社会的发展使人们已经认识到社会发展应是以人为核心、以可持续为原则的发展。项目评价也应着重强调项目与社会的相互适应性。这是项目经济评价所不能解决的,故需从社会层面对项目进行评价,使之成为经济评价的有益补充,这种评价就是项目的社会评价。

所谓社会评价就是根据国家或地区的基本目标,把效益目标、公平目标、环境目标以及加速贫困地区经济发展等影响社会发展的其他因素通盘考虑,分析拟建项目对当地社会(或波及地区,乃至全社会)的影响和社会条件对项目的适应性和可接受程度,以评价项目的社会可行性。

2. 社会评价与经济评价的比较分析

一个项目的完整评价包含财务评价、国民经济评价、环境影响评价及社会评价四部分,其中,社会评价应居于最高层面。

社会评价与经济评价相比较的区别如下。

(1)目标多元化。经济评价主要是财务盈利与经济增长,而社会评价要统筹资源、环境及社会的诸多方面。

(2)社会评价的长期性。社会评价不但要考察项目近期的社会效果,更要考虑项目对社会长期的影响。

(3)定量难。项目的大部分指标不但难以用经济货币指标来衡量,而且既要考虑短长期效果,还要考虑直接和间接效果。由于上述种种特性,社会评价至今缺乏统一的标准与方法,目前只能进行以定性为主的分析。

(4)社会评价与经济评价范围也是不同的,并不是所有项目都要进行社会评价。社会评价有助于将项目建设方案的设计及实施与区域性社会发展相结合,找到经济与社会之间的有机联系,促进社会稳定。从项目的类别来看,只有对以发挥社会功能为目的的公益性和基础性的公共项目,以及对社会经济、生态资源以及社会环境等方面有较大影响的项目才进行社会评价,如电力、水利、石油、矿产、电信、交通、化工等项目。

3. 社会评价的必要性及其采用的方法

1)社会评价的必要性

进行项目社会评价,有利于加强投资的宏观指导与调控,实现项目与社会相互协调发展,进而促使经济与社会发展目标的顺利实现。进行项目社会评价,有利于提高公众参与程度、充分考虑民众的真正要求,减少或避免决策失误所带来的重大损失,有利于全面提高项目决策的科学性和项目决策的民主化。

当前,国际社会日益重视社会可持续发展问题。世界银行和亚洲银行等国际金融机构均对贷款项目要求进行社会评价,否则不予立项。通过对世界银行资助的 57 个项目的一项研究表明,社会评价与项目的收益很有关系。其中,30 个与当地社会经济相协调的项目平均收益率为 18.3%,而另外 27 个被认为不具有社会协调性的项目平均收益率仅为 8.6%。

2)社会评价的方法

社会评价的方法主要有以下四种:①包含在国民经济评价中的社会效益评价;②在经济评价中加入分配分析;③立足于国家宏观经济分析;④基于社会学基础上的社会分析与

评价。

从理论上分析,前三种都属于经济学范畴,理论基础是福利经济学,其评价方法只是着重于社会经济效益分析,无疑已不适应当今社会以人为本、以可持续为原则的发展要求。第四种社会评价是广泛的社会分析,理论上以社会学为基础,并以社会学家参与分析为主要特色,是项目社会评价的发展趋势。因此,现代项目社会评价应以第四种方法为主。

4. 社会评价的作用

(1) 有利于国民经济发展目标与社会发展目标协调一致,防止单纯追求经济效益。

实践证明,社会影响较大的投资项目直接关系到国家和当地的经济发展目标和社会发展目标的协调一致。

(2) 有利于避免或减少项目建设和运营的社会风险,提高投资效益。

项目建设和运营的社会风险是指由于在项目评价阶段忽视社会评价工作,致使在项目的建设和运营过程中与当地社区发生种种矛盾,长期得不到解决,导致工期拖延,投资加大,经济效益低下,与当初的经济评价结论大相径庭的风险。

5. 社会评价的原则和要求

(1) 认真贯彻我国社会发展的方针、政策、遵循有关法律及规章。

(2) 以国民经济与社会发展计划的发展目标为依据,以近期目标为重点,兼顾远期各项社会发展目标,并考虑项目与当地社会环境的关系,力求分析评价能全面反映项目投资引发的各项社会效益与影响。

(3) 充分调查当地社区及民众对项目的不同反应,促进项目与当地社区及民众相互适应、共同发展。

(4) 依据客观规律,从实际出发,实事求是,采用科学、适用的评价方法。

(5) 运用可比的原则、按目标的重要程度进行排序的原则、以人为本的原则及"有无"对比的原则,深入社会调查,搞准基础情况,提高分析评价的科学性。

(6) 社会评价人员必须以公正、客观、实事求是的态度从事社会评价工作。

6. 项目利益相关者分析

项目利益相关者是指与项目有直接或间接利害关系,并对项目的成功与否有直接或间接影响的所有各方,包括:①项目受益人;②项目受害人;③受项目影响的人,如社会公众等;④其他利益相关者,包括项目的建设单位、设计单位、咨询单位、与项目有关的政府部门与非政府组织。

7.2.2 社会评价框架和内容

对投资项目进行社会评价的框架体系如图 7.1 所示。

社会评价从以人为本的原则出发,研究内容包括项目的社会影响分析、项目与所在地区的互适性分析和社会风险分析三个方面的内容。

1. 社会影响分析

项目的社会影响分析在内容上可分为三个层次四个方面的分析,即分析在国家、地区、项目(社区)三个层次上展开,包括项目对社会环境方面、社会经济方面、自然与生态环境方面和自然资源方面的影响。本书主要讨论项目对社会经济方面和社会环境方面可能产生的

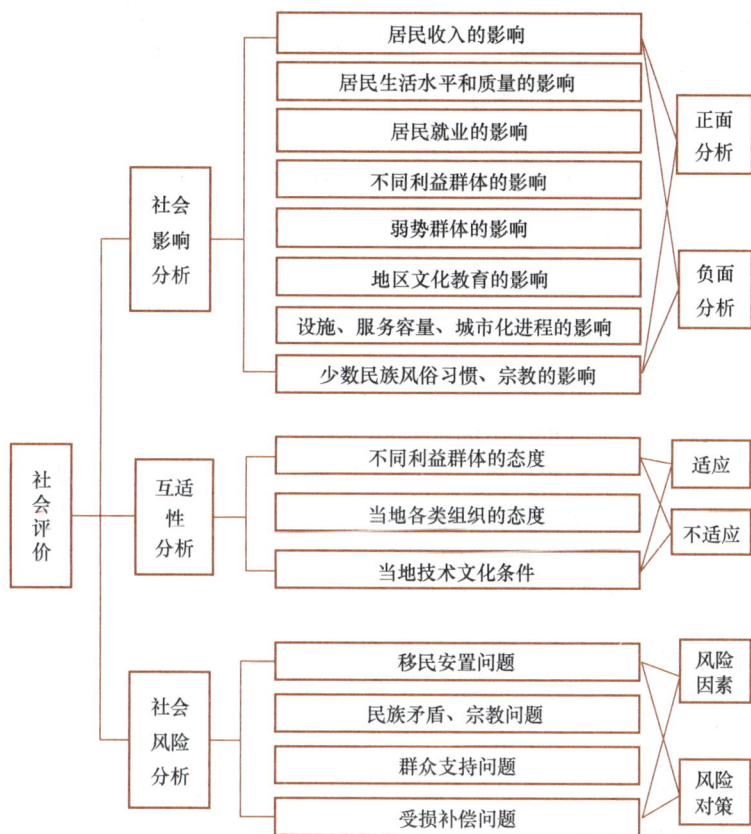

图 7.1 社会评价框架

影响,包括正面影响(通常称为社会效益)和负面影响。

例如,项目对所在地居民收入的影响。主要分析预测由于项目实施可能造成当地居民收入增加或者减少的范围、程度及其原因,收入分配是否公平,是否扩大贫富收入差距,并提出促进收入公平分配的措施建议。

通过以上分析,对项目的社会影响做出评价。编制项目社会影响分析表,见表7.1。

表 7.1 项目社会影响分析表

序号	社 会 因 素	影响的范围、程度	可能出现的后果	措施建议
1	对居民收入的影响			
2	对居民生活水平和质量的影响			
3	对居民就业的影响			
4	对不同利益群体的影响			
5	对弱势群体的影响			
6	对地区文化教育的影响			
7	对设施、服务容量、城市化进程的影响			
8	对少数民族风俗习惯、宗教的影响			

2. 互适性分析

互适性分析主要是分析预测项目能否为当地的社会环境、人文条件所接纳,以及当地政府、居民支持项目存在与发展的程度,考察项目与当地社会环境的相互适应关系。

通过项目与所在地的互适性分析,就当地社会对项目适应性和可接受程度作出评价。编制社会对项目的适应性和可接受程度分析表,见表 7.2。

表 7.2　社会对项目的适应性和可接受程度分析表

序号	社 会 因 素	适应程度	可能出现的问题	措施建议
1	不同利益群体			
2	当地组织机构			
3	当地技术文化条件			

3. 社会风险分析

项目的社会风险分析是对可能影响项目的各种社会因素进行识别和排序,选择影响面大、持续时间长,并容易导致较大矛盾的社会因素进行预测,分析可能出现这种风险的社会环境和条件。对那些可能诱发民族矛盾、宗教矛盾的项目尤其要注重这方面的分析,并提出防范措施。例如,城市建设中的"城中村"拆迁、建设与安置问题,就要分析项目占用地的移民安置和受损补偿问题。如果拆迁居民的生活得不到有效保障或生活水平大幅降低,就会给项目预期效益的实现带来风险。通过分析社会风险因素,编制项目社会风险分析表,见表 7.3。

表 7.3　社会风险分析表

序号	风 险 因 素	持续时间	可能导致的后果	措施建议
1	移民安置问题			
2	民族矛盾、宗教问题			
3	弱势群体支持问题			
4	受损补偿问题			

7.2.3　社会评价的步骤

社会评价一般分为社会调查、识别社会因素和论证比选方案三个步骤。

1. 社会调查

调查了解项目所在地区的社会环境等方面的情况。调查内容包括项目所在地区的基本情况和受影响社区的基本社会经济情况在项目影响时限内可能的变化。

2. 识别社会因素

分析社会调查获得的资料,对项目涉及的各种社会因素进行分类。一般可分成以下三类。

(1) 影响人类生活和行为的因素,如对就业的影响,对社区发展和城市建设的影响,对居民身心健康的影响,对社区福利和社会保障的影响等。

(2) 影响社会环境变迁的因素,如对自然和生态环境的影响,对资源综合开发利用的影响,对节能的影响,对耕地和水资源的影响等。

(3) 影响社会稳定与发展的因素,如对当地人民风俗习惯、宗教信仰的影响,对社区组织结构的影响,对国家安全和地区威望的影响等。

从这些因素中,识别与选择影响项目实施和项目成功的主要社会因素,作为社会评价的重点和论证比选方案的内容之一。

3. 论证比选方案

对项目建设方案设计中涉及的主要社会因素进行定性、定量分析,比选推荐社会正面影响大、而社会负面影响小的方案,主要步骤如下:

(1) 确定评价目标与评价范围。

(2) 选择评价指标。

(3) 确定评价标准。

(4) 列出备选方案。

(5) 进行项目评价。

(6) 专家论证。

(7) 评价总结,编制项目社会评价报告。

(8) 估计接受程度。

7.3　特大型建设项目区域经济和宏观经济影响分析

7.3.1　特大型建设项目的特征与类型

1. 特大型建设项目的概念

特大型建设项目是一个相对性的概念。随着经济发展和生产力水平不断提高,一些在当时被认为投资规模巨大可称得上特大型的建设项目,在后来却只能算作一般工程。但在实际进行分析评估时,应以当时的情况为准进行取舍。

2. 特大型建设项目的特征

(1) 在国民经济和社会发展中占有很重要的战略地位。

(2) 建设工期或实施周期长。

(3) 投资总额或人力、物力、财力的投入量大,而且年度投入量的分布非常不均匀。

(4) 项目上马前和完成后国家经济发展水平有很大变化,潜在需求变化大,因而导致效益的突变性大。

(5) 项目的技术风险大。

(6) 对生态环境会产生很大影响。

(7) 对国家经济安全带来较大影响。

3. 特大型建设项目的类型

(1) 基础设施项目,如铁路、高速铁路、高速公路、水利工程、港口等。

(2) 资源开发项目,如油田开发,其他矿藏开采,油、气长距离管道输送等。

(3) 重型工业企业建设。

(4) 大规模区域开发项目。

(5) 高科技攻关项目,如航天、国防、尖端科研等高科技关键技术攻关项目等。

(6) 生态保护工程项目等。

7.3.2 特大型建设项目的区域经济影响分析和宏观经济影响分析

1. 特大型建设项目区域经济和宏观经济影响分析的概念

特大型建设项目的区域经济影响分析是指从区域经济的角度出发,综合分析特大型建设项目的建设对项目所在区域乃至较大区域的经济活动的各方面影响,包括对区域现存发展条件、经济结构、城镇建设、劳动就业、土地利用、生态环境等方面的现实和长远影响分析。

特大型建设项目的宏观经济影响分析是指从国民经济整体角度出发,综合分析特大型建设项目的建设对国家宏观经济的各方面影响,包括对国民经济总量增长、产业结构调整、生产力布局、自然资源开发、劳动就业结构变化、物价变化、收入分配等方面影响的分析,以及国家承担项目建设的能力即国力的分析、项目时机选择对国民经济影响的分析等。

2. 特大型建设项目区域经济和宏观经济影响分析的特点

特大型建设项目区域经济和宏观经济影响分析与一般经济费用效益分析的异同如下。

1) 两者相同的方面

都是着眼于项目对经济整体的影响,分析项目可能带来的各方面效益和需要的各种投入;都具有旨在促进资源优化配置实现社会福利最大化的目的。

2) 两者不同的方面

(1) 一般项目经济分析的核心是费用效益分析(国民经济分析),通常通过采用考虑到时间价值的社会折现率来体现动态分析要求,但费用和效益的累加仍然基于现行价格和评价价格的不变性,同时还假定了时间因素的不变性。仅以社会折现率指标对费用和效益进行时间贴现,实际上没有完全体现动态特征。

对于特大型建设项目,由于建设周期相当长,资源的供求关系变化很大,在建设期间巨大的物力、人力和财力的投入就有可能改变资源供求格局,以致当工程投产时所面临的经济态势已完全改变。如果仅用社会折现率一个指标,则会低估某些效益,而高估另一些效益,无法反映效益的真实性。

(2) 一般项目的经济费用效益分析将国际市场价格视为评价价格的比较基础,以此达到实现引导投资、调整产业结构的目的,这有可能对我国特定的产业结构施加不利的影响。对特大型建设项目的宏观经济分析则要立足于我国的现实国情,具体情况具体分析。

(3) 一般项目的财务分析可采用总量指标(如净产值、社会纯收入、国内生产总值等)来衡量项目的经济效益。对特大型建设项目来说,仅采用总量指标是不完全的,还需要进行结构分析才能真正把握项目的经济效益。

(4) 一般项目经济费用效益分析忽略不同利益主体的偏好差异,认为不必考虑各利益主体之间的矛盾以及最终分配。特大型建设项目涉及的利益主体复杂,彼此价值判断不同,因而要全面权衡,使各主体利益协调一致。

3. 特大型建设项目区域经济和宏观经济影响分析的目的

特大型建设项目区域经济影响分析的目的在于通过分析做到有效地开发利用资源,合理配置人、财、物力,使部门之间、企业之间、生产性建设和非生产性建设之间在地区分布上协调组合,提高社会经济效果,保持良好的生态环境,促进地区开发建设顺利进行。

特大型建设项目宏观经济影响分析的目的在于通过分析判断国家承担项目投资建设的

能力,项目对国民经济总量增长和结构改善的贡献,项目对劳动就业、收入分配、物价变化等方面的影响,项目可能存在的各种风险,从而选择有利的投资机会和上马时机,促进项目开发建设顺利进行,实现生产力在宏观范围内合理布局,推动国民经济协调发展。

7.3.3 特大型建设项目对区域经济和宏观经济的影响

1. 特大型建设项目对区域经济和宏观经济的主要影响

特大型建设项目对区域经济和宏观经济的影响是多方面的,既有有利的影响(正效益),也有不利的影响(负效益)。不利影响表明了特大型建设项目除实际发生的投资外,区域范围内及国民经济整体为项目建设所付出的代价。项目总的效益应为正效益与负效益相抵并扣除实际投资后的余额。特大型建设项目对区域和宏观经济影响的多方面性还表现在:既有总量影响,也有结构影响;既有对资源开发的影响,也有对资源利用的影响;既有经济影响,也有社会影响、环境影响等。

特大型建设项目影响的广泛性也意味着对其分析更多的是采用个案分析,从实际出发,具体问题具体分析;同时也意味着要强调专项分析,对某一方面影响进行专门分析,如对国力承担能力的分析等。

特大型建设项目建成后,通过项目自身发挥效益,促进国民经济总量增长;通过带动所在区域经济结构调整和经济总量增长,导致国民经济结构优化和总量增长;通过吸纳有一定专长的劳动力和其他类型劳动力,增加劳动就业,改变就业结构(包括就业的产业结构、知识结构等);通过提供国民经济发展急需的基础设施或能源或技术等,减轻乃至消除经济发展中的"瓶颈"制约因素的作用;通过推进国家的城市化进程,从而提升国民经济整体实力,促进现代化建设。特大型建设项目还有利于改变地区发展不平衡的现状,促进地区之间产业合理布局协调发展,有利于改变国民收入分配格局,帮助贫困落后地区脱贫致富。由于特大型建设项目一般都采用先进技术设备和最新技术成果,因而也有利于加快技术进步,提高技术进步对经济增长的贡献份额。

特大型建设项目既能通过投资拉动作用促进经济增长,也能通过大量增加对某些类型投入资源或物品的需求,导致这些资源或物品价格上涨,进而影响到价格总水平。项目建成后,由于其产量巨大,可能导致这些物品供应的瓶颈制约作用消除或者供给大大超过需求,对国家经济安全带来有利影响或不利影响。

特大型建设项目还由于在规划建设的过程中越来越强调以人为本,因而会有利于环境保护、生态改善。同样项目建成后,由于提供的产出物一般具有档次高、质量好、资源利用率高等特点,为环境保护和资源开发与保护更加协调提供了有利条件。当然,也可能情形恰恰相反。

2. 特大型建设项目对所在区域的影响

(1) 特大型建设项目可能改变其所在区域的功能与发展条件。伴随着特大型建设项目的建设,所在区域的基础设施如交通、能源供应条件等首先得到相应的发展,其他有利于投资建设的环境条件也会相应而生。

(2) 特大型建设项目的建设可能改变所在区域的产业结构。在一个原有基础比较薄弱的地区,特大型建设项目的建设可能建立起一套全新的经济结构,通过国家强制性布局产业,迅速推进地方经济的成长与进步。在原有经济基础较好、经济实力较强的地区,特大型建设项目所在区可能会分离而成某城市的卫星城、大功能区或新城区,促进城市规模迅速扩大,从而改变原有经济结构,推动经济发展。

(3) 特大型建设项目可以促进区域产业循环的形成。特大型建设项目由于投资大、产出多、占地广、技术水平高等特点,很容易形成所在区域的核心产业,并可能围绕核心产业出现一系列辅助性产业,或者利用特大型建设项目的建设提供的基础设施形成一定规模的地方产业集聚,有利于推动所在区域的整体发展。

(4) 特大型建设项目对所在区域也可能带来负面影响,主要表现在耕地减少、环境污染、人与环境关系紧张、历史文化遗产遭到破坏、冲击区域经济、削弱地方原有优势等。

7.3.4 特大型建设项目区域经济影响和宏观经济影响的分析原则

1. 系统性原则

特大型建设项目本身就是一个系统,但从国民经济的全局来看,它又是国民经济大系统中的一个子系统。一个子系统的产生与发展,对于原有的大系统内部结构和运行机制将会带来冲击。原来的大系统会由于特大型建设项目的加入而改变原来的运行轨迹或运行规律。按照协同学理论,系统总是可以按照自身的结构与机制,使得原有的大系统能够"容忍"或"接纳"特大型建设项目的存在。这种协调的过程,或者使特大型建设项目与国民经济融为一体;或者特大型建设项目适当改变自己的结构与机制,以适应国民经济大系统的运行规律;或者甚至使特大型建设项目被排除在国民经济大系统之外,后者就意味着特大型建设项目的失败。

2. 综合性原则

特大型建设项目由于建设周期长、投资巨大、影响面广泛,其投入(包括建设和投产)将给原有经济系统的结构(包括产业结构、投资结构、就业结构、供给结构、消费结构、价格体系和区域经济等)、状态和运行带来重大的变化。不仅影响到经济总量,而且影响到经济结构;不仅影响到资源开发,而且影响到资源利用,人力、物力、财力的配置;不仅对局部区域有影响,而且对国民经济整体产生影响。因此,分析特大型建设项目对区域和宏观经济影响要坚持综合性原则,不能仅分析某一方面的影响而忽略其余。

3. 定量分析与定性分析相结合原则

特大型建设项目对区域和宏观经济的影响是广泛而深刻的,它既包括可以用价值型指标进行量化的有形效果和经济效果,也包括难以用价值型指标进行量化的、更大量的无形效果和非经济效果。前者无疑要以定量分析为主;后者必须进行定性分析或比较性描述,或者用其他类型指标或指标体系进行描述或数量分析,以便对其做出准确评价,为项目决策提供充分依据。

7.3.5 特大型建设项目对区域经济影响和宏观经济影响的评价指标体系

1. 总量指标

评价特大型建设项目对区域和宏观经济影响的总量指标包括增加值、净产值、社会纯收入等经济指标。增加值是指项目投产后对国民经济的净贡献,即每年形成的国内生产总值。对项目而言,按收入法计算增加值较为方便。即

> 增加值 = 项目范围内全部劳动者报酬 + 固定资产折旧 + 生产税净额 + 营业盈余

净产值是指项目全部效益扣除各项费用(不包括工资及附加费)后的余额。

社会纯收入是指净产值扣除工资及附加费后的余额。

增加值、净产值和社会纯收入的年值可分别由各自的总现值折算。

2. 结构指标

评价特大型建设项目对区域和宏观经济影响的结构指标主要包括影响力系数、产业结构、就业结构等。

影响力系数也被称为带动度系数,是指特大型建设项目所在的产业,当它增加产出满足社会需求,每增加一个单位最终需求时,对国民经济各部门产生的增加产出的影响。用公式表示为

$$影响力系数 = \frac{\sum\limits_{i=1}^{n} b_{ij}}{\dfrac{\sum\limits_{j=1}^{n}\sum\limits_{i=1}^{n} b_{ij}}{n}} \tag{7.1}$$

式中:b_{ij}——列昂惕夫逆矩阵系数,即完全消耗系数,表示生产第 j 个部门的一个最终产品对第 i 个部门的完全消耗量;

　　　n——国民经济的产业部门总数。

影响力系数大于 1 表示该产业部门增加产出对其他产业部门产出的影响程度超过社会平均水平,影响力系数越大,该产业部门对其他产业部门的带动作用越大,对经济增长的影响越大。

产业结构可以各产业增加值计算,反映各产业在国内生产总值中所占份额大小。特大型建设项目建设前后产业结构、就业结构的变化分别反映了项目对就业结构的影响。就业结构包括就业的产业结构,即各产业就业人数的比例和就业的知识结构,即不同知识水平就业人数的比例等。

3. 社会与环境指标

1) 就业效果指标

实现社会充分就业是宏观经济致力于实现的重要目标之一。评价特大型建设项目的就业效果对存在大量过剩劳动力的我国尤其具有意义。劳动力就业效果一般用项目单位投资带来的新增就业人数表示,即

$$单位投资就业效果 = \frac{新增总就业人数(包括本项目与相关项目)}{项目总投资(包括直接投资与间接投资)}(人/万元) \tag{7.2}$$

总就业效果可分为直接投资所产生的直接就业效果和与该项目直接相关的其他项目投资产生的间接效果,即

$$直接就业效果 = \frac{本项目新增的就业人数}{本项目的直接投资}(人/万元) \tag{7.3}$$

$$间接就业效果 = \frac{相关项目新增就业人数}{相关项目投资}(人/万元) \tag{7.4}$$

2）收益分配效果

分配效果指标用于检验项目收益分配在国家、地方、企业、职工间的分配比重是否合理，主要有以下几项，即

$$国家收益分配比重 = \frac{项目上缴国家的收益}{项目的总收益} \times 100\% \qquad (7.5)$$

$$地方收益分配比重 = \frac{项目上缴国家的收益}{项目的总收益} \times 100\% \qquad (7.6)$$

$$企业收益分配比重 = \frac{企业的收益}{项目的总收益} \times 100\% \qquad (7.7)$$

$$职工收益分配比重 = \frac{职工的收益}{项目的总收益} \times 100\% \qquad (7.8)$$

为体现国家对老、少、边、穷等贫困地区的重视，使这类地区的项目得以优先通过，也可设置贫困地区收益分配指标，通过对贫困地区赋予较高的收益判定其对贫困地区收益分配的贡献。

3）对资源和环境的影响效果指标

节能效果以项目的综合能耗水平（可折合成"年吨标煤消耗"）来反映。

$$项目的综合能耗水平 = \frac{项目的综合耗能}{项目的净产值} \qquad (7.9)$$

项目综合能耗水平低于社会平均能耗水平，说明项目具有较好的节能效果。

节约时间的效果分析应结合具体项目进行，此类指标对交通运输类特大型建设项目尤其具有意义。

节约用地效果用单位投资占地反映。

$$单位投资占地 = \frac{项目土地占用量}{项目总投资}(\text{m}^2/万元) \qquad (7.10)$$

项目单位投资占地低于社会平均水平，说明项目具有较好的节约用地效果。

类似地，节约用水效果用项目单位产值或产品耗水量来反映。

$$项目单位产值耗水量 = \frac{项目总耗水量}{项目总产值}[\text{m}^3/(人 \cdot 日)] \qquad (7.11)$$

项目单位产值耗水量和国家与地区规定的定额比较，可判定项目的节水效果。对生产性项目应分别计算单位产品生产用水和项目人均耗水量，单位产品耗水量应与行业规定的定额进行比较。

4. 国力适应性指标

特大型建设项目由于建设规模巨大，需要耗费大量的人力、物力、财力、自然资源等，这自然会产生国力能否承受的问题。因为特大型建设项目耗费过多，必然会影响到国民经济其他地区、其他部门的建设和发展。如果特大型建设项目挤占资源过多，会导致其他领域所需资源无法满足，阻碍了项目的发展进程；或者由于特大型建设项目使用的投入品过多，引发该物品供应紧张，抬升了重要物品的价格，乃至加剧通货膨胀水平，则说明国力承担该项目的能力不足。

由于我国劳动力资源极其丰富,因而对国力承担能力即国力适应性的评价主要分析财力和物力。但项目对特殊技能人才的需求、项目对人才资源的开发和利用等也需作专门分析。

国家财力是指一定时期内国家拥有的资金实力,其最主要的构成要素是国内生产总值(或国民收入)和国家财政收入,其他还有信贷总额、外汇储备、可利用的国外资金等。财力承担能力一般通过国内生产总值(或国民收入)增长率、特大型建设项目年度投资规模分别占国内生产总值(或国民收入)、全社会固定资产投资和国家预算内投资等指标的比重等指标来衡量。

国家物力是指国家所拥有的物质资源,包括工农业主要产品及储备量、矿产资源储备量、森林、草场以及水资源等。物力取决于国家可供追加的生产资料和消费资料的数量和构成。

特大型建设项目的国力承担能力评价需要结合对国家未来经济发展的预测来进行。

思 考 题

1. 根据《中华人民共和国环境影响评价法》的规定,国家根据建设项目对环境的影响程度对建设项目的环境影响评价是如何实行分类管理的?

2. 简述项目环境影响评价中工程分析的主要内容。

3. 环境影响预测的方法有哪些? 其时段一般包括哪几个时段?

4. 简述环境影响报告书的主要内容。

5. 什么是社会评价? 社会评价与经济评价有何区别?

6. 社会评价的范围、主要内容是什么? 社会评价有哪些主要方法?

7. 特大型建设项目对区域经济和宏观经济有哪些主要影响?

8. 特大型建设项目区域经济和宏观经济影响分析与一般经济费用效益分析有何不同?

9. 特大型建设项目对区域经济和宏观经济影响的评价指标体系有哪些? 简要分析特大型建设项目就业效果评价指标对我国当前就业现状的现实意义。

10. 什么是国家财力? 什么是国家物力?

11. 特大型建设项目的特征有(　　)。

    A. 投资的年度投入量的分布非常不均匀

    B. 对生态环境会产生很大影响

    C. 在国民经济和社会发展中占有很重要的战略地位

    D. 项目的技术风险大

    E. 对国家经济安全带来较大影响

12. 特大型建设项目的宏观经济影响分析是分析特大型建设项目的建设对(　　)等方面影响的分析。

    A. 经济结构　　　　　　　　　B. 产业结构调整

    C. 劳动就业结构变化　　　　　D. 收入分配

    E. 土地利用

13. 一般项目经济分析的核心是国民经济分析,而特大型建设项目由于(　　),就有可能改变资源供求格局,以致当工程投产时所面临的经济态势已完全改变。

  A. 建设周期相当长　　　　　　　　B. 货物影子价格变化

  C. 在建设期间巨大的物力和财力的投入　D. 影子汇率变化

  E. 社会折现率变化

14. 特大型建设项目区域经济影响分析的目的在于合理配置人、财、物力,使(　　)在地区分布上协调组合,促进地区开发建设顺利进行。

  A. 部门之间　　　　　　　　　　　B. 生产性建设和非生产性建设之间

  C. 劳动就业方面　　　　　　　　　D. 收入分配

  E. 物价变化方面

15. 特大型建设项目对区域经济和宏观经济的影响多方面性表现在(　　)。

  A. 总量影响　　　　　　　　　　　B. 结构影响

  C. 核心产业影响　　　　　　　　　D. 对资源利用的影响

  E. 负面影响

第 8 章 课程实践与应用项目设计及综合模拟试题

本章按项目教学法设计了四个循序渐进、与理论教学内容同步的课程实践与应用项目,以下简称"课程实践"。各个课程实践的教学应与相应章节的教学同步进行。在教师的指导下,以任务为引领、以项目为主导,学生分组独立完成各课程实践中规定的教学内容。然后各组通过公开汇报和答辩,获得本小组相应课程实践与应用项目的总评成绩,再根据小组的总评成绩,在组内评出小组中每个成员本课程实践的成绩。为方便参加"专本套读"的学生和便于学生准备期末考试,本章还编有一套综合模拟试题,并附评分标准和参考答案。

8.1 课程实践与应用项目教学组织设计

8.1.1 教学组织及一般要求

(1) 学生分小组进行,每组 6~8 人,全班共 7 组左右,各组推荐组长 1 名,班长兼任大组长。

(2) 各组组长须组织本组认真研究每个课程实践与应用项目的内容要求,将工作任务分解,用责任矩阵(表 8.1)将任务和责任落实到每个组员,然后由组长负责组织实施。

表 8.1 课程实践×任务分解责任矩阵

任务＼责任人	学生 1	学生 2	学生 3	学生 4	学生 5	学生 6	完成时间
任务 1							
┆	……	……	……	……	……	……	
任务 n							
图例	如：▲ 负责 ○ 辅助 □ 修改 ☆ 审查 等						

(3) 各小组开立银行专门账户,指定专人负责本小组的财会工作,做好未来来往账目的管理,课程结束后必须到银行进行消户。

(4) 开立银行存款账户后,小组成员每人交 30~50 元存入该账户,完成银行存款的相关手续。该费用作为小组本课程学习工作基金,如为完成课程实践任务需要进行的市场调研等相关开支。同时做好银行存款利息的计算工作(计算过程及结果最终要与银行消户的利息清单对照,分析对照计算结果,并作为小组的学习成果之一上交)。课程结束后还要将剩余费用(含利息)平分还给组员。

8.1.2　学生分组

学生分组按下文进行登记(根据具体教学班设计)。

时间：20　　年　　月　　日至20　　年　　月　　日。
专业＿＿＿＿＿＿＿。
班级＿＿＿＿＿＿＿班　　第＿＿＿小组。
组长＿＿＿＿＿＿电话＿＿＿＿＿＿＿。
课程实践顾问：姓名＿＿＿＿＿＿职称/职务＿＿＿＿＿＿电话＿＿＿＿＿＿。
小组成员名单：

任课教师：　　　　　　职称：

注：课程实践顾问可请相关学生家长担任。

小组单元总成绩及组员成绩表见表8.2。

表 8.2　小组单元总成绩及组员成绩表

小组总成绩					
姓名					
成绩					
本人签名					
备注					
签名	组长：		班长：		教师：

8.1.3　教学组织实施与成果汇报、答辩及成绩评定

1. 教学组织设计

本课程按项目教学法设计了四个循序渐进、与理论教学内容同步的课程实践与应用项目,即第2、3、4、5章分别对应完成相应的课程实践1、2、3、4。教师按以上对应关系组织实施教学,学生在教师的指导下,以任务引领、项目主导,分组独立完成各个课程实践的教学任务。

课程实践与应用项目的教学应突出以学生为主体,强调理实互动与渗透。通过引入职业活动的训练,将课内、课外的学习与实训有机结合起来,让学生在"做中学""学中做",学习和掌握理论知识,培养学生的职业技能、职业态度和创新思维能力,培养学生的团队合作能力和资料整理能力。

学生学习成绩的评定,变结果考核为过程考核,将竞争机制引入教学全过程。

2. 实训、汇报、答辩要求

学生分小组独立进行本课程四个课程实践与应用项目,完成每个课程实践后,以小组为单位进行公开学习汇报和答辩。要求汇报前用PPT和0号图纸准备好本课程实践的汇报

材料。

　　汇报的主要内容为各个课程实践的学习要点、实训内容(按 8.2 节的课程实践要求)及其操作实务。具体包括：探索和解决问题所用的方法及其求解过程、各项分析与计算的过程和结果等，以及本课程实践的学习收获。学生在进行公开学习汇报和答辩时，教师可进行课堂引导，对照小组汇报方案、实训内容完成程度及过程进行讲评，最后对该小组的学习成果进行总结。根据该小组完成实训项目的质量及汇报表现，参照课程实践评分标准，对照表 8.3 的评分等级给出相应小组总评成绩，作为该小组组内评分的依据。

表 8.3　小组评分等级及评分标准表　　　　　单位：人

小组得分	优	优一	良＋	良	良一	中＋	中	及格	不及格
组内评分	优/4	优/3	优/2	优/2	优/1	优/0	优/0	优、良/0	优、良/0
	良/2	良/2	良/3	良/2	良/3	良/3	良/2	中/2	中/1
	中/余	中/余	中/余	中/余	中/余	中/余	中/余	及/余	及/余
	及/无	及/无	及/无	及/1	及/1	及/1	及/2	不/3	不/3

　　注：(1)"/"上面表示评分等级；"/"下面表示组内评比能获得此分数的人数上限，此数根据分组情况可适当调整。
　　(2)"优"表示"优秀"；"不"表示"不及格"，依此类推。

　　学生课程实践的总评成绩占课程总评成绩的比例建议不低于 50%，由任课教师根据具体情况及各学校教学要求的规定自行确定。

3. 教学具体操作过程及成绩评定

　　(1)按照教学进度，教师布置课程实践与应用项目的任务，学生分小组在规定时间内完成本次课程实践的各项工作，做好公开汇报的准备。

　　(2)班长将各组汇报的 PPT 收集后打包，在各组汇报前交给任课教师，同时将各组汇报的 PPT 复制到汇报的多媒体教室的计算机上面。

　　(3)学生分小组进行各个课程实践的公开学习汇报与答辩。教师进行课堂引导和讲评，给出相应小组总评成绩。

　　(4)学生课后根据本小组的总成绩，自主评定本小组每位学生本次课程实践的学习成绩，且不得超过表 8.3 设定的成绩等次数限额。每位学生各次课程实践的分次成绩总和的算术平均值即为该学生本课程实践部分的总评成绩。

　　(5)各小组按表 8.2 的格式上报本小组自主评分结果。同时将小组本课程实践的 PPT 纸质材料、完成的实训任务(按 8.2 节的课程实践要求)及实训相关资料等整理装订成册，由班长及学习委员收齐后交给任课教师。该材料同时作为学生对成绩申述的主要依据。

　　(6)学生对自己本课程实践成绩可申述，申述时间为一周。

　　(7)教师公布全班本课程实践的学习成绩。

8.1.4　课程实践与应用项目评分标准及检测点(按 100 分计)

　　(1)按本章 8.2 节的课程实践要求完成了全部实训任务，学习成果质量好。占比 25%。

(2) 将小组本课程实践内容的 PPT 的纸质材料、电子材料及实训相关资料等整理装订成册,交给班长及学习委员,完成情况好。该部分由班长及学习委员共同负责给分。占比 10%。

(3) 课程实践内容的具体要求,占比 30%。

要求及检查点:

① 所选方案合理、可行、完备,符合国家现行的法律、法规及相关规定。(5 分)

② 按课程实践要求较好地完成了各项实训任务,有比较、有选择、有评价,计算正确无误,所选数据合理,文字表述及论证清楚,语言通顺,逻辑表达清晰。(14 分)

③ 现金流量图等表述正确。(8 分)

④ 实训相关资料齐全,质量好。(3 分)

(4) 小组汇报情况,占比 25%。

要求及检查点:

① 多媒体课件制作美观,页面结构设计合理。(10 分)

② 汇报思路清晰,概念准确,汇报全面,讲述问题清楚,使用普通话,无大的错误。(15 分)

(5) 组织领导、团队协作精神,占比 10%。

要求及检查点(每个要点各占 2.5 分):

① 组长的领导水平高、组织能力强、工作安排好。

② 小组成员分工明确——有工作任务(职责)分配及小组成员成果评价表(用责任矩阵将责任落实到小组成员)。

③ 组内团结协作精神好。

④ 学习成果总体印象好。

8.2 课程实践与应用项目学生实训任务设计

8.2.1 课程实践与应用项目 1:项目筹融资或贷款实训

1. 课程实践与应用项目描述

【一组、四组、七组……】

每个小组构建一个消费性按揭贷款购房,五年或十年还清贷款的模型。

【二组、五组、八组……】

每个小组构建一个消费性按揭贷款购车,三年或五年还清贷款的模型。

【三组、六组、九组……】

每个小组构建一个政府贷款助学,毕业后三年或五年还清贷款的模型。

2. 课程实践任务布置

(1) 正确选择贷款银行,正确决策贷款方式和还款方式,并阐述其理由。

(2) 利息及利率的计算。

① 选择两种不同的还款方式,计算它们的利息总额,比较不同还款方式的优缺点及适用条件,确定贷款方案。

② 计算所选贷款方案的月还款利息额。

③ 画出现金流量图,计算：$r=?$，$i=?$

④ 进行可行性分析与评价。

(3) 作出贷款还款的计划。

(4) 应用资金等值计算的相关知识、理论和方法,解决遇到的实际问题。

3. 工作安排要点及时间节点

(1) 分组进行,各组推荐组长一名。

(2) ××月××日(星期×)前每个学生完成项目筹融资或贷款实训任务,交组长并登记,组长做出初评。

(3) ××月××日(星期×)前组长召集组员(各组自行安排时间)讨论、交流、评选,推荐出一份代表本组的课程实践成果,参加交流和答辩,该生同时获得本小组最高成绩,由组长执笔修改完善该方案。

(4) ××月××日(星期×)课堂上各组交流汇报,课堂上大家参与讨论,最后教师当堂进行点评,给出小组总成绩。

(5) ××月××日(星期×)各组长将本小组成员最终评定的成绩确认后上报。

(6) ××月××日(星期×)前学生对本人成绩有疑义者提出申诉。

4. 课程实践任务要求

(1) 每个学生根据自己所在小组不同,独立完成相应的建模评价实训,将成果交组长,组长作好登记及成绩初评；然后各组自行安排时间,由组长召集组员讨论、交流、评选,推荐出一份代表本组的课程实践成果,该成果在综合组员优点、特点后形成本组的课程实践成果。此时各组组长应将工作任务分解,由不同组员分别或者合作完成相应任务,做出供小组汇报的多媒体课件,进行演练,准备好课堂上做小组公开汇报和答辩。

(2) 针对目前消费性按揭贷款中银行常用的两种主要还款方式(注：学生调研后,教师可做具体提示)进行策划,分析其主要优缺点及适用条件,选择贷款银行和贷(还)款方式,进行经济评价。

(3) 不足资料各组通过市场调研等方式获得。

(4) 各组进行汇报和答辩,全班共同参与,最后根据各组汇报和答辩等情况,教师进行点评,给出小组成绩。

5. 提示(以购房为例)

(1) 购房户型、结构、面积,是否能力所及？

(2) 工资收入是否满足还款和生活之需？

(3) 有无赞助,今后住几口人,是否要再做点什么？

8.2.2　课程实践与应用项目 2：房产投融资的经济分析与评价实训

1. 时间节点及工作安排要点

(1) ××月××日(星期×)前每个学生完成课程实践与应用项目 2 的任务,将成果交给组长,组长做好登记及成绩初评。

(2) ××月××日(星期×)前组长召集组员(各组自行安排时间)讨论,交流,评选,推荐出一份代表本组的《房产投融资的经济分析与评价》成果,该生同时获得本小组最高成绩。组长执笔继续完善该成果(可综合各位组员优点、特点),做好本小组汇报的准备工作。

(3) ××月××日(星期×)下午×：××(约定时间)各组组长带着本组成果与任课教师交流。

(4) ××月××日(星期×,初定)在课堂上各组进行公开交流,大家参与讨论和答辩,最后教师进行点评,给出小组成绩。

(5) ××月××日(星期×)各组长将本小组成员最终评定的成绩确认上报。

(6) ××月××日(星期×)前学生对本人成绩有疑义者可提出申诉。

2. 示范案例

刘先生,月收入3000多元,现有积蓄20万元,在某市中心有95m²的住房一套。2009年5月在该市三环外购买了一套64.22m²的住房,房价4360元/m²,房款总价280000元。由于刘先生购买的是第二套住房,首付40%,共计112000元,剩余168000元向银行申请了20年的等额本息商业按揭贷款,贷款基准利率为5.94%,第二套房利率上浮10%为6.534%,月供1255.97元(取整1256元)。

问题：如果刘先生将三环外的这套商品房出租,出租经营期20年,20年的平均租金为1000元/月,平均每年的净收为9888元。试用投资回收期法、净现值法分析刘先生用20年的租金收回房款首付112000元的可行性。

问题求解分析如下。

1) 求每年的净收益

房屋在出租经营期间应缴纳的税费有：营业税为租金收入的5%；城市建设维护税为营业税额的7%；教育附加税为营业税额的3%；房产税为租金收入的12%；印花税为租赁合同金额的1‰。

20年中平均每年出租经营收入及税费估算：

(1) 租金总收入＝月租金×12＝1000×12＝12000(元)。

(2) 税费估算(亦为年经营成本)：

① 营业税＝租金×5%＝12000×5%＝600(元)

② 城市建设维护税＝营业税×7%＝600×7%＝42(元)

③ 教育附加税＝营业税×3%＝600×3%＝18(元)

④ 房产税＝租金收入×12%＝12000×12%＝1440(元)

⑤ 印花税＝租赁合同金额×1‰＝12000×1‰＝12(元)

税费合计＝①＋②＋③＋④＋⑤＝2112(元)。

净收益：12000－2112＝9888(元)。

2) 用投资回收期法进行评价

首先画出陈先生投资该商品房的现金流量图,如图8.1所示。

下面分别用表上计算法和公式计算法评价项目的可行性。由于刘先生是第二套住房,贷款利率上浮10%为6.534%。当采用动态投资回收期判断项目的可行性时,可按$i_c=7\%$计算。

(1) 用表上计算法评价项目的可行性,见表8.4。

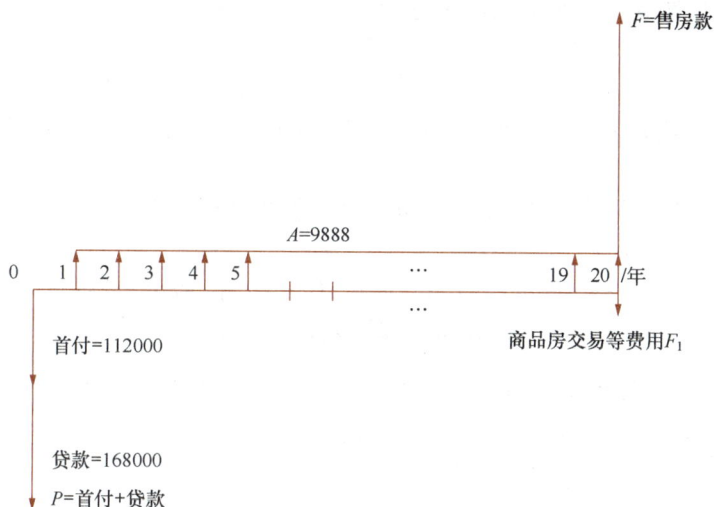

图 8.1　商品房还贷的现金流量图(单位:元)

表 8.4　静态、动态投资回收期现金流量计算表　　　　单位:元

指标 ＼ 年份	0	1	2	3	4	5	6	7	8
净现金流量	−112000	9888	9888	9888	9888	9888	9888	9888	9888
累计净现金流量	−112000	−102112	−92224	−82336	−72448	−62560	−52672	42784	−32896
现值系数	1.0	0.9346	0.8734	0.8163	0.7629	0.7130	0.6663	0.6227	0.5820
净现值	−112000	9241	8636	8635	7544	7050	6588	6157	5755
累计折现值	−112000	−102759	−94123	−85488	−77944	−70894	−64306	−58149	−52394

指标 ＼ 年份	9	10	11	12	13	14	15	16	17
净现金流量	9888	9888	9888	9888	9888	9888	9888	9888	9888
累计净现金流量	−23008	−13120	−3232	6656	16544	正值(后面省略)			
现值系数	0.5439	0.5083	0.4751	0.4440	0.4150	0.3878	0.3624	0.3387	0.3166
净现值	5378	5026	4698	4390	4104	3835	3583	3312	3131
累计折现值	−47016	−41990	−37292	−32902	−28798	−24963	−21380	−18068	−14937

指标 ＼ 年份	18	19	20	21	22	23	24	25～70
净现金流量	9888	9888	9888	9888	9888	9888	9888	9888…
现值系数	0.2959	0.2765	0.2584	0.2415	0.2257	0.2109	0.1971	0.1842…
净现值	2926	2734	2555	2388	2232	2085	1949	1821…
累计折现值	−12011	−9277	−6722	−4334	−2102	−17	1932	3753…

评价结论	① 静态投资回收期＝11.33 年,即 11.33 年可收回首付款,小于 20 年,方案可行 ② 动态投资回收期＝23.01 年,即 23.01 年可收回首付款,大于 20 年,方案不可行

注:"①静态投资回收期＝11.33 年"和"②动态投资回收期＝23.01 年,"分别表示静态评价数据和动态评价数据。

（2）用公式计算法评价项目的可行性。

静态解法 1：

$$\sum_{t=0}^{n}(CI-CO)_t = -112000 + 9888 + 9888 + \cdots + 9888 + 3232/9888 = 0$$

解得 $P_t = 11.33$（年）$< P_c = 20$ 年，投资方案能达到预期效果。

静态解法 2：

解得 $P_t = 12 - 1 + 3232/9888 = 11.33$（年）$< P_c = 20$ 年，投资方案能达到预期效果。

动态评价：计算过程见表 10.4。将数据代入，得

$$P_D = 24 - 1 + (17/1949) \approx 23.01 \text{（年）} > 20 \text{ 年}$$

故用动态投资回收期法评价，投资方案不能达到预期效果。

评价结论：投资项目不可行。

3）用净现值法进行评价

（1）如果按第二套住房，即按 7% 计算：

$$\begin{aligned}
NPV(i_c = 7\%) &= -112000 + 9888 \times (P/A, 7\%, 20) \\
&= -112000 + 9888 \times 10.5940 \\
&= -112000 + 104753.47 = -7246.53 \text{（元）} < 0
\end{aligned}$$

说明该投资项目（20 年内）在经济上是不可行的。

（2）如果按基准利率 5.94% 贷款（首套住房），可按 6% 计算，则

$$\begin{aligned}
NPV(i_c = 6\%) &= -112000 + 9888 \times (P/A, 6\%, 20) \\
&= -112000 + 9888 \times 11.4699 \\
&= -112000 + 113414.37 = 1414.37 \text{（元）} > 0
\end{aligned}$$

因为 $NPV(i_c = 6\%) > 0$，说明该投资项目在 20 年内除能按 6%（大于银行基准利率 5.94%）的收益率收回首付款外，在 20 年末还能获得 1414.37 元的超额净现值收益（抵偿首付款后的净收益），所以该投资项目在经济上是可行的。

4）案例的评价结论

（1）当 $i_c = 7\%$ 时（利率上浮 10%）：①静态投资回收期 11.33 年可收回首付款，小于 20 年，故方案可行。②但动态投资回收期 23.01 年方可收回首付款，大于 20 年，故方案不可行。③$NPV(i_c = 7\%) < 0$，说明首付款不能在 20 年内收回，故该投资项目在经济上是不可行的。④综合结论：不可行。

（2）当 $i_c = 6\%$ 时（按基准利率）：$NPV(i_c = 6\%) > 0$，说明首付款能在 20 年内收回，故该投资项目在经济上是可行的；投资回收期的结论根据分析也能在 20 年内收回首付款，故该投资项目在经济上是可行的。综合结论：可行。

3. 课程实践与应用项目描述和工作任务布置

1）课程实践与应用项目描述

见以上示范案例。

2）课程实践与应用项目的工作任务布置

如果刘先生将新购的这套商品房留为自住，市中心原有的住房出租，并用月租首先提供月供。如果出租经营期为 20 年，20 年的平均租金为 2800 元/月，平均每年的净收入为 15267 元。试用投资回收期法、净现值法分析刘先生用 20 年的租金支付月供，并收回房款首付 112000 元的可行性。

4. 课程实践任务要求

（1）不足条件通过市场调研后分析取用。

（2）实训表 8.4，求出当 $i_c = 6\%$ 时，动态投资回收期的评价结论。

8.2.3　课程实践与应用项目 3：建设项目融资成本分析及其经济分析与评价实训

1. 时间节点及工作安排要点

（1）××月××日（星期×）前每个学生完成课程实践与应用项目 3 的练习，将成果交组长，组长做好登记及成绩初评。

（2）××月××日（星期×）前组长召集组员（各组自行安排时间）讨论、交流、评选，推荐出一份代表本组的《建设项目融资成本分析及其经济分析与评价》成果，该生同时获得本小组最高成绩。组长执笔继续完善该成果（可综合各位组员优点、特点），做好本小组汇报的准备工作。

（3）××月××日（星期×）下午×：××（约定时间）各组组长带着本组成果与任课教师交流。

（4）××月××日（星期×，初定）在课堂上各组进行公开交流，大家参与讨论和答辩，最后教师进行点评，给出小组成绩。

（5）××月××日（星期×）各组长将本小组成员最终评定的成绩确认上报。

（6）××月××日（星期×）前学生对本人成绩有疑义者可提出申诉。

2. 课程实践与应用项目描述和工作任务布置

某企业拟投资兴建一项新产品生产项目，企业现有自有资金 1000 万元。预计该项目固定资产估算总额为 3300 万元，$i_c = 10\%$，项目残值为零，项目寿命期为 15 年。现有以下两个项目筹资方案。

甲方案：发行长期债券 500 万元，筹资费率为 3%，债券利率为 6%，优先股发行 800 万元，股利率 8%，没有筹资费用，向银行贷款 1000 万元，贷款筹资费率为 0.1%。

乙方案：发行普通股 700 万元，筹资费率 2%，股利率 4%，且每年增加 4%，同时发行长期债券 700 万元，利率 6%，筹资费率 3%，向银行贷款 900 万元，贷款筹资费率为 0.1%。

该项目正常年份的设计生产能力为 30 万件（假定产销平衡），投资当年达产率为 60%，其余各年达产率均为 100%。每件产品可变成本为 25 元，售价 45 元，销售税金及附加税率为 6%。正常生产年份的年生产经营管理等摊销费用约 120 万元。

说明：

（1）不足条件通过调研后取用。

（2）项目描述中如"利率 6%"等表示需经调研后取得当前现行数据。

3. 课程实践任务要求

(1) 列出不足条件调研后的数据和结果。

(2) 求出以上两个方案的资金成本,分析不同资金来源如何影响资金成本。

(3) 比较项目两个筹资方案的优劣。

(4) 计算正常生产年份的总成本,每年最大可能盈利额。

(5) 计算该项目的净现值和内部收益率,并用净现值法对项目进行评价。

(6) 计算该项目年产量盈亏平衡点和单位售价盈亏平衡点。

(7) 如果市场销售情况较差,每年只能生产和销售设计生产能力的85%,要保证每年获利不低于50万元的情况下,每件产品最低销售价格。此时,从盈亏平衡的角度分析,判断项目的可行性。

(8) 进行敏感性分析,通过计算净现值,分析投资额、年收益、年成本分别变化超过多少百分比时,项目将变得不可行。

(9) 按敏感性因素的强弱排列投资额、年收益、年成本三个因素的前后顺序。

4. 提示

(1) 问题(1)~(4),可参考本书第 2 章及第 3 章的内容。

(2) 问题(5)~(9),可参考本书第 4 章的内容。

8.2.4 课程实践与应用项目 4:价值工程方法应用实训

1. 时间节点及工作安排要点

(1) ××月××日(星期×)前每个学生完成课程实践与应用项目 4 的练习,将成果交组长,组长做好登记及成绩初评。

(2) ××月××日(星期×)前组长召集组员(各组自行安排时间)讨论、交流、评选,推荐出一份代表本组的价值工程方法应用的成果,该生同时获得本小组最高成绩。由组长安排专人执笔继续完善该成果(可综合组员的优点和特点),准备本小组的汇报。

(3) ××月××日(星期×)下午×:××(约定时间)各组组长带着本组成果与任课教师交流。

(4) ××月××日(星期×,初定)在课堂上各组进行公开汇报,大家参与讨论和答辩,最后教师进行点评,给出小组总成绩。

(5) ××月××日(星期×)各组长将本小组成员最终评定的成绩确认上报。

(6) ××月××日(星期×)前学生对本人成绩有疑义者可提出申诉。

2. 课程实践与应用项目描述和工作任务布置

某开发商拟开发一幢商住楼,有如下三种可行设计方案:

方案 A:结构方案为大柱网框架轻墙体系,采用预应力大跨度迭合楼板,墙体材料采用多孔砖及移动式可拆装式分室隔墙,窗户采用单框双层玻璃钢塑窗,面积利用系数 93%,单方造价为 1437.58 元/m^2。

方案 B:结构方案同 A 墙体,采用内浇外砌、窗户采用单框双层玻璃空腹钢窗,面积利用系数 87%,单方造价 1108 元/m^2。

方案 C:结构方案采用砖混结构体系,采用多孔预应力板,墙体材料采用标准黏土砖,窗户采用单层玻璃空腹钢窗,面积利用系数 70.69%,单方造价 1081.8 元/m²。

经专家论证设置了结构体系(f_1)、模板类型(f_2)、墙体材料(f_3)、面积系数(f_4)、窗户类型(f_5)等五项功能指标对各方案进行功能评价,该五项功能指标的重要程度排序为 $f_4 >$ $f_1 > f_3 > f_5 > f_2$。方案 A、B、C 的各项功能得分见表 8.5。

表 8.5　方案功能得分表

方案功能	结构体系(f_1)	模板类型(f_2)	墙体材料(f_3)	面积系数(f_4)	窗户类型(f_5)
A	10	10	8	9	9
B	10	10	9	8	7
C	8	9	7	7	8

3. 课程实践任务要求

(1) 试用"0~1"评分法确定各项功能指标的权重。

(2) 试计算各方案的功能系数、成本系数、价值系数,选择最优设计方案。

8.3　综合模拟试题

8.3.1　建筑工程经济模拟试卷

说明:

(1) 本试卷的试题内容及其难度与"专本套读"中"建筑工程经济"课程的考试要求相当。

(2) 本试卷分为两部分,第一部分为选择题,第二部分为非选择题,选择题 30 分,非选择题 70 分,共 100 分;考试时间 150 分钟。

(3) 本试卷有一定的难度,其中少数内容不在本教材内。

(4) 建议学生按正式考试的方法完成本次模拟考试的训练。

第一部分　选择题(共 30 分)

一、单项选择题(本大题共 25 小题,每小题 1 分,共 25 分,在每小题列出的四个备选项中只有一个是符合题目要求的,请将其代码填写在题后的括号内。错选、多选或未选均无分。)

1. 应收账款应当属于(　　)。
   A. 固定资产　　　　B. 流动资产　　　　C. 无形资产　　　　D. 递延资产

2. 名义利率为 12%,按月复利计息,则实际利率为(　　)。
   A. 11.68%　　　　B. 12%　　　　C. 12.68%　　　　D. 15%

3. 技术进步导致社会劳动生产率水平提高,使设备价值贬值,这种方式属于(　　)。
   A. 物理磨损　　　　B. 生产磨损　　　　C. 有形磨损　　　　D. 无形磨损

4. 盈亏平衡分析是研究建设项目投产后正常年份的(　　)要素之间的关系。
   A. 产量、利润
   B. 产量、成本、价格
   C. 产量、投资
   D. 产量、价格、利润

5. 通常情况下,同一现金流量 NPV 随着 i 的增加而( )。

    A. 增大   B. 减小   C. 不变   D. 不规律变化

6. 在国民经济评价中,反映项目对国民经济净贡献的相对指标是( )。

    A. 经济净现值   B. 经济内部收益率

    C. 社会折现率   D. 投资收益值

7. 寿命周期成本是指( )。

    A. 实验和生产全过程发生的成本   B. 从使用到退出使用过程中发生的费用总和

    C. 产品存续期的总成本   D. 生产成本和使用成本及维护之和

8. 购买保险是一种( )。

    A. 风险转移   B. 风险回避   C. 风险分离   D. 风险分散

9. 对投资项目或投资方向提出建议,是( )阶段的主要任务。

    A. 投资机会研究   B. 初步可行性研究

    C. 详细可行性研究   D. 项目的评估和决策

10. 在众多的不确定性因素中,找出对项目经济评价指标影响较大的因素,并判明其对开发项目投资效益影响的程度,是( )分析的目的。

    A. 敏感性   B. 盈亏平衡   C. 风险   D. 概率

11. 当独立投资方案的净现值大于 0 时,则内部收益率( )。

    A. 一定大于 0   B. 一定小于 0

    C. 小于设定折现率   D. 大于设定折现率

12. 国民经济评价的基本方法是( )。

    A. 盈亏平衡分析   B. 概率分析   C. 费用效益分析   D. 价值分析

13. 市场利率提高,则债券的价格( )

    A. 上升   B. 下降   C. 不变   D. 不规则变化

14. 价值工程中的总成本是指( )。

    A. 生产成本   B. 产品寿命周期成本

    C. 使用成本   D. 使用和维修费用成本

15. 一个项目的净现值 NPV<0,则其内部收益率 IRR 同基准收益率 i_c 的关系是( )。

    A. $IRR=i_c$ B. $IRR>i_c$

    C. $IRR<i_c$ D. IRR 可能大于 i_c,也可能小于 i_c

16. 在敏感性分析中,下列因素最敏感的是( )。

    A. 经营成本上升 10%,使 NPV=0   B. 产品价格降低 20%,使 NPV=0

    C. 投资增加 120%,使 NPV=0   D. 产量降低 40%,使 NPV=0

17. 某项目当折现率为 17% 时,累计净现值为 18.7 万元,当折现率为 18% 时,累计净现值为 -74 万元,则内部收益率为( )。

    A. 16.8%   B. 17.2%   C. 17.9%   D. 18.3%

18. 技术与经济应当协调发展,在处理技术与经济关系的时候,中心问题是( )。

    A. 技术   B. 经济   C. 协调   ·   D. 发展

19. 同一地域的土地,现有两个利用方案作为备选实施,一个是建居民楼,一个是建写字楼,这两个方案之间的关系是( )。

    A. 互斥型   B. 混合型   C. 相关型   D. 独立型

20. 机会研究的投资估算精度为( )。

    A. -5%~5%   B. -10%~10%

    C. -20%~20%   D. -30%~30%

21. 下列关于投资回收期的描述,正确的是( )。

    A. 投资回收期不能全面反映项目在整个寿命期内真实的经济效果

    B. 投资回收期是一个静态指标

    C. 投资回收期是一个动态指标

    D. 投资回收期从项目开始投入之日算起,到项目结束为止

22. 净现值率是一个效率型的指标,它是( )之间的比值。

    A. 净现值与项目净收益　　　　　　　　B. 净现值与项目总投资

    C. 净现值与项目固定资产投资　　　　　D. 净现值与项目现金流出总额

23. 在进行项目合理规模选择的时候,不少行业都有个最小规模界限,这个最小规模的确定,其方法的核心就是寻找( )。

    A. 最高利润点　　 B. 最低成本点　　 C. NPV 为 0 点　　 D. 盈亏平衡点

24. 价值工程对象选择时,按照 ABC 分类法,对 A 类部件可( )。

    A. 重点对待　　　 B. 一般对待　　　 C. 简化对待　　　 D. 随机对待

25. 已知 3 个互斥方案 A、B、C,求出各自的净现值并比较得出 $NPV_A > NPV_B > NPV_C > 0$,则选择的可行方案是( )。

    A. 方案 A、B、C　　　　　　　　　　　B. 方案 A

    C. 方案 C　　　　　　　　　　　　　　D. 条件不足不能确定

二、多项选择题(本大题共 5 小题,每小题 1 分,共 5 分,在每小题列出的五个备选项中至少有两个以上是符合题目要求的,请将其代码填写在题后的括号内。错选、多选、少选或未选均无分。)

26. 下列关于资金时间价值论述正确的是( )。

    A. 资金的时间价值是指等额资金的在不同时间发生的价值上的差别

    B. 盈利和利息是资金时间价值的两种表现形式

    C. 资金的时间价值分析是一种动态分析方法

    D. 利率是衡量资金时间价值的相对尺度

    E. 只有实际利率才能反映资金的时间价值

27. 影响资金等值的因素主要有( )。

    A. 资金额的大小　　　　　　　　　　　B. 资金发生的时间

    C. 资金的来源　　　　　　　　　　　　D. 利率

    E. 资金的投资用途

28. 项目的社会影响分析,包括( )。

    A. 项目对宏观政策的影响　　　　　　　B. 项目对社会经济的影响

    C. 项目对自然资源的影响　　　　　　　D. 项目对自然与生态环境的影响

    E. 项目对社会环境的影响

29. 工程经济分析中不确定分析的基本方法包括( )。

    A. 盈亏平衡分析　　　　　　　　　　　B. 敏感性分析

    C. 财务效益分析　　　　　　　　　　　D. 国民经济效益分析

    E. 概率分析

30. 股权资金包括( )。

    A. 吸收直接投资　　　　　　　　　　　B. 发行股票

    C. 企业的保留盈余资金　　　　　　　　D. 发行债券

    E. 银行贷款

第二部分　非选择题(共70分)

三、填空题(本大题共6道,每空1分,共10分)

31. 净现值率是项目净现值与项目投资总额现值之比,是一种_____指标。

32. 常用的加速折旧法有_____和_____两种。

33. 价值工程是以最低的寿命周期费用,可靠地实现产品的_____,从而提高_____的一项工作。

34. 设备磨损有有形磨损、无形磨损两种形式,其中有形磨损又称_____,无形磨损又称_____。

35. 固定资产投资借款偿还期是反映项目_____能力的指标。

36. 财务评价采用现行市场价格,国民经济评价采用根据_____和_____确定的影子价格。

四、简答题(本大题共6道,每小题5分,共30分)

37. 工程经济学的研究对象是什么? 主要研究哪些内容?

38. 什么是经营成本? 其范围如何界定?

39. 损益表的作用主要表现在哪几个方面?

40. 简述社会评价的步骤。

41. 简述国民经济评价和财务评价的区别。

42. 简述价值工程的特点。

五、计算题(本大题共5道,每小题6分,共30分)

注:要写出解题所依据的公式及主要的过程。只有答案,没有任何说明和过程,无分。

43. 某人拟购买1年前发行的,面额为100元的债券,年限为8年,年利率为10%(单利),每年支付利息,到期还本。现投资者要求在余下的7年中年收益为8%,问该债券现在的价格为多少时,投资者才值得买入?

44. 现在A、B两个互斥方案,寿命相同,各年的现金流量见表8.6,试用增量净现值分析法评选方案,并说明其评选原则。($i=10\%$)

表8.6　各年现金流量　　　　　　　　　　单位:万元

年份 项目	0	1~10
方案A的净现金流	−20	6
方案B的净现金流	−30	8

45. 某工厂购置一台机器。该机器的购置成本为6000元,第1年的使用费用为1000元,以后每年以300元的金额逐年递增。开始使用1年后净残值3000元,以后每年500元的金额逐年递减,机器的最大使用年限为5年。已知折现率为15%,试求该机器的经济寿命?

46. 已知某建设项目可行性研究报告中,当折现率为10%时,累计净现值为120.84万元,当折线率为15%时,累计净现值为−32.26万元。已知基准收益率$i_0=12\%$,试计算该项目的内部收益率,并判定项目是否可行?

47. 某工程方案设计生产能力为2万件/年,产品销售价格为2000元/件,年总成本为3000万元,其中固定成本为2000万元,试求以产量、销售收入、销售价格表示的盈亏平衡点。

8.3.2　工程经济学模拟试卷参考答案

一、单项选择题(本大题共 25 小题,每小题 1 分,共 25 分)

1~5. BCDBB　　6~10. CDAAA　　11~15. DCBBC　　16~20. ABDAD

21~25. ABDAB

二、多项选择题(本大题共 5 小题,每小题 1 分,共 5 分)

26. ABCD　27. ABD　28. BCDE　29. ABE　30. ABC

三、填空题(本大题共 6 道,每空 1 分,共 10 分)

31. 效率型　32. 年数和折旧法　双倍余额递减法　33. 必要功能　产品价值

34. 物理磨损　精神磨损　35. 财务清偿　36. 机会成本　供求关系

四、简答题(本大题共 6 道,每小题 5 分,共 30 分)

37. 答:工程经济学是一门研究技术领域经济问题和经济规律,研究技术进步与经济增长之间的相互关系的科学。(2 分)

工程经济学研究的内容主要是:

(1) 研究技术实践的经济效果,寻求提高经济效果的途径与方法。(1 分)

(2) 研究技术和经济的相互关系,探讨技术与经济相互促进、协调发展的途径。(1 分)

(3) 研究如何通过技术创新推动技术进步,进而获得经济增长。(1 分)

38. 答:经营成本是从投资方案本身考察的,是一定期间(通常为一年)内由于生产和销售产品及提供劳务而实际发生的现金支出。(2 分)它不包括虽计入产品成本费用中,但实际没发生现金支出的费用项目。(2 分)在方案财务分析时,经营成本按公式计算:经营成本＝总成本费用－折旧费－维检费－摊销费－财务费用(1 分)

39. 答:(1) 能反映企业在一定期间的收入和费用情况以及获得利润或发生亏损的数额,表明企业收入与产出之间的关系。(2 分)

(2) 通过提供的不同时期的比较数字,可以分析判断企业损益发展变化的趋势,预测企业未来的盈利能力。(2 分)

(3) 通过报表可以考核企业的经营成果以及利润计划的执行情况,分析企业利润增减变化原因。(1 分)

40. 答:(1) 调查社会资料(1 分)。调查了解项目所在地区的社会环境等方面的资料;(1 分)

(2) 识别社会因素。分析社会调查获得的资料,对项目涉及的各种社会因素进行分类;(1 分)

(3) 论证比选方案(1 分)。对项目可行性研究拟定的建设地点、技术方案和工程方案中涉及的主要社会因素进行定性、定量分析,比选推荐社会正面影响大、负面影响小的方案。(1 分)

41. 答:国民经济评价和财务评价的区别主要有:

(1) 评估的角度不同(1 分),财务评价是站在企业的角度考察项目,而国民经济评价是从国民经济和社会需要的角度考察项目;(1 分)

(2) 效益与费用的构成及范围不同;(1 分)

（3）采用的参数不同，财务评价采用现行市场价格，国民经济评价采用影子价格；（1分）

（4）评估的方法不同，财务评价采用盈利分析法，国民经济评价采用费用效益分析等方法。（1分）

42. 答：价值工程具有以下特点：

（1）价值工程强调产品的功能，重点放在对产品功能的研究上；（1分）

（2）价值工程将确保功能和降低成本作为一个整体来考虑，以便创造出总体价值最高的产品；（1分）

（3）价值工程强调不断改革和创新，开拓新构思和新途径，获得新方案；（1分）

（4）价值工程要求将功能定量化；（1分）

（5）价值工程是以集体的智慧开展的有计划、有组织的活动。（1分）

五、计算题（本大题共 5 道，每题各 6 分，共 30 分）。

43. 解：每年支付的利息为 $100 \times 10\% = 10$（元）（2分）

$$P = 10(P/A, 6\%, 7) + 100(P/F, 6\%, 4) \hspace{2cm} (1分)$$
$$= 10 \times 5.206 + 100 \times 0.583 = 110.36（元） \hspace{1cm} (1分)$$

若投资者要求的收益率为 8%，则该债券现在的价格低于 110.36 元时，投资者才值得买入。（2分）

44. 解：

$$\Delta NPV_{B-A}(10\%) = -30 - (-20) + (8-6)(P/A, 10\%, 10) = 2.29（万元） \hspace{0.5cm} (2分)$$
$$\Delta NPV_{B-A} > 0，因此，增加投资有利，投资大的 B 方案优于 A 方案。 \hspace{0.8cm} (2分)$$

增量净现值分析法的评选准则：如果 $NPV_A > 0$，$NPV_B > 0$，则 $\Delta NPV_{B-A} > 0$，B 方案优于 A 方案即选择初始投资较大的方案；$\Delta NPV_{B-A} < 0$，A 方案优于 B 方案即选择初始投资较小的方案。本题中 $NPV_A = -20 + 6(P/A, 10\%, 10) = 16.84 > 0$，$NPV_B = -30 + 8(P/A, 10\%, 10) = 19.15 > 0$，而 $NPV_{B-A} > 0$，同样得出结论选 B 方案。（2分）

45. 解：

$$AAC_1 = (P - S_1) \times (A/P, 15\%, 1) + S_1 \times 0.15 + Y_1 = 4900 \hspace{0.8cm} (1分)$$
$$AAC_2 = (P - S_2) \times (A/P, 15\%, 2) + S_2 \times 0.15 + Y_2 = 3827.5 \hspace{0.5cm} (1分)$$
$$AAC_3 = (P - S_3) \times (A/P, 15\%, 3) + S_3 \times 0.15 + Y_3 = 3652 \hspace{0.8cm} (1分)$$
$$AAC_4 = (P - S_4) \times (A/P, 15\%, 4) + S_4 \times 0.15 + Y_4 = 3700 \hspace{0.8cm} (1分)$$
$$AAC_5 = (P - S_5) \times (A/P, 15\%, 5) + S_5 \times 0.15 + Y_5 = 3840 \hspace{0.8cm} (1分)$$

所以，该机器的经济寿命为 3 年，此时有最低的平均年费用。（1分）

46. 解：$i_1 = 10\%$ 时，$NPV_1 = 120.84$；$i_2 = 15\%$ 时，$NPV_2 = -32.26$，则

$$IRR = i_1 + NPV_1 \times \frac{i_2 - i_1}{NPV_1 - NPV_2} \hspace{2cm} (3分)$$
$$= 10\% + 120.84 \times \frac{15\% - 10\%}{120.84 + 32.26}$$
$$= 10\% + 0.0395 = 13.95\% \hspace{3cm} (2分)$$

由于 $\text{IRR} > i_0$，所以项目可行。　　　　　　　　　　　　　　　　　　　　　　（1分）

47. 解：首先计算单位产品的变动成本

$$C_X = \frac{C - C_F}{Q_0} \qquad\qquad\qquad（1分）$$

$$= \frac{3000 - 2000}{2} = 500（元） \qquad\qquad\qquad（1分）$$

盈亏平衡点产量为

$$Q^* = \frac{C_F}{P - C_X} \qquad\qquad\qquad（1分）$$

$$= \frac{2000 \times 10^4}{2000 - 500} = 13333（件） = 1.33（万件） \qquad\qquad\qquad（1分）$$

盈亏平衡点销售收入为

$$S^* = PQ^*$$
$$= 2000 \times 1.3333 = 2666.6（万元） \qquad\qquad\qquad（1分）$$

盈亏平衡点价格为

$$P^* = C_X + \frac{C_F}{Q_0}$$
$$= 500 + \frac{2000}{2} = 1500（元） \qquad\qquad\qquad（1分）$$

参考答案

第 2 章

模拟自测题

三、计算题

1. $F = P(1+i)^3 = 500 \times (1+4\%)^3 = 562.4$（元）。

2. $P = F \dfrac{1}{(1+5\%)^4} = 800 \times \dfrac{1}{(1+5\%)^4} = 800 \times 0.8225 = 658.16$（元）。

3. $F = A(F/A, i, n) = 2 \times (F/A, 7\%, 5) = 2 \times 5.7507 = 11.5$（万元）。

4. $A = F \dfrac{i}{(1+i)^n - 1} = 1500 \times \dfrac{0.06}{(1+0.06)^7 - 1} = 178.7$（万元）。

5. $P = A \dfrac{(1+i)^n - 1}{i(1+i)^n} = 100 \times 7.36 = 736$（万元）。

6. 每年支付的利息为 $100 \times 10\% = 10$（元）。

$$P = 10(P/A, 6\%, 7) + 100(P/F, 6\%, 4)$$
$$= 10 \times 5.206 + 100 \times 0.583$$
$$= 110.36（元）$$

7. 按照年末支付 $= 100(A/P, 15\%, 6) = 26.4$（万元）；

按照年初支付 $= 100(F/P, 15\%, 5) + 100(A/F, 15\%, 6) = 23.0$（万元）。

第 3 章

模拟自测题

计算题

1. 应用年数总和法的计算公式计算各年的折旧费用,然后计算出各年年末的账面价值。计算结果见下表。

各年折旧费和账面价值

单位:元

年份	年折旧费用	年末账面价值	年份	年折旧费用	年末账面价值
1	12000	28000	4	4800	6400
2	9600	18400	5	2400	4000
3	7200	11200			

2. 按不同折旧法计算的年折旧额见下表。

不同折旧法计算的年折旧额　　　　　　单位：万元

方法	年度＼项目	1	2	3	4	5	6	7	8	9	10	合计
平均年限法	资产净值	5000	4520	4040	3560	3080	2600	2120	1640	1160	680	
	年折旧率/%	9.6	9.6	9.6	9.6	9.6	9.6	9.6	9.6	9.6	9.6	
	年折旧额	480	480	480	480	480	480	480	480	480	480	4800
	预计净残值											200
双倍余额法	资产净值	5000	4000	3200	2560	2048	1638	1310	1048	838	519	
	年折旧率/%	20	20	20	20	20	20	20	20	20	20	
	年折旧额	1000	800	640	512	410	328	262	210	319	319	4800
	预计净残值											200
年数总和法	资产净值	5000	4127	3342	2644	2033	1509	1073	724	462	287	
	年折旧率/%	10/55	9/55	8/55	7/55	6/55	5/55	4/55	3/55	2/55	1/55	
	年折旧额	873	785	698	611	524	436	349	262	175	87	4800
	预计净残值											200

3.

$$q_1 = \frac{1}{2} \times 300 \times 12\% = 18(万元)$$

$$q_2 = \left(P_1 + \frac{1}{2}A_2\right) \times i = \left(318 + \frac{1}{2} \times 600\right) \times 12\%$$
$$= 74.16(万元)$$

$$q_3 = \left(P_1 + \frac{1}{2}A_3\right) \times i = \left(318 + 600 + 74.16 + \frac{1}{2} \times 400\right) \times 12\%$$
$$= 143.06(万元)$$

$$q_1 + q_2 + q_3 = 18 + 74.16 + 143.06 = 235.22(万元)$$

即建设期贷款利息总和为 235.22 万元。

4. $k_B = \dfrac{i(1-T)}{1-f} = 12\% \times \dfrac{1-25\%}{1-5\%} = 9.47\%$。

5. 资金平均成本率 $= k = \sum\limits_{t=1}^{n} \omega_i k_i$。

(1) 发行债券资金筹集费率 $= 18 \div 2000 = 0.9\%$；
　　发行债券资金成本率 $K_1 = 10.5\% \times (1-25\%) \div (1-0.9\%) = 7.95\%$。

(2) 发行股票资金成本率 $K_2 = 14.7\%$。

(3) 留用盈余资金成本率 $K_3 = 14.7\%$。

(4) 借贷资金成本率 $K_4 = 12\% \times (1-25\%) = 9\%$。

$$资金平均成本率 = k = \sum_{i=1}^{n} \omega_i k_i = 2000 \div 8000 \times 7.95\% + 4000 \div 8000 \times$$
$$14.7\% + 1000 \div 8000 \times 14.7\% + 1000 \div 8000 \times 9\%$$
$$= 0.019875 + 0.0735 + 0.018375 + 0.01125 = 12.30\%$$

6. (1) 全部资金均为自有资金。自有资金的利润率＝96÷600＝16％。

(2) 借入资金与自有资金的比例为1：3，借款利息率为10％。

借入资金＝600×(1÷4)＝600×25％＝150(万元)；自有资金＝600－150＝450(万元)；

项目净利润＝96－150×10％＝81(万元)；自有资金的利润率＝81÷450＝18％。

(3) 借入资金与自有资金的比例为1：1，借款利息率为17％。

借入资金＝600×(1÷2)＝600×50％＝300(万元)；自有资金＝600－300＝300(万元)。

项目净利润＝96－300×17％＝45(万元)；自有资金的利润率＝45÷300＝5％。

第 4 章

思考题

1. $P_t＝5.75$ 年，$P_D＝7.3$ 年

2. A：$P_t＝3.33$ 年，$P_D＝4.29$ 年，NPV＝88 万元

   B：$P_t＝4.2$ 年，$P_D＞5$ 年，NPV＝－7.6 万元

3. NPV＝－415.6 万元

4. 方案 A

5. $NPVR_A＝9.26％$，$NPVR_B＝9.43％$；方案 B

6. 均为方案 B

7. 方案 B、C

8. 方案 C

9. 年销售收入

10. 1.125 万 t；3375 万元；75％；2600 元/t；1800 元/t

11. 结果表明：当其他因素不变，投资额增加超过 10.14％时；或其他因素不变，年收益降低超过 8.7％时；或其他因素不变，年支出超过 101.71％时；或其他因素不变，残值减少超过 267.70％(实际最多超过 100％)时；或其他因素不变，寿命期缩短超过 17.34％时，方案的净现值将小于零，方案变为不可接受。从不确定因素变动百分比的含义来看，百分比的绝对值越小，其对应的因素就越敏感。按此原则，本例中敏感性由强到弱的因素依次为年收益、投资额、寿命期、年支出和残值。

模拟自测题

一、填空题

1. 现值法、年值法、动态投资回收期法、内部收益率法

2. 时间型、价值型、效率型

3. 盈亏平衡分析、敏感性分析、风险分析

二、判断题

1. 对；2. 错；3. 对；4. 对；5. 对；6. 对；7. 错；8. 对；9. 错

三、单项选择题

1～5. DABCD；6～11. BBCDDA

四、多项选择题

1. CDE；2. ACD；3. BC；4. AC

五、名词解释

(略)

六、计算题

1. 5.16%；2. A_2 最优；3. (1) 40%。(2) 31.7%和 54.1%；47.6%和 34.5%；43.7%和 36.3%

第 5 章

思考题

1～5.（略）

6. 分析提示：

问题(1)可根据功能"0—4"评分结果确定功能的重要性系数。

问题(2)可根据方案得分和功能重要性系数确定功能系数；根据单方造价确定成本系数；根据功能系数和成本系数确定价值系数并选择最优方案。

问题(1)：$F_1=0.227,F_2=0.295,F_3=0.159,F_4=0.205,F_5=0.114$，总得分$=44$。

问题(2)：功能系数、成本系数、价值系数答案略，方案 C。

7. 分析要点：

问题(1)：考核运用价值工程进行方案评价的方法、过程和原理。

问题(2)：考核运用价值工程进行设计方案优化和工程造价控制的方法。价值工程要求方案满足必要功能的费用，清除不必要功能的费用。

(1) $V_i=1.0$ 说明功能上重要性与其成本比重大体相当，是合理的，无须再进行价值分析。

(2) $V_i<1.0$ 说明功能不太重要，成本比重偏高，作重点分析，寻找降低成本途径。

(3) $V_i>1.0$ 这是价值工程所追求目标。如果该功能很重要，但由于成本偏低，应适当增加一点成本，以充分实现这一功能。

(4) 确定目标成本方法是将预计成本按功能系数大小分摊到各分项上。

根据对方案 A、B、C 进价值工程分析，方案 B 价值系数最高，为最优方案。

其他项目分析。同理，按功能系数计算目标成本及成本降低幅度，计算结果见下表。

成本降低幅度

序号	功能项目	功能评价	功能系数	目前成本	成本系数	价值系数	目标成本	成本降低幅度
1	A. 桩基围护工程	11	0.1170	1520	0.1186	0.9865	1423.89	96.11
2	B. 地下室工程	10	0.1064	1482	0.1157	0.9196	1294.89	187.11
3	C. 主体结构工程	35	0.3723	4705	0.3672	1.0139	4530.89	174.11
4	D. 装饰工程	38	0.4043	5105	0.3985	1.0146	4920.33	184.67
	合计	94	1.0000	12812	1.0000		12170	642

第 6 章

思考题

1～13.（略）

14.（1）建设期贷款利息的计算。

第一、二年贷款利息分别为 50 万元、155 万元，建设期贷款利息合计 205 万元；

固定资产折旧费 363.66 万元。

无形资产摊销费 75 万元。

（2）编制项目还本付息表，见下表。

各年应还本金额 ＝ 各年年末未分配利润 ＋ 折旧费 ＋ 摊销费

项目还本付息表　　　　　单位：万元

序号	项　　目	1	2	3	4	5	6	7
1	年初借款累计	0	1050	2205	1681.92	1134.72	575.46	16.2
2	本年新增借款	1000	1000	0				
3	本年应计利息	50	155	220.5	168.19	113.47	57.55	1.62
4	本年应还本金			523.08	547.2	559.26	559.26	16.2
5	本年应还利息			220.5	168.19	113.47	57.55	1.63

编制项目损益表，见下表。

总成本费用 ＝ 经营成本 ＋ 折旧费 ＋ 摊销费 ＋ 利息支出

项目损益表　　　　　单位：万元

序号	项　　目	3	4	5	6	7	8	9	10
1	销售收入	3500	4500	5000	5000	5000	5000	5000	5000
2	总成本费用								
3	销售税金及附加								
4	利润总额 1－2－3								
5	所得税 4×33%								
6	税后利润 4－5								
7	盈余公积金 6×10%								
8	应付利润 6－7								
9	未分配利润 6－7－8								
	累计未分配利润								

（3）编制资金来源与运用表。

项目每年借款额见下表。

资金来源与运用表　　　　　单位：万元

序号	项　　目	1	2	3	4	5	6	7	8	9	10
	生产负荷			0.7	0.9	1.0	1.0	1.0	1.0	1.0	1.0
1	资金来源	2579.45	2684.45	1020.83	744.99	701.83	638.66	638.66	638.66	638.66	3024.96
1.1	利润总额										
1.2	折旧费										
1.3	摊销费										
1.4	长期借款										
1.5	自有资金										
1.6	回收固定资产余值										

续表

序号	项 目	1	2	3	4	5	6	7	8	9	10
1.7	回收流动资金										
2	资金运用										
2.1	固定资产投资										
2.2	流动资金										
2.3	所得税										
2.4	应付利润										
2.5	借款还本										
3	盈余资金										
4	累计盈余资金										

（4）编制资产负债表见下表。

计算借款偿还期。

项目资产负债表   单位：万元

序号	项 目	1	2	3	4	5	6	7	8	9	10
1	资产										
1.1	流动资产总额										
1.1.1	流动资产										
1.1.2	累计盈余资金										
1.2	在建工程										
1.3	固定资产净值										
1.4	无形资产净值										
2	负债及所有者权益										
2.1	流动负债										
2.2	长期负债										
	负债小计										
2.3	所有者权益										
2.3.1	资本金										
2.3.2	累计盈余公积金										
2.3.3	累计未分配利润										
	资产负债率										
	流动比率										

该年应偿还借款额

$$借款偿还期 = 借款偿还后出现盈余借款年份 - 开始借款年份 + \frac{该年应偿还借款额}{该年可用于还款额}$$

$$该年可用于还款额 = 该年可用于还款的利润 = 折旧费 + 摊销费$$

$$该年应偿还借款额 = 该年应偿还本金$$

借款偿还期为××.××(年)

结论:该项目在××.××年内就能还清借款。还款期_____(=、<或>)项目计算期,从清偿角度看,该项目是……

第 7 章

思考题

1~10.(略) 11. ABCDE　　12. BCD　　13. AC　　14. ABCDE　　15. ABDE

参 考 文 献

[1] 国家发展改革委、建设部.建设项目经济评价方法与参数[M].3 版.北京：中国计划出版社,2006.

[2] 何佰洲,刘晨.国外 PPP 模式之借鉴研究[J].价值工程,2016(3).

[3] 黄有亮,徐向阳.工程经济学[M].南京：东南大学出版社,2006.

[4] 技术经济学编写组.技术经济学原理与实务[M].北京：机械工业出版社,2007.

[5] 贾康,孙洁.公私伙伴关系(PPP)的概念、起源、特征与功能[J].财政研究,2009(10).

[6] 建设部标准定额司.全国造价工程师执业资格考试大纲[M].北京：中国计划出版社,2001.

[7] 李南.工程经济学[M].北京：科学出版社,2013.

[8] 刘剑勇,吴美琼,郑飚飚.建筑工程经济[M].南京：南京大学出版社,2016.

[9] 刘亚臣.工程经济学[M].大连：大连理工大学出版社,2013.

[10] 龙本教育(鲁班培训)编写组.建筑工程经济导学宝典[M].北京：中国建筑工业出版社,2017.

[11] 全国监理工程师(投资)执业资格教材编写委员会.建设工程投资控制[M].北京：中国计划出版社,2012.

[12] 全国一级建造师执业资格考试用书编写委员会.建设工程经济[M].北京：中国建筑工业出版社,2016.

[13] 全国一级建造师执业资格考试用书编写委员会.建设工程项目管理[M].北京：中国建筑工业出版社,2016.

[14] 全国注册咨询工程师(投资)执业资格管理委员会.全国注册咨询工程师(投资)执业资格考试大纲[M].北京：中国计划出版社,2012.

[15] 全国注册咨询工程师(投资)执业资格教材编写委员会.现代咨询方法与实务[M].北京：中国计划出版社,2012.

[16] 全国注册咨询工程师(投资)执业资格教材编写委员会.项目决策分析与评价[M].北京：中国计划出版社,2012.

[17] 王力,程鸿.中国 PPP 模式现状及问题研究[J].现代工业经济和信息化,2015(13).

[18] 王玉静.工程技术经济[M].南京：江苏凤凰科学技术出版社,2016.

[19] 吴添祖.技术经济学概论[M].北京：高等教育出版社,2005.

[20] 夏立明.建设工程造价管理[M].北京：中国计划出版社,2017.

[21] 闫江奇.中国式 PPP 的存在性、基本特征及其发展趋势[J].建筑经济,2015(11).

[22] 易斌.PPP 项目法律事务解读[M].北京：中国建筑工业出版社,2016.

[23] 优路教育造价工程师考试命题研究组.2017 年全国造价师执业资格考试建设工程造价管理四周通关[M].北京：机械工业出版社,2017.

[24] 周述发,刘燕花.建筑工程经济学[M].北京：中国建筑工业出版社,2016.

附表 1　复利系数表（i＝1%）

n	(F/P,i,n)	(P/F,i,n)	(F/A,i,n)	(A/F,i,n)	(A/P,i,n)	(P/A,i,n)	(F/G,i,n)	(A/G,i,n)
1	1.0100	0.9901	1.0000	1.0000	1.0100	0.9901	0.0000	0.0000
2	1.0201	0.9803	2.0100	0.4975	0.5075	1.9704	1.0000	0.4975
3	1.0303	0.9706	3.0301	0.3300	0.3400	2.9410	3.0100	0.9934
4	1.0406	0.9610	4.0604	0.2463	0.2563	3.9020	6.0401	1.4876
5	1.0510	0.9515	5.1010	0.1960	0.2060	4.8534	10.1005	1.9801
6	1.0615	0.9420	6.1520	0.1625	0.1725	5.7955	15.2015	2.4710
7	1.0721	0.9327	7.2135	0.1386	0.1486	6.7282	21.3535	2.9602
8	1.0829	0.9235	8.2857	0.1207	0.1307	7.6517	28.5671	3.4478
9	1.0937	0.9143	9.3685	0.1067	0.1167	8.5660	36.8527	3.9337
10	1.1046	0.9053	10.4622	0.0956	0.1056	9.4713	46.2213	4.4179
11	1.1157	0.8963	11.5668	0.0865	0.0965	10.3676	56.6835	4.9005
12	1.1268	0.8874	12.6825	0.0788	0.0888	11.2551	68.2503	5.3815
13	1.1381	0.8787	13.8093	0.0724	0.0824	12.1337	80.9328	5.8607
14	1.1495	0.8700	14.9474	0.0669	0.0769	13.0037	94.7421	6.3384
15	1.1610	0.8613	16.0969	0.0621	0.0721	13.8651	109.6896	6.8143
16	1.1726	0.8528	17.2579	0.0579	0.0679	14.7179	125.7864	7.2886
17	1.1843	0.8444	18.4304	0.0543	0.0643	15.5623	143.0443	7.7613
18	1.1961	0.8360	19.6147	0.0510	0.0610	16.3983	161.4748	8.2323
19	1.2081	0.8277	20.8109	0.0481	0.0581	17.2260	181.0895	8.7017
20	1.2202	0.8195	22.0190	0.0454	0.0554	18.0456	201.9004	9.1694
21	1.2324	0.8114	23.2392	0.0430	0.0530	18.8570	223.9194	9.6354
22	1.2447	0.8034	24.4716	0.0409	0.0509	19.6604	247.1586	10.0998
23	1.2572	0.7954	25.7163	0.0389	0.0489	20.4558	271.6302	10.5626
24	1.2697	0.7876	26.9735	0.0371	0.0471	21.2434	297.3465	11.0237
25	1.2824	0.7798	28.2432	0.0354	0.0454	22.0232	324.3200	11.4831
26	1.2953	0.7720	29.5256	0.0339	0.0439	22.7952	352.5631	11.9409
27	1.3082	0.7644	30.8209	0.0324	0.0424	23.5596	382.0888	12.3971
28	1.3213	0.7568	32.1291	0.0311	0.0411	24.3164	412.9097	12.8516
29	1.3345	0.7493	33.4504	0.0299	0.0399	25.0658	445.0388	13.3044
30	1.3478	0.7419	34.7849	0.0287	0.0387	25.8077	478.4892	13.7557
31	1.3613	0.7346	36.1327	0.0277	0.0377	26.5423	513.2740	14.2052
32	1.3749	0.7273	37.4941	0.0267	0.0367	27.2696	549.4068	14.6532
33	1.3887	0.7201	38.8690	0.0257	0.0357	27.9897	586.9009	15.0995
34	1.4026	0.7130	40.2577	0.0248	0.0348	28.7027	625.7699	15.5441
35	1.4166	0.7059	41.6603	0.0240	0.0340	29.4086	666.0276	15.9871
36	1.4308	0.6989	43.0769	0.0232	0.0332	30.1075	707.6878	16.4285
37	1.4451	0.6920	44.5076	0.0225	0.0325	30.7995	750.7647	16.8682
38	1.4595	0.6852	45.9527	0.0218	0.0318	31.4847	795.2724	17.3063
39	1.4741	0.6784	47.4123	0.0211	0.0311	32.1630	841.2251	17.7428
40	1.4889	0.6717	48.8864	0.0205	0.0305	32.8347	888.6373	18.1776
41	1.5038	0.6650	50.3752	0.0199	0.0299	33.4997	937.5237	18.6108
42	1.5188	0.6584	51.8790	0.0193	0.0293	34.1581	987.8989	19.0424
43	1.5340	0.6519	53.3978	0.0187	0.0287	34.8100	1039.7779	19.4723
44	1.5493	0.6454	54.9318	0.0182	0.0282	35.4555	1093.1757	19.9006
45	1.5648	0.6391	56.4811	0.0177	0.0277	36.0945	1148.1075	20.3273
46	1.5805	0.6327	58.0459	0.0172	0.0272	36.7272	1204.5885	20.7524
47	1.5963	0.6265	59.6263	0.0168	0.0268	37.3537	1262.6344	21.1758
48	1.6122	0.6203	61.2226	0.0163	0.0263	37.9740	1322.2608	21.5976
49	1.6283	0.6141	62.8348	0.0159	0.0259	38.5881	1383.4834	22.0178
50	1.6446	0.6080	64.4632	0.0155	0.0255	39.1961	1446.3182	22.4363

附表 2　复利系数表（$i=2\%$）

n	$(F/P,i,n)$	$(P/F,i,n)$	$(F/A,i,n)$	$(A/F,i,n)$	$(A/P,i,n)$	$(P/A,i,n)$	$(F/G,i,n)$	$(A/G,i,n)$
1	1.0200	0.9804	1.0000	1.0000	1.0200	0.9804	0.0000	0.0000
2	1.0404	0.9612	2.0200	0.4950	0.5150	1.9416	1.0000	0.4950
3	1.0612	0.9423	3.0604	0.3268	0.3468	2.8839	3.0200	0.9868
4	1.0824	0.9238	4.1216	0.2426	0.2626	3.8077	6.0804	1.4752
5	1.1041	0.9057	5.2040	0.1922	0.2122	4.7135	10.2020	1.9604
6	1.1262	0.8880	6.3081	0.1585	0.1785	5.6014	15.4060	2.4423
7	1.1487	0.8706	7.4343	0.1345	0.1545	6.4720	21.7142	2.9208
8	1.1717	0.8535	8.5830	0.1165	0.1365	7.3255	29.1485	3.3961
9	1.1951	0.8368	9.7546	0.1025	0.1225	8.1622	37.7314	3.8681
10	1.2190	0.8203	10.9497	0.0913	0.1113	8.9826	47.4860	4.3367
11	1.2434	0.8043	12.1687	0.0822	0.1022	9.7868	58.4358	4.8021
12	1.2682	0.7885	13.4121	0.0746	0.0946	10.5753	70.6045	5.2642
13	1.2936	0.7730	14.6803	0.0681	0.0881	11.3484	84.0166	5.7231
14	1.3195	0.7579	15.9739	0.0626	0.0826	12.1062	98.6969	6.1786
15	1.3459	0.7430	17.2934	0.0578	0.0778	12.8493	114.6708	6.6309
16	1.3728	0.7284	18.6393	0.0537	0.0737	13.5777	131.9643	7.0799
17	1.4002	0.7142	20.0121	0.0500	0.0700	14.2919	150.6035	7.5256
18	1.4282	0.7020	21.4123	0.0467	0.0667	14.9920	170.6156	7.9681
19	1.4568	0.6864	22.8406	0.0438	0.0638	15.6785	192.0279	8.4073
20	1.4859	0.6730	24.2974	0.0412	0.0612	16.3514	214.8685	8.8433
21	1.5157	0.6598	25.7833	0.0388	0.0588	17.0112	239.1659	9.2760
22	1.5460	0.6468	27.2990	0.0366	0.0566	17.6580	264.9492	9.7055
23	1.5769	0.6342	28.8450	0.0347	0.0547	18.2922	292.2482	10.1317
24	1.6084	0.6217	30.4219	0.0329	0.0529	18.9139	321.0931	10.5547
25	1.6406	0.6095	32.0303	0.0312	0.0512	19.5235	351.5150	10.9745
26	1.6734	0.5976	33.6709	0.0297	0.0497	20.1210	383.5453	11.3910
27	1.7069	0.5859	35.3443	0.0283	0.0483	20.7069	417.2162	11.8043
28	1.7410	0.5744	37.0512	0.0270	0.0470	21.2813	452.5605	12.2145
29	1.7758	0.5631	38.7922	0.0258	0.0458	21.8444	489.6117	12.6214
30	1.8114	0.5521	40.5681	0.0246	0.0446	22.3965	528.4040	13.0251
31	1.8476	0.5412	42.3794	0.0236	0.0436	22.9377	568.9720	13.4257
32	1.8845	0.5306	44.2270	0.0226	0.0426	23.4683	611.3515	13.8230
33	1.9222	0.5202	46.1116	0.0217	0.0417	23.9886	655.5785	14.2172
34	1.9607	0.5100	48.0338	0.0208	0.0408	24.4986	701.6901	14.6083
35	1.9999	0.5000	49.9945	0.0200	0.0400	24.9986	749.7239	14.9961
36	2.0399	0.4902	51.9944	0.0192	0.0392	25.4888	799.7184	15.3809
37	2.0807	0.4806	54.0343	0.0185	0.0385	25.9695	851.7127	15.7625
38	2.1223	0.4712	56.1149	0.0178	0.0378	26.4406	905.7470	16.1409
39	2.1647	0.4619	58.2372	0.0172	0.0372	26.9026	961.8619	16.5163
40	2.2080	0.4529	60.4020	0.0166	0.0366	27.3555	1020.0992	16.8885
41	2.2522	0.4440	62.6100	0.0160	0.0360	27.7995	1080.5011	17.2576
42	2.2972	0.4353	64.8622	0.0154	0.0354	28.2348	1143.1112	17.6237
43	2.3432	0.4268	67.1595	0.0149	0.0349	28.6616	1207.9734	17.9866
44	2.3901	0.4184	69.5027	0.0144	0.0344	29.0800	1275.1329	18.3465
45	2.4379	0.4102	71.8927	0.0139	0.0339	29.4902	1344.6355	18.7034
46	2.4866	0.4022	74.3306	0.0135	0.0335	29.8923	1416.5282	19.0571
47	2.5363	0.3943	76.8172	0.0130	0.0330	30.2866	1490.8588	19.4079
48	2.5871	0.3865	79.3535	0.0126	0.0326	30.6731	1567.6760	19.7556
49	2.6388	0.3790	81.9406	0.0122	0.0322	31.0521	1647.0295	20.1003
50	2.6916	0.3715	84.5794	0.0118	0.0318	31.4236	1728.9701	20.4420

附表 3　复利系数表($i=3\%$)

n	$(F/P,i,n)$	$(P/F,i,n)$	$(F/A,i,n)$	$(A/F,i,n)$	$(A/P,i,n)$	$(P/A,i,n)$	$(F/G,i,n)$	$(A/G,i,n)$
1	1.0300	0.9709	1.0000	1.0000	1.0300	0.9709	0.0000	0.0000
2	1.0609	0.9426	2.0300	0.4926	0.5226	1.9135	1.0000	0.4926
3	1.0927	0.9151	3.0909	0.3235	0.3535	2.8286	3.0300	0.9803
4	1.1255	0.8885	4.1836	0.2390	0.2690	3.7171	6.1209	1.4631
5	1.1593	0.8626	5.3091	0.1884	0.2184	4.5797	10.3045	1.9409
6	1.1941	0.8375	6.4684	0.1546	0.1846	5.4172	15.6137	2.4138
7	1.2299	0.8131	7.6625	0.1305	0.1605	6.2303	22.0821	2.8819
8	1.2668	0.7894	8.8923	0.1125	0.1425	7.0197	29.7445	3.3450
9	1.3048	0.7664	10.1591	0.0984	0.1284	7.7861	38.6369	3.8032
10	1.3439	0.7441	11.4639	0.0872	0.1172	8.5302	48.7960	4.2565
11	1.3842	0.7224	12.8078	0.0781	0.1081	9.2526	60.2599	4.7049
12	1.4258	0.7014	14.1920	0.0705	0.1005	9.9540	73.0677	5.1485
13	1.4685	0.6810	15.6178	0.0640	0.0940	10.6350	87.2597	5.5872
14	1.5126	0.6611	17.0863	0.0585	0.0885	11.2961	102.8775	6.0210
15	1.5580	0.6419	18.5989	0.0538	0.0838	11.9379	119.9638	6.4500
16	1.6047	0.6232	20.1569	0.0496	0.0796	12.5611	138.5627	6.8742
17	1.6528	0.6050	21.7616	0.0460	0.0760	13.1661	158.7196	7.2936
18	1.7024	0.5874	23.4144	0.0427	0.0727	13.7535	180.4812	7.7081
19	1.7535	0.5703	25.1169	0.0398	0.0698	14.3238	203.8956	8.1179
20	1.8061	0.5537	26.8704	0.0372	0.0672	14.8775	229.0125	8.5229
21	1.8603	0.5375	28.6765	0.0349	0.0649	15.4150	255.8829	8.9231
22	1.9161	0.5219	30.5368	0.0327	0.0627	15.9369	284.5593	9.3186
23	1.9736	0.5067	32.4529	0.0308	0.0608	16.4436	315.0961	9.7093
24	2.0328	0.4919	34.4265	0.0290	0.0590	16.9355	347.5490	10.0954
25	2.0938	0.4776	36.4593	0.0274	0.0574	17.4131	381.9755	10.4768
26	2.1566	0.4637	38.5530	0.0259	0.0559	17.8768	418.4347	10.8535
27	2.2213	0.4502	40.7096	0.0246	0.0546	18.3270	456.9878	11.2255
28	2.2879	0.4371	42.9309	0.0233	0.0533	18.7641	497.6974	11.5930
29	2.3566	0.4243	45.2189	0.0221	0.0521	19.1885	540.6283	11.9558
30	2.4273	0.4120	47.5754	0.0210	0.0510	19.6004	585.8472	12.3141
31	2.5001	0.4000	50.0027	0.0200	0.0500	20.0004	633.4226	12.6678
32	2.5751	0.3883	52.5028	0.0190	0.0490	20.3888	683.4253	13.0169
33	2.6523	0.3770	55.0778	0.0182	0.0482	20.7658	735.9280	13.3616
34	2.7319	0.3660	57.7302	0.0173	0.0473	21.1318	791.0059	13.7018
35	2.8139	0.3554	60.4621	0.0165	0.0465	21.4872	848.7361	14.0375
36	2.8983	0.3450	63.2759	0.0158	0.0458	21.8323	909.1981	14.3688
37	2.9852	0.3350	66.1742	0.0151	0.0451	22.1672	972.4741	14.6957
38	3.0748	0.3252	69.1594	0.0145	0.0445	22.4925	1038.6483	15.0182
39	3.1670	0.3158	72.2342	0.0138	0.0438	22.8082	1107.8078	15.3363
40	3.2620	0.3066	75.4013	0.0133	0.0433	23.1148	1180.0420	15.6502
41	3.3599	0.2976	78.6633	0.0127	0.0427	23.4124	1255.4433	15.9597
42	3.4607	0.2890	82.0232	0.0122	0.0422	23.7014	1334.1065	16.2650
43	3.5645	0.2805	85.4839	0.0117	0.0417	23.9819	1416.1297	16.5660
44	3.6715	0.2724	89.0484	0.0112	0.0412	24.2543	1501.6136	16.8629
45	3.7816	0.2644	92.7199	0.0108	0.0408	24.5187	1590.6620	17.1556
46	3.8950	0.2567	96.5015	0.0104	0.0404	24.7754	1683.3819	17.4441
47	4.0119	0.2493	100.3965	0.0100	0.0400	25.0247	1779.8834	17.7285
48	4.1323	0.2420	104.4084	0.0096	0.0396	25.2667	1880.2799	18.0089
49	4.2562	0.2350	108.5406	0.0092	0.0392	25.5017	1984.6883	18.2852
50	4.3839	0.2281	112.7969	0.0089	0.0389	25.7298	2093.2289	18.5575

附表 4 复利系数表（$i=4\%$）

n	$(F/P,i,n)$	$(P/F,i,n)$	$(F/A,i,n)$	$(A/F,i,n)$	$(A/P,i,n)$	$(P/A,i,n)$	$(F/G,i,n)$	$(A/G,i,n)$
1	1.0400	0.9615	1.0000	1.0000	1.0400	0.9615	0.0000	0.0000
2	1.0816	0.9246	2.0400	0.4902	0.5302	1.8861	1.0000	0.4902
3	1.1249	0.8890	3.1216	0.3203	0.3603	2.7751	3.0400	0.9739
4	1.1699	0.8548	4.2465	0.2355	0.2755	3.6299	6.1616	1.4510
5	1.2167	0.8219	5.4163	0.1846	0.2246	4.4518	10.4081	1.9216
6	1.2653	0.7903	6.6330	0.1508	0.1908	5.2421	15.8244	2.3857
7	1.3159	0.7599	7.8983	0.1266	0.1666	6.0021	22.4574	2.8433
8	1.3686	0.7307	9.2142	0.1085	0.1485	6.7327	30.3557	3.2944
9	1.4233	0.7026	10.5828	0.0945	0.1345	7.4353	39.5699	3.7391
10	1.4802	0.6756	12.0061	0.0833	0.1233	8.1109	50.1527	4.1773
11	1.5395	0.6496	13.4864	0.0741	0.1141	8.7605	62.1588	4.6090
12	1.6010	0.6246	15.0258	0.0666	0.1066	9.3851	75.6451	5.0343
13	1.6651	0.6006	16.6268	0.0601	0.1001	9.9856	90.6709	5.4533
14	1.7317	0.5775	18.2919	0.0547	0.0947	10.5631	107.2978	5.8659
15	1.8009	0.5553	20.0236	0.0499	0.0899	11.1184	125.5897	6.2721
16	1.8730	0.5339	21.8245	0.0458	0.0858	11.6523	145.6133	6.6720
17	1.9479	0.5134	23.6975	0.0422	0.0822	12.1657	167.4378	7.0656
18	2.0258	0.4936	25.6454	0.0390	0.0790	12.6593	191.1353	7.4530
19	2.1068	0.4746	27.6712	0.0361	0.0761	13.1339	216.7807	7.8342
20	2.1911	0.4564	29.7781	0.0336	0.0736	13.5903	244.4520	8.2091
21	2.2788	0.4388	31.9692	0.0313	0.0713	14.0292	274.2300	8.5779
22	2.3699	0.4220	34.2480	0.0292	0.0692	14.4511	306.1992	8.9407
23	2.4647	0.4057	36.6179	0.0273	0.0673	14.8568	340.4472	9.2973
24	2.5633	0.3901	39.0826	0.0256	0.0656	15.2470	377.0651	9.6479
25	2.6658	0.3751	41.6459	0.0240	0.0640	15.6221	416.1477	9.9925
26	2.7725	0.3607	44.3117	0.0226	0.0626	15.9828	457.7936	10.3312
27	2.8834	0.3468	47.0842	0.0212	0.0612	16.3296	502.1054	10.6640
28	2.9987	0.3335	49.9676	0.0200	0.0600	16.6631	549.1896	10.9909
29	3.1187	0.3207	52.9663	0.0189	0.0589	16.9837	599.1572	11.3120
30	3.2434	0.3083	56.0849	0.0178	0.0578	17.2920	652.1234	11.6274
31	3.3731	0.2965	59.3283	0.0169	0.0569	17.5885	708.2084	11.9371
32	3.5081	0.2851	62.7015	0.0159	0.0559	17.8736	767.5367	12.2411
33	3.6484	0.2741	66.2095	0.0151	0.0551	18.1476	830.2382	12.5396
34	3.7943	0.2636	69.8579	0.0143	0.0543	18.4112	896.4477	12.8324
35	3.9461	0.2534	73.6522	0.0136	0.0536	18.6646	966.3056	13.1198
36	4.1039	0.2437	77.5983	0.0129	0.0529	18.9083	1039.9578	13.4018
37	4.2681	0.2343	81.7022	0.0122	0.0522	19.1426	1117.5562	13.6784
38	4.4388	0.2253	85.9703	0.0116	0.0516	19.3679	1199.2584	13.9497
39	4.6164	0.2166	90.4091	0.0111	0.0511	19.5845	1285.2287	14.2157
40	4.8010	0.2083	95.0255	0.0105	0.0505	19.7928	1375.6379	14.4765
41	4.9931	0.2003	99.8265	0.0100	0.0500	19.9931	1470.6634	14.7322
42	5.1928	0.1926	104.8196	0.0095	0.0495	20.1856	1570.4899	14.9828
43	5.4005	0.1852	110.0124	0.0091	0.0491	20.3708	1675.3095	15.2284
44	5.6165	0.1780	115.4129	0.0087	0.0487	20.5488	1785.3219	15.4690
45	5.8412	0.1712	121.0294	0.0083	0.0483	20.7200	1900.7348	15.7047
46	6.0748	0.1646	126.8706	0.0079	0.0479	20.8847	2021.7642	15.9356
47	6.3178	0.1583	132.9454	0.0075	0.0475	21.0429	2148.6348	16.1618
48	6.5705	0.1522	139.2632	0.0072	0.0472	21.1951	2281.5802	16.3832
49	6.8333	0.1463	145.8337	0.0069	0.0469	21.3415	2420.8434	16.6000
50	7.1067	0.1407	152.6671	0.0066	0.0466	21.4822	2566.6771	16.8122

附表 5　复利系数表（$i=5\%$）

n	$(F/P,i,n)$	$(P/F,i,n)$	$(F/A,i,n)$	$(A/F,i,n)$	$(A/P,i,n)$	$(P/A,i,n)$	$(F/G,i,n)$	$(A/G,i,n)$
1	1.0500	0.9524	1.0000	1.0000	1.0500	0.9524	0.0000	0.0000
2	1.1025	0.9070	2.0500	0.4878	0.5378	1.8594	1.0000	0.4878
3	1.1576	0.8638	3.1525	0.3172	0.3672	2.7232	3.0500	0.9675
4	1.2155	0.8227	4.3101	0.2320	0.2820	3.5460	6.2025	1.4391
5	1.2763	0.7835	5.5256	0.1810	0.2310	4.3295	10.5126	1.9025
6	1.3401	0.7462	6.8019	0.1470	0.1970	5.0757	16.0383	2.3579
7	1.4071	0.7107	8.1420	0.1228	0.1728	5.7864	22.8402	2.8052
8	1.4775	0.6768	9.5491	0.1047	0.1547	6.4632	30.9822	3.2445
9	1.5513	0.6446	11.0266	0.0907	0.1407	7.1078	40.5313	3.6758
10	1.6289	0.6139	12.5779	0.0795	0.1295	7.7217	51.5579	4.0991
11	1.7103	0.5847	14.2068	0.0704	0.1204	8.3064	64.1357	4.5144
12	1.7959	0.5568	15.9171	0.0628	0.1128	8.8633	78.3425	4.9219
13	1.8856	0.5303	17.7130	0.0565	0.1065	9.3936	94.2597	5.3215
14	1.9799	0.5051	19.5986	0.0510	0.1010	9.8986	111.9726	5.7133
15	2.0789	0.4810	21.5786	0.0463	0.0963	10.3797	131.5713	6.0973
16	2.1829	0.4581	23.6575	0.0423	0.0923	10.8378	153.1498	6.4736
17	2.2920	0.4363	25.8404	0.0387	0.0887	11.2741	176.8073	6.8423
18	2.4066	0.4155	28.1324	0.0355	0.0855	11.6896	202.6477	7.2034
19	2.5270	0.3957	30.5390	0.0327	0.0827	12.0853	230.7801	7.5569
20	2.6533	0.3769	33.0660	0.0302	0.0802	12.4622	261.3191	7.9030
21	2.7860	0.3589	35.7193	0.0280	0.0780	12.8212	294.3850	8.2416
22	2.9253	0.3418	38.5052	0.0260	0.0760	13.1630	330.1043	8.5730
23	3.0715	0.3256	41.4305	0.0241	0.0741	13.4886	368.6095	8.8971
24	3.2251	0.3101	44.5020	0.0225	0.0725	13.7986	410.0400	9.2140
25	3.3864	0.2953	47.7271	0.0210	0.0710	14.0939	454.5420	9.5238
26	3.5557	0.2812	51.1135	0.0196	0.0696	14.3752	502.2691	9.8266
27	3.7335	0.2678	54.6691	0.0183	0.0683	14.6430	553.3825	10.1224
28	3.9201	0.2551	58.4026	0.0171	0.0671	14.8981	608.0517	10.4114
29	4.1161	0.2429	62.3227	0.0160	0.0660	15.1411	666.4542	10.6936
30	4.3219	0.2314	66.4388	0.0151	0.0651	15.3725	728.7770	10.9691
31	4.5380	0.2204	70.7608	0.0141	0.0641	15.5928	795.2158	11.2381
32	4.7649	0.2099	75.2988	0.0133	0.0633	15.8027	865.9766	11.5005
33	5.0032	0.1999	80.0638	0.0125	0.0625	16.0025	941.2754	11.7566
34	5.2533	0.1904	85.0670	0.0118	0.0618	16.1929	1021.3392	12.0063
35	5.5160	0.1813	90.3203	0.0111	0.0611	16.3742	1106.4061	12.2498
36	5.7918	0.1727	95.8363	0.0104	0.0604	16.5469	1196.7265	12.4872
37	6.0814	0.1644	101.6281	0.0098	0.0598	16.7113	1292.5628	12.7186
38	6.3855	0.1566	107.7095	0.0093	0.0593	16.8679	1394.1909	12.9440
39	6.7048	0.1491	114.0950	0.0088	0.0588	17.0170	1501.9005	13.1636
40	7.0400	0.1420	120.7998	0.0083	0.0583	17.1591	1615.9955	13.3775
41	7.3920	0.1353	127.8398	0.0078	0.0578	17.2944	1736.7953	13.5857
42	7.7616	0.1288	135.2318	0.0074	0.0574	17.4232	1864.6350	13.7884
43	8.1497	0.1227	142.9933	0.0070	0.0570	17.5459	1999.8668	13.9857
44	8.5572	0.1169	151.1430	0.0066	0.0566	17.6628	2142.8601	14.1777
45	8.9850	0.1113	159.7002	0.0063	0.0563	17.7741	2294.0031	14.3644
46	9.4343	0.1060	168.6852	0.0059	0.0559	17.8801	2453.7033	14.5461
47	9.9060	0.1009	178.1194	0.0056	0.0556	17.9810	2622.3884	14.7226
48	10.4013	0.0961	188.0254	0.0053	0.0553	18.0772	2800.5079	14.8943
49	10.9213	0.0916	198.4267	0.0050	0.0550	18.1687	2988.5333	15.0611
50	11.4674	0.0872	209.3480	0.0048	0.0548	18.2559	3186.9599	15.2233

附表 6　复利系数表（$i=6\%$）

n	$(F/P,i,n)$	$(P/F,i,n)$	$(F/A,i,n)$	$(A/F,i,n)$	$(A/P,i,n)$	$(P/A,i,n)$	$(F/G,i,n)$	$(A/G,i,n)$
1	1.0600	0.9434	1.0000	1.0000	1.0600	0.9434	0.0000	0.0000
2	1.1236	0.8900	2.0600	0.4854	0.5454	1.8334	1.0000	0.4854
3	1.1910	0.8396	3.1836	0.3141	0.3741	2.6730	3.0600	0.9612
4	1.2625	0.7921	4.3746	0.2286	0.2886	3.4651	6.2436	1.4272
5	1.3382	0.7473	5.6371	0.1774	0.2374	4.2124	10.6182	1.8836
6	1.4185	0.7050	6.9753	0.1434	0.2034	4.9173	16.2553	2.3304
7	1.5036	0.6651	8.3938	0.1191	0.1791	5.5824	23.2306	2.7676
8	1.5938	0.6274	9.8975	0.1010	0.1610	6.2098	31.6245	3.1952
9	1.6895	0.5919	11.4913	0.0870	0.1470	6.8017	41.5219	3.6133
10	1.7908	0.5584	13.1808	0.0759	0.1359	7.3601	53.0132	4.0220
11	1.8983	0.5268	14.9716	0.0668	0.1268	7.8869	66.1940	4.4213
12	2.0122	0.4970	16.8699	0.0593	0.1193	8.3838	81.1657	4.8113
13	2.1329	0.4688	18.8821	0.0530	0.1130	8.8527	98.0356	5.1920
14	2.2609	0.4423	21.0151	0.0476	0.1076	9.2950	116.9178	5.5635
15	2.3966	0.4173	23.2760	0.0430	0.1030	9.7122	137.9328	5.9260
16	2.5404	0.3936	25.6725	0.0390	0.0990	10.1059	161.2088	6.2794
17	2.6928	0.3714	28.2129	0.0354	0.0954	10.4773	186.8813	6.6240
18	2.8543	0.3503	30.9057	0.0324	0.0924	10.8276	215.0942	6.9597
19	3.0256	0.3305	33.7600	0.0296	0.0896	11.1581	245.9999	7.2867
20	3.2071	0.3118	36.7856	0.0272	0.0872	11.4699	279.7599	7.6051
21	3.3996	0.2942	39.9927	0.0250	0.0850	11.7641	316.5454	7.9151
22	3.6035	0.2775	43.3923	0.0230	0.0830	12.0416	356.5382	8.2166
23	3.8197	0.2618	46.9958	0.0213	0.0813	12.3034	399.9305	8.5099
24	4.0489	0.2470	50.8156	0.0197	0.0797	12.5504	446.9263	8.7951
25	4.2919	0.2330	54.8645	0.0182	0.0782	12.7834	497.7419	9.0772
26	4.5494	0.2198	59.1564	0.0169	0.0769	13.0032	552.6064	9.3414
27	4.8223	0.2074	63.7058	0.0157	0.0757	13.2105	611.7628	9.6029
28	5.1117	0.1956	68.5281	0.0146	0.0746	13.4062	675.4685	9.8568
29	5.4184	0.1846	73.6398	0.0136	0.0736	13.5907	743.9966	10.1032
30	5.7435	0.1741	79.0582	0.0126	0.0726	13.7648	817.6364	10.3422
31	6.0881	0.1643	84.8017	0.0118	0.0718	13.9291	896.6946	10.5740
32	6.4534	0.1550	90.8898	0.0110	0.0710	14.0840	981.4963	10.7988
33	6.8406	0.1462	97.3432	0.0103	0.0703	14.2302	1072.3861	11.0166
34	7.2510	0.1379	104.1838	0.0096	0.0696	14.3681	1169.7292	11.2276
35	7.6861	0.1301	111.4348	0.0090	0.0690	14.4982	1273.9130	11.4319
36	8.1473	0.1227	119.1209	0.0084	0.0684	14.6210	1385.3478	11.6298
37	8.6361	0.1158	127.2681	0.0079	0.0679	14.7368	1504.4686	11.8213
38	9.1543	0.1092	135.9042	0.0074	0.0674	14.8460	1631.7368	12.0065
39	9.7035	0.1031	145.0585	0.0069	0.0669	14.9491	1767.6410	12.1857
40	10.2857	0.0972	154.7620	0.0065	0.0665	15.0463	1912.6994	12.3590
41	10.9029	0.0917	165.0477	0.0061	0.0661	15.1380	2067.4614	12.5264
42	11.5570	0.0865	175.9505	0.0057	0.0657	15.2245	2232.5091	12.6883
43	12.2505	0.0816	187.5076	0.0053	0.0653	15.3062	2408.4596	12.8446
44	12.9855	0.0770	199.7580	0.0050	0.0650	15.3832	2595.9672	12.9956
45	13.7646	0.0727	212.7435	0.0047	0.0647	15.4558	2795.7252	13.1413
46	14.5905	0.0685	226.5081	0.0044	0.0644	15.5244	3008.4687	13.2819
47	15.4659	0.0647	241.0986	0.0041	0.0641	15.5890	3234.9769	13.4177
48	16.3939	0.0610	256.5645	0.0039	0.0639	15.6500	3476.0755	13.5485
49	17.3775	0.0575	272.9584	0.0037	0.0637	15.7076	3732.6400	13.6748
50	18.4202	0.0543	290.3359	0.0034	0.0634	15.7619	4005.5984	13.7964

附表 7　复利系数表($i=7\%$)

n	$(F/P,i,n)$	$(P/F,i,n)$	$(F/A,i,n)$	$(A/F,i,n)$	$(A/P,i,n)$	$(P/A,i,n)$	$(F/G,i,n)$	$(A/G,i,n)$
1	1.0700	0.9346	1.0000	1.0000	1.0700	0.9346	0.0000	0.0000
2	1.1449	0.8734	2.0700	0.4831	0.5531	1.8080	1.0000	0.4831
3	1.2250	0.8163	3.2149	0.3111	0.3811	2.6243	3.0700	0.9549
4	1.3108	0.7629	4.4399	0.2252	0.2952	3.3872	6.2849	1.4155
5	1.4026	0.7130	5.7507	0.1739	0.2439	4.1002	10.7248	1.8650
6	1.5007	0.6663	7.1533	0.1398	0.2098	4.7665	16.4756	2.3032
7	1.6058	0.6227	8.6540	0.1156	0.1856	5.3893	23.6289	2.7304
8	1.7182	0.5820	10.2598	0.0975	0.1675	5.9713	32.2829	3.1465
9	1.8385	0.5439	11.9780	0.0835	0.1535	6.5152	42.5427	3.5517
10	1.9672	0.5083	13.8164	0.0724	0.1424	7.0236	54.5207	3.9461
11	2.1049	0.4751	15.7836	0.0634	0.1334	7.4987	68.3371	4.3296
12	2.2522	0.4440	17.8885	0.0559	0.1259	7.9427	84.1207	4.7025
13	2.4098	0.4150	20.1406	0.0497	0.1197	8.3577	102.0092	5.0648
14	2.5785	0.3878	22.5505	0.0443	0.1143	8.7455	122.1498	5.4167
15	2.7590	0.3624	25.1290	0.0398	0.1098	9.1079	144.7003	5.7583
16	2.9522	0.3387	27.8881	0.0359	0.1059	9.4466	169.8293	6.0897
17	3.1588	0.3166	30.8402	0.0324	0.1024	9.7632	197.7174	6.4110
18	3.3799	0.2959	33.9990	0.0294	0.0994	10.0591	228.5576	6.7225
19	3.6165	0.2765	37.3790	0.0268	0.0968	10.3356	262.5566	7.0242
20	3.8697	0.2584	40.9955	0.0244	0.0944	10.5940	299.9356	7.3163
21	4.1406	0.2415	44.8652	0.0223	0.0923	10.8355	340.9311	7.5990
22	4.4304	0.2257	49.0057	0.0204	0.0904	11.0612	385.7963	7.8725
23	4.7405	0.2109	53.4361	0.0187	0.0887	11.2722	434.8020	8.1369
24	5.0724	0.1971	58.1767	0.0172	0.0872	11.4693	488.2382	8.3923
25	5.4274	0.1842	63.2490	0.0158	0.0858	11.6536	546.4148	8.6391
26	5.8074	0.1722	68.6765	0.0146	0.0846	11.8258	609.6639	8.8773
27	6.2139	0.1609	74.4838	0.0134	0.0834	11.9867	678.3403	9.1072
28	6.6488	0.1504	80.6977	0.0124	0.0824	12.1371	752.8242	9.3289
29	7.1143	0.1406	87.3465	0.0114	0.0814	12.2777	833.5218	9.5427
30	7.6123	0.1314	94.4608	0.0106	0.0806	12.4090	920.8684	9.7487
31	8.1451	0.1228	102.0730	0.0098	0.0798	12.5318	1015.3292	9.9471
32	8.7153	0.1147	110.2182	0.0091	0.0791	12.6466	1117.4022	10.1381
33	9.3253	0.1072	118.9334	0.0084	0.0784	12.7538	1227.6204	10.3219
34	9.9781	0.1002	128.2588	0.0078	0.0778	12.8540	1346.5538	10.4987
35	10.6766	0.0937	138.2369	0.0072	0.0772	12.9477	1474.8125	10.6687
36	11.4239	0.0875	148.9135	0.0067	0.0767	13.0352	1613.0494	10.8321
37	12.2236	0.0818	160.3374	0.0062	0.0762	13.1170	1761.9629	10.9891
38	13.0793	0.0765	172.5610	0.0058	0.0758	13.1935	1922.3003	11.1398
39	13.9948	0.0715	185.6403	0.0054	0.0754	13.2649	2094.8613	11.2845
40	14.9745	0.0668	199.6351	0.0050	0.0750	13.3317	2280.5016	11.4233
41	16.0227	0.0624	214.6096	0.0047	0.0747	13.3941	2480.1367	11.5565
42	17.1443	0.0583	230.6322	0.0043	0.0743	13.4524	2694.7463	11.6842
43	18.3444	0.0545	247.7765	0.0040	0.0740	13.5070	2925.3785	11.8065
44	19.6285	0.0509	266.1209	0.0038	0.0738	13.5579	3173.1550	11.9237
45	21.0025	0.0476	285.7493	0.0035	0.0735	13.6055	3439.2759	12.0360
46	22.4726	0.0445	306.7518	0.0033	0.0733	13.6500	3725.0252	12.1435
47	24.0457	0.0416	329.2244	0.0030	0.0730	13.6916	4031.7769	12.2463
48	25.7289	0.0389	353.2701	0.0028	0.0728	13.7305	4361.0013	12.3447
49	27.5299	0.0363	378.9990	0.0026	0.0726	13.7668	4714.2714	12.4387
50	29.4570	0.0339	406.5289	0.0025	0.0725	13.8007	5093.2704	12.5287

附表8 复利系数表（*i*＝8%）

n	（*F/P*,*i*,*n*）	（*P/F*,*i*,*n*）	（*F/A*,*i*,*n*）	（*A/F*,*i*,*n*）	（*A/P*,*i*,*n*）	（*P/A*,*i*,*n*）	（*F/G*,*i*,*n*）	（*A/G*,*i*,*n*）
1	1.0800	0.9259	1.0000	1.0000	1.0800	0.9259	0.0000	0.0000
2	1.1664	0.8573	2.0800	0.4808	0.5608	1.7833	1.0000	0.4808
3	1.2597	0.7938	3.2464	0.3080	0.3880	2.5771	3.0800	0.9487
4	1.3605	0.7350	4.5061	0.2219	0.3019	3.3121	6.3264	1.4040
5	1.4693	0.6806	5.8666	0.1705	0.2505	3.9927	10.8325	1.8465
6	1.5869	0.6302	7.3359	0.1363	0.2163	4.6229	16.6991	2.2763
7	1.7138	0.5835	8.9228	0.1121	0.1921	5.2064	24.0350	2.6937
8	1.8509	0.5403	10.6366	0.0940	0.1740	5.7466	32.9578	3.0985
9	1.9990	0.5002	12.4876	0.0801	0.1601	6.2469	43.5945	3.4910
10	2.1589	0.4632	14.4866	0.0690	0.1490	6.7101	56.0820	3.8713
11	2.3316	0.4289	16.6455	0.0601	0.1401	7.1390	70.5686	4.2395
12	2.5182	0.3971	18.9771	0.0527	0.1327	7.5361	87.2141	4.5957
13	2.7196	0.3677	21.4953	0.0465	0.1265	7.9038	106.1912	4.9402
14	2.9372	0.3405	24.2149	0.0413	0.1213	8.2442	127.6865	5.2731
15	3.1722	0.3152	27.1521	0.0368	0.1168	8.5595	151.9014	5.5945
16	3.4259	0.2919	30.3243	0.0330	0.1130	8.8514	179.0535	5.9046
17	3.7000	0.2703	33.7502	0.0296	0.1096	9.1216	209.3778	6.2037
18	3.9960	0.2502	37.4502	0.0267	0.1067	9.3719	243.1280	6.4920
19	4.3157	0.2317	41.4463	0.0241	0.1041	9.6036	280.5783	6.7697
20	4.6610	0.2145	45.7620	0.0219	0.1019	9.8181	322.0246	7.0369
21	5.0338	0.1987	50.4229	0.0198	0.0998	10.0168	367.7865	7.2940
22	5.4365	0.1839	55.4568	0.0180	0.0980	10.2007	418.2094	7.5412
23	5.8715	0.1703	60.8933	0.0164	0.0964	10.3711	473.6662	7.7786
24	6.3412	0.1577	66.7648	0.0150	0.0950	10.5288	534.5595	8.0066
25	6.8485	0.1460	73.1059	0.0137	0.0937	10.6748	601.3242	8.2254
26	7.3964	0.1352	79.9544	0.0125	0.0925	10.8100	674.4302	8.4352
27	7.9881	0.1252	87.3508	0.0114	0.0914	10.9352	754.3846	8.6363
28	8.6271	0.1159	95.3388	0.0105	0.0905	11.0511	841.7354	8.8289
29	9.3173	0.1073	103.9659	0.0096	0.0896	11.1584	937.0742	9.0133
30	10.0627	0.0994	113.2832	0.0088	0.0888	11.2578	1041.0401	9.1897
31	10.8677	0.0920	123.3459	0.0081	0.0881	11.3498	1154.3234	9.3584
32	11.7371	0.0852	134.2135	0.0075	0.0875	11.4350	1277.6692	9.5197
33	12.6760	0.0789	145.9506	0.0069	0.0869	11.5139	1411.8828	9.6737
34	13.6901	0.0730	158.6267	0.0063	0.0863	11.5869	1557.8334	9.8208
35	14.7853	0.0676	172.3168	0.0058	0.0858	11.6546	1716.4600	9.9611
36	15.9682	0.0626	187.1021	0.0053	0.0853	11.7172	1888.7768	10.0949
37	17.2456	0.0580	203.0703	0.0049	0.0849	11.7752	2075.8790	10.2225
38	18.6253	0.0537	220.3159	0.0045	0.0845	11.8289	2278.9493	10.3440
39	20.1153	0.0497	238.9412	0.0042	0.0842	11.8786	2499.2653	10.4597
40	21.7245	0.0460	259.0565	0.0039	0.0839	11.9246	2738.2065	10.5699
41	23.4625	0.0426	280.7810	0.0036	0.0836	11.9672	2997.2630	10.6747
42	25.3395	0.0395	304.2435	0.0033	0.0833	12.0067	3278.0440	10.7744
43	27.3666	0.0365	329.5830	0.0030	0.0830	12.0432	3582.2876	10.8692
44	29.5560	0.0338	356.9496	0.0028	0.0828	12.0771	3911.8706	10.9592
45	31.9204	0.0313	386.5056	0.0026	0.0826	12.1084	4268.8202	11.0447
46	34.4741	0.0290	418.4261	0.0024	0.0824	12.1374	4655.3258	11.1258
47	37.2320	0.0269	452.9002	0.0022	0.0822	12.1643	5073.7519	11.2028
48	40.2106	0.0249	490.1322	0.0020	0.0820	12.1891	5526.6521	11.2758
49	43.4274	0.0230	530.3427	0.0019	0.0819	12.2122	6016.7842	11.3451
50	46.9016	0.0213	573.7702	0.0017	0.0817	12.2335	6547.1270	11.4107

附表 9　复利系数表（$i=9\%$）

n	$(F/P,i,n)$	$(P/F,i,n)$	$(F/A,i,n)$	$(A/F,i,n)$	$(A/P,i,n)$	$(P/A,i,n)$	$(F/G,i,n)$	$(A/G,i,n)$
1	1.0900	0.9174	1.0000	1.0000	1.0900	0.9174	0.0000	0.0000
2	1.1881	0.8417	2.0900	0.4785	0.5685	1.7591	1.0000	0.4785
3	1.2950	0.7722	3.2781	0.3051	0.3951	2.5313	3.0900	0.9426
4	1.4116	0.7084	4.5731	0.2187	0.3087	3.2397	6.3681	1.3925
5	1.5386	0.6499	5.9847	0.1671	0.2571	3.8897	10.9412	1.8282
6	1.6771	0.5963	7.5233	0.1329	0.2229	4.4859	16.9259	2.2498
7	1.8280	0.5470	9.2004	0.1087	0.1987	5.0330	24.4493	2.6574
8	1.9926	0.5019	11.0285	0.0907	0.1807	5.5348	33.6497	3.0512
9	2.1719	0.4604	13.0210	0.0768	0.1668	5.9952	44.6782	3.4312
10	2.3674	0.4224	15.1929	0.0658	0.1558	6.4177	57.6992	3.7978
11	2.5804	0.3875	17.5603	0.0569	0.1469	6.8052	72.8921	4.1510
12	2.8127	0.3555	20.1407	0.0497	0.1397	7.1607	90.4524	4.4910
13	3.0658	0.3262	22.9534	0.0436	0.1336	7.4869	110.5932	4.8182
14	3.3417	0.2992	26.0192	0.0384	0.1284	7.7862	133.5465	5.1326
15	3.6425	0.2745	29.3609	0.0341	0.1241	8.0607	159.5657	5.4346
16	3.9703	0.2519	33.0034	0.0303	0.1203	8.3126	188.9267	5.7245
17	4.3276	0.2311	36.9737	0.0270	0.1170	8.5436	221.9301	6.0024
18	4.7171	0.2120	41.3013	0.0242	0.1142	8.7556	258.9038	6.2687
19	5.1417	0.1945	46.0185	0.0217	0.1117	8.9501	300.2051	6.5236
20	5.6044	0.1784	51.1601	0.0195	0.1095	9.1285	346.2236	6.7674
21	6.1088	0.1637	56.7645	0.0176	0.1076	9.2922	397.3837	7.0006
22	6.6586	0.1502	62.8733	0.0159	0.1059	9.4424	454.1482	7.2232
23	7.2579	0.1378	69.5319	0.0144	0.1044	9.5802	517.0215	7.4357
24	7.9111	0.1264	76.7898	0.0130	0.1030	9.7066	586.5535	7.6384
25	8.6231	0.1160	84.7009	0.0118	0.1018	9.8226	663.3433	7.8316
26	9.3992	0.1064	93.3240	0.0107	0.1007	9.9290	748.0442	8.0156
27	10.2451	0.0976	102.7231	0.0097	0.0997	10.0266	841.3682	8.1906
28	11.1671	0.0895	112.9682	0.0089	0.0989	10.1161	944.0913	8.3571
29	12.1722	0.0822	124.1354	0.0081	0.0981	10.1983	1057.0595	8.5154
30	13.2677	0.0754	136.3075	0.0073	0.0973	10.2737	1181.1949	8.6657
31	14.4618	0.0691	149.5752	0.0067	0.0967	10.3428	1317.5024	8.8083
32	15.7633	0.0634	164.0370	0.0061	0.0961	10.4062	1467.0776	8.9436
33	17.1820	0.0582	179.8003	0.0056	0.0956	10.4644	1631.1146	9.0718
34	18.7284	0.0534	196.9823	0.0051	0.0951	10.5178	1810.9149	9.1933
35	20.4140	0.0490	215.7108	0.0046	0.0946	10.5668	2007.8973	9.3083
36	22.2512	0.0449	236.1247	0.0042	0.0942	10.6118	2223.6080	9.4171
37	24.2538	0.0412	258.3759	0.0039	0.0939	10.6530	2459.7328	9.5200
38	26.4367	0.0378	282.6298	0.0035	0.0935	10.6908	2718.1087	9.6172
39	28.8160	0.0347	309.0665	0.0032	0.0932	10.7255	3000.7385	9.7090
40	31.4094	0.0318	337.8824	0.0030	0.0930	10.7574	3309.8049	9.7957
41	34.2363	0.0292	369.2919	0.0027	0.0927	10.7866	3647.6874	9.8775
42	37.3175	0.0268	403.5281	0.0025	0.0925	10.8134	4016.9793	9.9546
43	40.6761	0.0246	440.8457	0.0023	0.0923	10.8380	4420.5074	10.0273
44	44.3370	0.0226	481.5218	0.0021	0.0921	10.8605	4861.3531	10.0958
45	48.3273	0.0207	525.8587	0.0019	0.0919	10.8812	5342.8748	10.1603
46	52.6767	0.0190	574.1860	0.0017	0.0917	10.9002	5868.7336	10.2210
47	57.4176	0.0174	626.8628	0.0016	0.0916	10.9176	6442.9196	10.2780
48	62.5852	0.0160	684.2804	0.0015	0.0915	10.9336	7069.7823	10.3317
49	68.2179	0.0147	746.8656	0.0013	0.0913	10.9482	7754.0628	10.3821
50	74.3575	0.0134	815.0836	0.0012	0.0912	10.9617	8500.9284	10.4295

附表 10　复利系数表（$i = 10\%$）

n	$(F/P,i,n)$	$(P/F,i,n)$	$(F/A,i,n)$	$(A/F,i,n)$	$(A/P,i,n)$	$(P/A,i,n)$	$(F/G,i,n)$	$(A/G,i,n)$
1	1.1000	0.9091	1.0000	1.0000	1.1000	0.9091	0.0000	0.0000
2	1.2100	0.8264	2.1000	0.4762	0.5762	1.7355	1.0000	0.4762
3	1.3310	0.7513	3.3100	0.3021	0.4021	2.4869	3.1000	0.9366
4	1.4641	0.6830	4.6410	0.2155	0.3155	3.1699	6.4100	1.3812
5	1.6105	0.6209	6.1051	0.1638	0.2638	3.7908	11.0510	1.8101
6	1.7716	0.5645	7.7156	0.1296	0.2296	4.3553	17.1561	2.2236
7	1.9487	0.5132	9.4872	0.1054	0.2054	4.8684	24.8717	2.6216
8	2.1436	0.4665	11.4359	0.0874	0.1874	5.3349	34.3589	3.0045
9	2.3579	0.4241	13.5795	0.0736	0.1736	5.7590	45.7948	3.3724
10	2.5937	0.3855	15.9374	0.0627	0.1627	6.1446	59.3742	3.7255
11	2.8531	0.3505	18.5312	0.0540	0.1540	6.4951	75.3117	4.0641
12	3.1384	0.3186	21.3843	0.0468	0.1468	6.8137	93.8428	4.3884
13	3.4523	0.2897	24.5227	0.0408	0.1408	7.1034	115.2271	4.6988
14	3.7975	0.2633	27.9750	0.0357	0.1357	7.3667	139.7498	4.9955
15	4.1772	0.2394	31.7725	0.0315	0.1315	7.6061	167.7248	5.2789
16	4.5950	0.2176	35.9497	0.0278	0.1278	7.8237	199.4973	5.5493
17	5.0545	0.1978	40.5447	0.0247	0.1247	8.0216	235.4470	5.8071
18	5.5599	0.1799	45.5992	0.0219	0.1219	8.2014	275.9917	6.0526
19	6.1159	0.1635	51.1591	0.0195	0.1195	8.3649	321.5909	6.2861
20	6.7275	0.1486	57.2750	0.0175	0.1175	8.5136	372.7500	6.5081
21	7.4002	0.1351	64.0025	0.0156	0.1156	8.6487	430.0250	6.7189
22	8.1403	0.1228	71.4027	0.0140	0.1140	8.7715	494.0275	6.9189
23	8.9543	0.1117	79.5430	0.0126	0.1126	8.8832	565.4302	7.1085
24	9.8497	0.1015	88.4973	0.0113	0.1113	8.9847	644.9733	7.2881
25	10.8347	0.0923	98.3471	0.0102	0.1102	9.0770	733.4706	7.4580
26	11.9182	0.0839	109.1818	0.0092	0.1092	9.1609	831.8177	7.6186
27	13.1100	0.0763	121.0999	0.0083	0.1083	9.2372	940.9994	7.7704
28	14.4210	0.0693	134.2099	0.0075	0.1075	9.3066	1062.0994	7.9137
29	15.8631	0.0630	148.6309	0.0067	0.1067	9.3696	1196.3093	8.0489
30	17.4494	0.0573	164.4940	0.0061	0.1061	9.4269	1344.9402	8.1762
31	19.1943	0.0521	181.9434	0.0055	0.1055	9.4790	1509.4342	8.2962
32	21.1138	0.0474	201.1378	0.0050	0.1050	9.5264	1691.3777	8.4091
33	23.2252	0.0431	222.2515	0.0045	0.1045	9.5694	1892.5154	8.5152
34	25.5477	0.0391	245.4767	0.0041	0.1041	9.6086	2114.7670	8.6149
35	28.1024	0.0356	271.0244	0.0037	0.1037	9.6442	2360.2437	8.7086
36	30.9127	0.0323	299.1268	0.0033	0.1033	9.6765	2631.2681	8.7965
37	34.0039	0.0294	330.0395	0.0030	0.1030	9.7059	2930.3949	8.8789
38	37.4043	0.0267	364.0434	0.0027	0.1027	9.7327	3260.4343	8.9562
39	41.1448	0.0243	401.4478	0.0025	0.1025	9.7570	3624.4778	9.0285
40	45.2593	0.0221	442.5926	0.0023	0.1023	9.7791	4025.9256	9.0962
41	49.7852	0.0201	487.8518	0.0020	0.1020	9.7991	4468.5181	9.1596
42	54.7637	0.0183	537.6370	0.0019	0.1019	9.8174	4956.3699	9.2188
43	60.2401	0.0166	592.4007	0.0017	0.1017	9.8340	5494.0069	9.2741
44	66.2641	0.0151	652.6408	0.0015	0.1015	9.8491	6086.4076	9.3258
45	72.8905	0.0137	718.9048	0.0014	0.1014	9.8628	6739.0484	9.3740
46	80.1795	0.0125	791.7953	0.0013	0.1013	9.8753	7457.9532	9.4190
47	88.1975	0.0113	871.9749	0.0011	0.1011	9.8866	8249.7485	9.4610
48	97.0172	0.0103	960.1723	0.0010	0.1010	9.8969	9121.7234	9.5001
49	106.7190	0.0094	1057.1896	0.0009	0.1009	9.9063	10081.8957	9.5365
50	117.3909	0.0085	1163.9085	0.0009	0.1009	9.9148	11139.0853	9.5704

附表 11 复利系数表($i=12\%$)

n	($F/P,i,n$)	($P/F,i,n$)	($F/A,i,n$)	($A/F,i,n$)	($A/P,i,n$)	($P/A,i,n$)	($F/G,i,n$)	($A/G,i,n$)
1	1.1200	0.8929	1.0000	1.0000	1.1200	0.8929	0.0000	0.0000
2	1.2544	0.7972	2.1200	0.4717	0.5917	1.6901	1.0000	0.4717
3	1.4049	0.7118	3.3744	0.2963	0.4163	2.4018	3.1200	0.9246
4	1.5735	0.6355	4.7793	0.2092	0.3292	3.0373	6.4944	1.3589
5	1.7623	0.5674	6.3528	0.1574	0.2774	3.6048	11.2737	1.7746
6	1.9738	0.5066	8.1152	0.1232	0.2432	4.1114	17.6266	2.1720
7	2.2107	0.4523	10.0890	0.0991	0.2191	4.5638	25.7418	2.5515
8	2.4760	0.4039	12.2997	0.0813	0.2013	4.9676	35.8308	2.9131
9	2.7731	0.3606	14.7757	0.0677	0.1877	5.3282	48.1305	3.2574
10	3.1058	0.3220	17.5487	0.0570	0.1770	5.6502	62.9061	3.5847
11	3.4785	0.2875	20.6546	0.0484	0.1684	5.9377	80.4549	3.8953
12	3.8960	0.2567	24.1331	0.0414	0.1614	6.1944	101.1094	4.1897
13	4.3635	0.2292	28.0291	0.0357	0.1557	6.4235	125.2426	4.4683
14	4.8871	0.2046	32.3926	0.0309	0.1509	6.6282	153.2717	4.7317
15	5.4736	0.1827	37.2797	0.0268	0.1468	6.8109	185.6643	4.9803
16	6.1304	0.1631	42.7533	0.0234	0.1434	6.9740	222.9440	5.2147
17	6.8660	0.1456	48.8837	0.0205	0.1405	7.1196	265.6973	5.4353
18	7.6900	0.1300	55.7497	0.0179	0.1379	7.2497	314.5810	5.6427
19	8.6128	0.1161	63.4397	0.0158	0.1358	7.3658	370.3307	5.8375
20	9.6463	0.1037	72.0524	0.0139	0.1339	7.4694	433.7704	6.0202
21	10.8038	0.0926	81.6987	0.0122	0.1322	7.5620	505.8228	6.1913
22	12.1003	0.0826	92.5026	0.0108	0.1308	7.6446	587.5215	6.3514
23	13.5523	0.0738	104.6029	0.0096	0.1296	7.7184	680.0241	6.5010
24	15.1786	0.0659	118.1552	0.0085	0.1285	7.7843	784.6270	6.6406
25	17.0001	0.0588	133.3339	0.0075	0.1275	7.8431	902.7823	6.7708
26	19.0401	0.0525	150.3339	0.0067	0.1267	7.8957	1036.1161	6.8921
27	21.3249	0.0469	169.3740	0.0059	0.1259	7.9426	1186.4501	7.0049
28	23.8839	0.0419	190.6989	0.0052	0.1252	7.9844	1355.8241	7.1098
29	26.7499	0.0374	214.5828	0.0047	0.1247	8.0218	1546.5229	7.2071
30	29.9599	0.0334	241.3327	0.0041	0.1241	8.0552	1761.1057	7.2974
31	33.5551	0.0298	271.2926	0.0037	0.1237	8.0850	2002.4384	7.3811
32	37.5817	0.0266	304.8477	0.0033	0.1233	8.1116	2273.7310	7.4586
33	42.0915	0.0238	342.4294	0.0029	0.1229	8.1354	2578.5787	7.5302
34	47.1425	0.0212	384.5210	0.0026	0.1226	8.1566	2921.0082	7.5965
35	52.7996	0.0189	431.6635	0.0023	0.1223	8.1755	3305.5291	7.6577
36	59.1356	0.0169	484.4631	0.0021	0.1221	8.1924	3737.1926	7.7141
37	66.2318	0.0151	543.5987	0.0018	0.1218	8.2075	4221.6558	7.7661
38	74.1797	0.0135	609.8305	0.0016	0.1216	8.2210	4765.2544	7.8141
39	83.0812	0.0120	684.0102	0.0015	0.1215	8.2330	5375.0850	7.8582
40	93.0510	0.0107	767.0914	0.0013	0.1213	8.2438	6059.0952	7.8988
41	104.2171	0.0096	860.1424	0.0012	0.1212	8.2534	6826.1866	7.9361
42	116.7231	0.0086	964.3595	0.0010	0.1210	8.2619	7686.3290	7.9704
43	130.7299	0.0076	1081.0826	0.0009	0.1209	8.2696	8650.6885	8.0019
44	146.4175	0.0068	1211.8125	0.0008	0.1208	8.2764	9731.7711	8.0308
45	163.9876	0.0061	1358.2300	0.0007	0.1207	8.2825	10943.5836	8.0572
46	183.6661	0.0054	1522.2176	0.0007	0.1207	8.2880	12301.8136	8.0815
47	205.7061	0.0049	1705.8838	0.0006	0.1206	8.2928	13824.0313	8.1037
48	230.3908	0.0043	1911.5898	0.0005	0.1205	8.2972	15529.9150	8.1241
49	258.0377	0.0039	2141.9806	0.0005	0.1205	8.3010	17441.5048	8.1427
50	289.0022	0.0035	2400.0182	0.0004	0.1204	8.3045	19583.4854	8.1597

附表 12　复利系数表（$i=15\%$）

n	$(F/P,i,n)$	$(P/F,i,n)$	$(F/A,i,n)$	$(A/F,i,n)$	$(A/P,i,n)$	$(P/A,i,n)$	$(F/G,i,n)$	$(A/G,i,n)$
1	1.1500	0.8696	1.0000	1.0000	1.1500	0.8696	0.0000	0.0000
2	1.3225	0.7561	2.1500	0.4651	0.6151	1.6257	1.0000	0.4651
3	1.5209	0.6575	3.4725	0.2880	0.4380	2.2832	3.1500	0.9071
4	1.7490	0.5718	4.9934	0.2003	0.3503	2.8550	6.6225	1.3263
5	2.0114	0.4972	6.7424	0.1483	0.2983	3.3522	11.6159	1.7228
6	2.3131	0.4323	8.7537	0.1142	0.2642	3.7845	18.3583	2.0972
7	2.6600	0.3759	11.0668	0.0904	0.2404	4.1604	27.1120	2.4498
8	3.0590	0.3269	13.7268	0.0729	0.2229	4.4873	38.1788	2.7813
9	3.5179	0.2843	16.7858	0.0596	0.2096	4.7716	51.9056	3.0922
10	4.0456	0.2472	20.3037	0.0493	0.1993	5.0188	68.6915	3.3832
11	4.6524	0.2149	24.3493	0.0411	0.1911	5.2337	88.9952	3.6549
12	5.3503	0.1869	29.0017	0.0345	0.1845	5.4206	113.3444	3.9082
13	6.1528	0.1625	34.3519	0.0291	0.1791	5.5831	142.3461	4.1438
14	7.0757	0.1413	40.5047	0.0247	0.1747	5.7245	176.6980	4.3624
15	8.1371	0.1229	47.5804	0.0210	0.1710	5.8474	217.2027	4.5650
16	9.3576	0.1069	55.7175	0.0179	0.1679	5.9542	264.7831	4.7522
17	10.7613	0.0929	65.0751	0.0154	0.1654	6.0472	320.5006	4.9251
18	12.3755	0.0808	75.8364	0.0132	0.1632	6.1280	385.5757	5.0843
19	14.2318	0.0703	88.2118	0.0113	0.1613	6.1982	461.4121	5.2307
20	16.3665	0.0611	102.4436	0.0098	0.1598	6.2593	549.6239	5.3651
21	18.8215	0.0531	118.8101	0.0084	0.1584	6.3125	652.0675	5.4883
22	21.6447	0.0462	137.6316	0.0073	0.1573	6.3587	770.8776	5.6010
23	24.8915	0.0402	159.2764	0.0063	0.1563	6.3988	908.5092	5.7040
24	28.6252	0.0349	184.1678	0.0054	0.1554	6.4338	1067.7856	5.7979
25	32.9190	0.0304	212.7930	0.0047	0.1547	6.4641	1251.9534	5.8834
26	37.8568	0.0264	245.7120	0.0041	0.1541	6.4906	1464.7465	5.9612
27	43.5353	0.0230	283.5688	0.0035	0.1535	6.5135	1710.4584	6.0319
28	50.0656	0.0200	327.1041	0.0031	0.1531	6.5335	1994.0272	6.0960
29	57.5755	0.0174	377.1697	0.0027	0.1527	6.5509	2321.1313	6.1541
30	66.2118	0.0151	434.7451	0.0023	0.1523	6.5660	2698.3010	6.2066
31	76.1435	0.0131	500.9569	0.0020	0.1520	6.5791	3133.0461	6.2541
32	87.5651	0.0114	577.1005	0.0017	0.1517	6.5905	3634.0030	6.2970
33	100.6998	0.0099	664.6655	0.0015	0.1515	6.6005	4211.1035	6.3357
34	115.8048	0.0086	765.3654	0.0013	0.1513	6.6091	4875.7690	6.3705
35	133.1755	0.0075	881.1702	0.0011	0.1511	6.6166	5641.1344	6.4019
36	153.1519	0.0065	1014.3457	0.0010	0.1510	6.6231	6522.3045	6.4301
37	176.1246	0.0057	1167.4975	0.0009	0.1509	6.6288	7536.6502	6.4554
38	202.5433	0.0049	1343.6222	0.0007	0.1507	6.6338	8704.1477	6.4781
39	232.9248	0.0043	1546.1655	0.0006	0.1506	6.6380	10047.7699	6.4985
40	267.8635	0.0037	1779.0903	0.0006	0.1506	6.6418	11593.9354	6.5168
41	308.0431	0.0032	2046.9539	0.0005	0.1505	6.6450	13373.0257	6.5331
42	354.2495	0.0028	2354.9969	0.0004	0.1504	6.6478	15419.9796	6.5478
43	407.3870	0.0025	2709.2465	0.0004	0.1504	6.6503	17774.9765	6.5609
44	468.4950	0.0021	3116.6334	0.0003	0.1503	6.6524	20484.2230	6.5725
45	538.7693	0.0019	3585.1285	0.0003	0.1503	6.6543	23600.8564	6.5830
46	619.5847	0.0016	4123.8977	0.0002	0.1502	6.6559	27185.9849	6.5923
47	712.5224	0.0014	4743.4824	0.0002	0.1502	6.6573	31309.8826	6.6006
48	819.4007	0.0012	5456.0047	0.0002	0.1502	6.6585	36053.3650	6.6080
49	942.3108	0.0011	6275.4055	0.0002	0.1502	6.6596	41509.3697	6.6146
50	1083.657	0.0009	7217.7163	0.0001	0.1501	6.6605	47784.7752	6.6205

附表 13　复利系数表($i=20\%$)

n	$(F/P,i,n)$	$(P/F,i,n)$	$(F/A,i,n)$	$(A/F,i,n)$	$(A/P,i,n)$	$(P/A,i,n)$	$(F/G,i,n)$	$(A/G,i,n)$
1	1.2000	0.8333	1.0000	1.0000	1.2000	0.8333	0.0000	0.0000
2	1.4400	0.6944	2.2000	0.4545	0.6545	1.5278	1.0000	0.4545
3	1.7280	0.5787	3.6400	0.2747	0.4747	2.1065	3.2000	0.8791
4	2.0736	0.4823	5.3680	0.1863	0.3863	2.5887	6.8400	1.2742
5	2.4883	0.4019	7.4416	0.1344	0.3344	2.9906	12.2080	1.6405
6	2.9860	0.3349	9.9299	0.1007	0.3007	3.3255	19.6496	1.9788
7	3.5832	0.2791	12.9159	0.0774	0.2774	3.6046	29.5795	2.2902
8	4.2998	0.2326	16.4991	0.0606	0.2606	3.8372	42.4954	2.5756
9	5.1598	0.1938	20.7989	0.0481	0.2481	4.0310	58.9945	2.8364
10	6.1917	0.1615	25.9587	0.0385	0.2385	4.1925	79.7934	3.0739
11	7.4301	0.1346	32.1504	0.0311	0.2311	4.3271	105.7521	3.2893
12	8.9161	0.1122	39.5805	0.0253	0.2253	4.4392	137.9025	3.4841
13	10.6993	0.0935	48.4966	0.0206	0.2206	4.5327	177.4830	3.6597
14	12.8392	0.0779	59.1959	0.0169	0.2169	4.6106	225.9796	3.8175
15	15.4070	0.0649	72.0351	0.0139	0.2139	4.6755	285.1755	3.9588
16	18.4884	0.0541	87.4421	0.0114	0.2114	4.7296	357.2106	4.0851
17	22.1861	0.0451	105.9306	0.0094	0.2094	4.7746	444.6528	4.1976
18	26.6233	0.0376	128.1167	0.0078	0.2078	4.8122	550.5833	4.2975
19	31.9480	0.0313	154.7400	0.0065	0.2065	4.8435	678.7000	4.3861
20	38.3376	0.0261	186.6880	0.0054	0.2054	4.8696	833.4400	4.4643
21	46.0051	0.0217	225.0256	0.0044	0.2044	4.8913	1020.1280	4.5334
22	55.2061	0.0181	271.0307	0.0037	0.2037	4.9094	1245.1536	4.5941
23	66.2474	0.0151	326.2369	0.0031	0.2031	4.9245	1516.1843	4.6475
24	79.4968	0.0126	392.4842	0.0025	0.2025	4.9371	1842.4212	4.6943
25	95.3962	0.0105	471.9811	0.0021	0.2021	4.9476	2234.9054	4.7352
26	114.4755	0.0087	567.3773	0.0018	0.2018	4.9563	2706.8865	4.7709
27	137.3706	0.0073	681.8528	0.0015	0.2015	4.9636	3274.2638	4.8020
28	164.8447	0.0061	819.2233	0.0012	0.2012	4.9697	3956.1166	4.8291
29	197.8136	0.0051	984.0680	0.0010	0.2010	4.9747	4775.3399	4.8527
30	237.3763	0.0042	1181.8816	0.0008	0.2008	4.9789	5759.4078	4.8731
31	284.8516	0.0035	1419.2579	0.0007	0.2007	4.9824	6941.2894	4.8908
32	341.8219	0.0029	1704.1095	0.0006	0.2006	4.9854	8360.5473	4.9061
33	410.1863	0.0024	2045.9314	0.0005	0.2005	4.9878	10064.6568	4.9194
34	492.2235	0.0020	2456.1176	0.0004	0.2004	4.9898	12110.5881	4.9308
35	590.6682	0.0017	2948.3411	0.0003	0.2003	4.9915	14566.7057	4.9406
36	708.8019	0.0014	3539.0094	0.0003	0.2003	4.9929	17515.0469	4.9491
37	850.5622	0.0012	4247.8112	0.0002	0.2002	4.9941	21054.0562	4.9564
38	1020.674	0.0010	5098.3735	0.0002	0.2002	4.9951	25301.8675	4.9627
39	1224.809	0.0008	6119.0482	0.0002	0.2002	4.9959	30400.2410	4.9681
40	1469.771	0.0007	7343.8578	0.0001	0.2001	4.9966	36519.2892	4.9728
41	1763.725	0.0006	8813.6294	0.0001	0.2001	4.9972	43863.1470	4.9767
42	2116.471	0.0005	10577.3553	0.0001	0.2001	4.9976	52676.7764	4.9801
43	2539.765	0.0004	12693.8263	0.0001	0.2001	4.9980	63254.1317	4.9831
44	3047.718	0.0003	15233.5916	0.0001	0.2001	4.9984	75947.9581	4.9856
45	3657.262	0.0003	18281.3099	0.0001	0.2001	4.9986	91181.5497	4.9877
46	4388.714	0.0002	21938.5719	0.0000	0.2000	4.9989	109462.8596	4.9895
47	5266.457	0.0002	26327.2863	0.0000	0.2000	4.9991	131401.4316	4.9911
48	6319.748	0.0002	31593.7436	0.0000	0.2000	4.9992	157728.7179	4.9924
49	7583.698	0.0001	37913.4923	0.0000	0.2000	4.9993	189322.4615	4.9935
50	9100.438	0.0001	45497.1908	0.0000	0.2000	4.9995	227235.9538	4.9945

附表 14 复利系数表（i＝25%）

n	(F/P,i,n)	(P/F,i,n)	(F/A,i,n)	(A/F,i,n)	(A/P,i,n)	(P/A,i,n)	(F/G,i,n)	(A/G,i,n)
1	1.2500	0.8000	1.0000	1.0000	1.2500	0.8000	0.0000	0.0000
2	1.5625	0.6400	2.2500	0.4444	0.6944	1.4400	1.0000	0.4444
3	1.9531	0.5120	3.8125	0.2623	0.5123	1.9520	3.2500	0.8525
4	2.4414	0.4096	5.7656	0.1734	0.4234	2.3616	7.0625	1.2249
5	3.0518	0.3277	8.2070	0.1218	0.3718	2.6893	12.8281	1.5631
6	3.8147	0.2621	11.2588	0.0888	0.3388	2.9514	21.0352	1.8683
7	4.7684	0.2097	15.0735	0.0663	0.3163	3.1611	32.2939	2.1424
8	5.9605	0.1678	19.8419	0.0504	0.3004	3.3289	47.3674	2.3872
9	7.4506	0.1342	25.8023	0.0388	0.2888	3.4631	67.2093	2.6048
10	9.3132	0.1074	33.2529	0.0301	0.2801	3.5705	93.0116	2.7971
11	11.6415	0.0859	42.5661	0.0235	0.2735	3.6564	126.2645	2.9663
12	14.5519	0.0687	54.2077	0.0184	0.2684	3.7251	168.8306	3.1145
13	18.1899	0.0550	68.7596	0.0145	0.2645	3.7801	223.0383	3.2437
14	22.7374	0.0440	86.9495	0.0115	0.2615	3.8241	291.7979	3.3559
15	28.4217	0.0352	109.6868	0.0091	0.2591	3.8593	378.7474	3.4530
16	35.5271	0.0281	138.1085	0.0072	0.2572	3.8874	488.4342	3.5366
17	44.4089	0.0225	173.6357	0.0058	0.2558	3.9099	626.5427	3.6084
18	55.5112	0.0180	218.0446	0.0046	0.2546	3.9279	800.1784	3.6698
19	69.3889	0.0144	273.5558	0.0037	0.2537	3.9424	1018.2230	3.7222
20	86.7362	0.0115	342.9447	0.0029	0.2529	3.9539	1291.7788	3.7667
21	108.4202	0.0092	429.6809	0.0023	0.2523	3.9631	1634.7235	3.8045
22	135.5253	0.0074	538.1011	0.0019	0.2519	3.9705	2064.4043	3.8365
23	169.4066	0.0059	673.6264	0.0015	0.2515	3.9764	2602.5054	3.8634
24	211.7582	0.0047	843.0329	0.0012	0.2512	3.9811	3276.1318	3.8861
25	264.6978	0.0038	1054.7912	0.0009	0.2509	3.9849	4119.1647	3.9052
26	330.8722	0.0030	1319.4890	0.0008	0.2508	3.9879	5173.9559	3.9212
27	413.5903	0.0024	1650.3612	0.0006	0.2506	3.9903	6493.4449	3.9346
28	516.9879	0.0019	2063.9515	0.0005	0.2505	3.9923	8143.8061	3.9457
29	646.2349	0.0015	2580.9394	0.0004	0.2504	3.9938	10207.7577	3.9551
30	807.7936	0.0012	3227.1743	0.0003	0.2503	3.9950	12788.6971	3.9628
31	1009.742	0.0010	4034.9678	0.0002	0.2502	3.9960	16015.8713	3.9693
32	1262.177	0.0008	5044.7098	0.0002	0.2502	3.9968	20050.8392	3.9746
33	1577.721	0.0006	6306.8872	0.0002	0.2502	3.9975	25095.5490	3.9791
34	1972.152	0.0005	7884.6091	0.0001	0.2501	3.9980	31402.4362	3.9828
35	2465.190	0.0004	9856.7613	0.0001	0.2501	3.9984	39287.0453	3.9858
36	3081.487	0.0003	12321.9516	0.0001	0.2501	3.9987	49143.8066	3.9883
37	3851.859	0.0003	15403.4396	0.0001	0.2501	3.9990	61465.7582	3.9904
38	4814.824	0.0002	19255.2994	0.0001	0.2501	3.9992	76869.1978	3.9921
39	6018.531	0.0002	24070.1243	0.0000	0.2500	3.9993	96124.4972	3.9935
40	7523.163	0.0001	30088.6554	0.0000	0.2500	3.9995	120194.6215	3.9947
41	9403.954	0.0001	37611.8192	0.0000	0.2500	3.9996	150283.2769	3.9956
42	11754.94	0.0001	47015.7740	0.0000	0.2500	3.9997	187895.0961	3.9964
43	14693.67	0.0001	58770.7175	0.0000	0.2500	3.9997	234910.8702	3.9971
44	18367.09	0.0001	73464.3969	0.0000	0.2500	3.9998	293681.5877	3.9976
45	22958.87	0.0000	91831.4962	0.0000	0.2500	3.9998	367145.9846	3.9980
46	28698.59	0.0000	114790.3702	0.0000	0.2500	3.9999	458977.4808	3.9984
47	35873.24	0.0000	143488.9627	0.0000	0.2500	3.9999	573767.8510	3.9987
48	44841.55	0.0000	179362.2034	0.0000	0.2500	3.9999	717256.8137	3.9989
49	56051.93	0.0000	224203.7543	0.0000	0.2500	3.9999	896619.0172	3.9991
50	70064.92	0.0000	280255.6929	0.0000	0.2500	3.9999	1120822.7715	3.9993

附表 15　复利系数表（$i=30\%$）

n	$(F/P,i,n)$	$(P/F,i,n)$	$(F/A,i,n)$	$(A/F,i,n)$	$(A/P,i,n)$	$(P/A,i,n)$	$(F/G,i,n)$	$(A/G,i,n)$
1	1.3000	0.7692	1.0000	1.0000	1.3000	0.7692	0.0000	0.0000
2	1.6900	0.5917	2.3000	0.4348	0.7348	1.3609	1.0000	0.4348
3	2.1970	0.4552	3.9900	0.2506	0.5506	1.8161	3.3000	0.8271
4	2.8561	0.3501	6.1870	0.1616	0.4616	2.1662	7.2900	1.1783
5	3.7129	0.2693	9.0431	0.1106	0.4106	2.4356	13.4770	1.4903
6	4.8268	0.2072	12.7560	0.0784	0.3784	2.6427	22.5201	1.7654
7	6.2749	0.1594	17.5828	0.0569	0.3569	2.8021	35.2761	2.0063
8	8.1573	0.1226	23.8577	0.0419	0.3419	2.9247	52.8590	2.2156
9	10.6045	0.0943	32.0150	0.0312	0.3312	3.0190	76.7167	2.3963
10	13.7858	0.0725	42.6195	0.0235	0.3235	3.0915	108.7317	2.5512
11	17.9216	0.0558	56.4053	0.0177	0.3177	3.1473	151.3512	2.6833
12	23.2981	0.0429	74.3270	0.0135	0.3135	3.1903	207.7565	2.7952
13	30.2875	0.0330	97.6250	0.0102	0.3102	3.2233	282.0835	2.8895
14	39.3738	0.0254	127.9125	0.0078	0.3078	3.2487	379.7085	2.9685
15	51.1859	0.0195	167.2863	0.0060	0.3060	3.2682	507.6210	3.0344
16	66.5417	0.0150	218.4722	0.0046	0.3046	3.2832	674.9073	3.0892
17	86.5042	0.0116	285.0139	0.0035	0.3035	3.2948	893.3795	3.1345
18	112.4554	0.0089	371.5180	0.0027	0.3027	3.3037	1178.3934	3.1718
19	146.1920	0.0068	483.9734	0.0021	0.3021	3.3105	1549.9114	3.2025
20	190.0496	0.0053	630.1655	0.0016	0.3016	3.3158	2033.8849	3.2275
21	247.0645	0.0040	820.2151	0.0012	0.3012	3.3198	2664.0503	3.2480
22	321.1839	0.0031	1067.2796	0.0009	0.3009	3.3230	3484.2654	3.2646
23	417.5391	0.0024	1388.4635	0.0007	0.3007	3.3254	4551.5450	3.2781
24	542.8008	0.0018	1806.0026	0.0006	0.3006	3.3272	5940.0086	3.2890
25	705.6410	0.0014	2348.8033	0.0004	0.3004	3.3286	7746.0111	3.2979
26	917.3333	0.0011	3054.4443	0.0003	0.3003	3.3297	10094.8145	3.3050
27	1192.533	0.0008	3971.7776	0.0003	0.3003	3.3305	13149.2588	3.3107
28	1550.293	0.0006	5164.3109	0.0002	0.3002	3.3312	17121.0364	3.3153
29	2015.381	0.0005	6714.6042	0.0001	0.3001	3.3317	22285.3474	3.3189
30	2619.995	0.0004	8729.9855	0.0001	0.3001	3.3321	28999.9516	3.3219
31	3405.994	0.0003	11349.9811	0.0001	0.3001	3.3324	37729.9371	3.3242
32	4427.792	0.0002	14755.9755	0.0001	0.3001	3.3326	49079.9182	3.3261
33	5756.130	0.0002	19183.7681	0.0001	0.3001	3.3328	63835.8937	3.3276
34	7482.969	0.0001	24939.8985	0.0000	0.3000	3.3329	83019.6618	3.3288
35	9727.860	0.0001	32422.8681	0.0000	0.3000	3.3330	107959.5603	3.3297
36	12646.21	0.0001	42150.7285	0.0000	0.3000	3.3331	140382.4284	3.3305
37	16440.08	0.0001	54796.9471	0.0000	0.3000	3.3331	182533.1569	3.3311
38	21372.10	0.0000	71237.0312	0.0000	0.3000	3.3332	237330.1039	3.3316
39	27783.74	0.0000	92609.1405	0.0000	0.3000	3.3332	308567.1351	3.3319
40	36118.86	0.0000	120392.8827	0.0000	0.3000	3.3332	401176.2756	3.3322

附表 16 复利系数表($i=35\%$)

n	$(F/P,i,n)$	$(P/F,i,n)$	$(F/A,i,n)$	$(A/F,i,n)$	$(A/P,i,n)$	$(P/A,i,n)$	$(F/G,i,n)$	$(A/G,i,n)$
1	1.3500	0.7407	1.0000	1.0000	1.3500	0.7407	0.0000	0.0000
2	1.8225	0.5487	2.3500	0.4255	0.7755	1.2894	1.0000	0.4255
3	2.4604	0.4064	4.1725	0.2397	0.5897	1.6959	3.3500	0.8029
4	3.3215	0.3011	6.6329	0.1508	0.5008	1.9969	7.5225	1.1341
5	4.4840	0.2230	9.9544	0.1005	0.4505	2.2200	14.1554	1.4220
6	6.0534	0.1652	14.4384	0.0693	0.4193	2.3852	24.1098	1.6698
7	8.1722	0.1224	20.4919	0.0488	0.3988	2.5075	38.5482	1.8811
8	11.0324	0.0906	28.6640	0.0349	0.3849	2.5982	59.0400	2.0597
9	14.8937	0.0671	39.6964	0.0252	0.3752	2.6653	87.7040	2.2094
10	20.1066	0.0497	54.5902	0.0183	0.3683	2.7150	127.4005	2.3338
11	27.1439	0.0368	74.6967	0.0134	0.3634	2.7519	181.9906	2.4364
12	36.6442	0.0273	101.8406	0.0098	0.3598	2.7792	256.6873	2.5205
13	49.4697	0.0202	138.4848	0.0072	0.3572	2.7994	358.5279	2.5889
14	66.7841	0.0150	187.9544	0.0053	0.3553	2.8144	497.0127	2.6443
15	90.1585	0.0111	254.7385	0.0039	0.3539	2.8255	684.9671	2.6889
16	121.7139	0.0082	344.8970	0.0029	0.3529	2.8337	939.7056	2.7246
17	164.3138	0.0061	466.6109	0.0021	0.3521	2.8398	1284.6025	2.7530
18	221.8236	0.0045	630.9247	0.0016	0.3516	2.8443	1751.2134	2.7756
19	299.4619	0.0033	852.7483	0.0012	0.3512	2.8476	2382.1381	2.7935
20	404.2736	0.0025	1152.2103	0.0009	0.3509	2.8501	3234.8864	2.8075

附表 17 复利系数表($i=40\%$)

n	$(F/P,i,n)$	$(P/F,i,n)$	$(F/A,i,n)$	$(A/F,i,n)$	$(A/P,i,n)$	$(P/A,i,n)$	$(F/G,i,n)$	$(A/G,i,n)$
1	1.4000	0.7143	1.0000	1.0000	1.4000	0.7143	0.0000	0.0000
2	1.9600	0.5102	2.4000	0.4167	0.8167	1.2245	1.0000	0.4167
3	2.7440	0.3644	4.3600	0.2294	0.6294	1.5889	3.4000	0.7798
4	3.8416	0.2603	7.1040	0.1408	0.5408	1.8492	7.7600	1.0923
5	5.3782	0.1859	10.9456	0.0914	0.4914	2.0352	14.8640	1.3580
6	7.5295	0.1328	16.3238	0.0613	0.4613	2.1680	25.8096	1.5811
7	10.5414	0.0949	23.8534	0.0419	0.4419	2.2628	42.1334	1.7664
8	14.7579	0.0678	34.3947	0.0291	0.4291	2.3306	65.9868	1.9185
9	20.6610	0.0484	49.1526	0.0203	0.4203	2.3790	100.3815	2.0422
10	28.9255	0.0346	69.8137	0.0143	0.4143	2.4136	149.5342	2.1419
11	40.4957	0.0247	98.7391	0.0101	0.4101	2.4383	219.3478	2.2215
12	56.6939	0.0176	139.2348	0.0072	0.4072	2.4559	318.0870	2.2845
13	79.3715	0.0126	195.9287	0.0051	0.4051	2.4685	457.3217	2.3341
14	111.1201	0.0090	275.3002	0.0036	0.4036	2.4775	653.2504	2.3729
15	155.5681	0.0064	386.4202	0.0026	0.4026	2.4839	928.5506	2.4030
16	217.7953	0.0046	541.9883	0.0018	0.4018	2.4885	1314.9708	2.4262
17	304.9135	0.0033	759.7837	0.0013	0.4013	2.4918	1856.9592	2.4441
18	426.8789	0.0023	1064.6971	0.0009	0.4009	2.4941	2616.7428	2.4577
19	597.6304	0.0017	1491.5760	0.0007	0.4007	2.4958	3681.4400	2.4682
20	836.6826	0.0012	2089.2064	0.0005	0.4005	2.4970	5173.0160	2.4761

附录 2 关于进一步做好政府和社会资本合作项目示范工作的通知

财金[2015]57 号

各省、自治区、直辖市、计划单列市财政厅(局),新疆生产建设兵团财务局:

为贯彻落实《国务院办公厅转发财政部 发展改革委 人民银行关于在公共服务领域推广政府和社会资本合作模式指导意见的通知》(国办发[2015]42 号)精神,加快推进政府和社会资本合作(PPP)项目示范工作,尽早形成一批可复制、可推广的实施范例,助推更多项目落地实施,现通知如下:

一、加快推进首批示范项目实施

(一)高度重视 PPP 项目示范工作。项目示范是财政部门规范推广 PPP 模式的重要抓手。各级财政部门要切实加强示范项目的组织领导,配备必要的业务骨干人员,保证各项工作有序推进。示范项目所在地财政部门要加强协调,督促项目实施单位加快推进项目实施,跟踪进展情况,对项目实施过程中的难点和问题,要积极协调解决,重大情况及时向上级财政部门报告。

(二)确保示范项目实施质量。要严格执行国务院和财政部等部门出台的一系列制度文件,科学编制实施方案,合理选择运作方式,认真做好评估论证,择优选择社会资本,加强项目实施监管。项目采购要严格执行《政府采购法》《政府和社会资本合作项目政府采购管理办法》(财库[2014]215 号)等规定,充分引入竞争机制,保证项目实施质量。要发挥政府集中采购降低成本的优势,确定合理的收费标准,通过政府采购平台选择一批能力较强的专业中介机构,为示范项目实施提供技术支持。严禁通过保底承诺、回购安排、明股实债等方式进行变相融资,将项目包装成 PPP 项目。

(三)切实履行财政监督管理职责。示范项目所在地财政部门要认真做好示范项目物有所值定性分析和财政承受能力论证,有效控制政府支付责任,合理确定财政补助金额,每一年度全部 PPP 项目需要从预算中安排的支出占一般公共预算支出比例应当不超过 10%。省级财政部门要统计监测所有 PPP 项目的政府支付责任并报财政部备案,加强示范项目管理,督促下级财政部门严格履行合同约定,保护社会资本的合法权益,切实维护政府信用。

(四)及时上报示范项目实施信息。对于示范项目的实施方案、合作伙伴选择、物有所值评估、财政承受能力论证等,项目所在地财政部门要将有关情况报送省级财政部门备案,并通过财政部 PPP 综合信息平台及时填报相关信息。在示范项目建设和运营阶段,财政部将不定期组织对示范项目实施情况进行督导,督促项目实施单位依法充分披露相关信息。

二、组织上报第二批备选示范项目

（五）在公共服务领域广泛征集适宜采用 PPP 模式的项目。根据《国务院办公厅转发财政部 发展改革委 人民银行关于在公共服务领域推广政府和社会资本合作模式指导意见的通知》（国办发〔2015〕42 号），地方各级财政部门要在能源、交通运输、水利、环境保护、农业、林业、科技、保障性安居工程、医疗、卫生、养老、教育、文化等公共服务领域，筛选征集适宜采用 PPP 模式的项目，加快建立项目库。

（六）确保上报备选示范项目具备相应基本条件。项目要纳入城市总体规划和各类专项规划，新建项目应已按规定程序做好立项、可行性论证等项目前期工作。项目所在行业已印发开展 PPP 模式相关规定的，要同时满足相关规定。政府和社会资本合作期限原则上不低于 10 年。对采用建设—移交（BT）方式的项目，通过保底承诺、回购安排等方式进行变相融资的项目，财政部将不予受理。

（七）优先支持融资平台公司存量项目转型为 PPP 项目。重点推进符合条件的融资平台公司存量项目，通过转让—运营—移交（TOT）、改建—运营—移交（ROT）等方式转型为 PPP 项目。存量项目债务应纳入地方政府性债务管理系统，或 2013 年全国政府性债务审计范围。对合同变更成本高，融资结构调整成本高，原债权人不同意转换，不能化解政府性债务风险、降低债务成本和实现"物有所值"的项目，财政部将不予受理。

（八）认真组织备选示范项目筛选上报。请各省、自治区、直辖市、计划单列市财政厅（局）按照上述要求，严格筛选上报适宜采用 PPP 模式的第二批备选示范项目，将项目采用 PPP 模式的初步方案（附件）以及 PPP 示范项目申报表（附件 2）和基本信息表（附件 3），于 2015 年 7 月 15 日前书面（含电子版，下载网址：http://jrs.mof.gov.cn/ppp/）报送财政部（金融司，联系人××，010-×××××××；PPP 中心，联系人×××，010-×××××××）。申请第二批示范项目时，项目所在地政府或政府授权实施机构应当提交项目规范实施承诺书，承诺在项目实施各操作环节中，将严格执行财政部一系列制度规范，尽快完成项目实施，并保证项目实施质量。

三、构建激励相容的政策保障机制

（九）建立"能进能出"的项目示范机制。对已列入示范项目名单的项目，如项目交易结构发生重大变化不能采用 PPP 模式，或一年后仍未能进入采购阶段的，将被调出示范项目名单。示范项目建设完成后，财政部将组织专家对前期实施情况进行验收，重点审查示范项目是否符合 PPP 模式的必备特征。符合 PPP 模式特征的，将作为实施范例进行推广。不符合 PPP 模式特征的，财政部将督促实施单位进行整改，或不再作为示范项目推广。

（十）加强业务指导和技术支持。财政部将建立 PPP 综合信息平台，加快推进专家库和项目库建设，抓紧出台 PPP 项目财政管理办法、物有所值操作指引等配套实施细则，为 PPP 项目示范工作提供必要的业务指导和技术支持。在示范项目实施全过程中，财政部相关司局及 PPP 中心将进行跟踪指导，推动示范项目顺利实施。

（十一）完善示范项目扶持政策体系。鼓励符合条件的示范项目用好用足现行各项扶持政策,按规定申请城镇保障性安居工程贷款贴息、中央财政支持海绵城市建设试点和地下综合管廊试点政策中对 PPP 倾斜支持奖励政策等政策支持。中央财政加快推动设立 PPP 基金,研究出台"以奖代补"措施,符合条件的示范项目将优先获得支持。

财政部

2015 年 6 月 25 日

附件

_____项目采用 PPP 模式的初步方案

一、项目基本情况

包括但不限于项目名称、类型(在建或建成)、地点、联系人;项目建设的必要性、前期工作合规性(可研、环评、土地等)、技术路线、所处阶段(申报、设计、融资、采购、施工、运行)、开工和计划完成时间;总投资及资本构成、资产负债、股权结构、融资结构及主要融资成本、收益情况(总收益、收入来源、收费价格和定价机制);政府现有支持安排、社会资本介入情况(如有);纠纷情况(如有)等。

二、可行性分析

包括但不限于对本通知要求满足情况的分析、行业主管部门和融资平台意愿、项目对社会资本的吸引力分析、债权人转换配合意愿及担保解除可能性等。

项目采用 PPP 模式要进行"物有所值"定性分析,重点关注 PPP 与政府传统采购模式相比能否增加供给,优化风险分担,降低项目全生命周期成本,提高运营效率,促进创新和竞争。

三、初步实施安排

包括但不限于政府和社会资本的权利义务、风险分担、PPP 运作方式、投融资结构、政府配套安排、合同期限、收益回报方式、收费定价调整机制、财政可承受能力评估、合作伙伴选择方式、项目公司(SPV)设立情况等。

四、财务测算

包括但不限于投资回报测算、现金流量分析、项目财务状况、项目存续期间政府补贴情况等。

附录 3　汉英对照经济评价基本术语

1	备择方案（alternative option）
2	备选方案（option）
3	备选方案评估（option appraisal）
4	备选方案价值（option value）
5	标准换算系数（standard conversion factor，SCF）
6	不可外贸货物（non-tradable goods）
7	补贴（subsidy）
8	不变价格（constant price）
9	财务净现值（financial net present value，FNPV）
10	财务可持续性（financial sustainability）
11	财务补贴（financial subsidy）
12	财务分析（financial analysis）
13	财务内部收益率（financial internal rate of return，FIRR）
14	财务效益费用分析（financial benefit-cost analysis）
15	财务价格（financial price）
16	财务效益（financial benefit）
17	货币的时间价值（time value of money）
18	成本有效性分析（cost effectiveness analysis）
19	成本回收（cost recovery）
20	残值（residual value）
21	陈述偏好（stated preference）
22	出口平价（export parity price）
23	偿债备付率（debt service coverage ratio，DSCR）
24	等价年度费用（equivalent annual cost）
25	到岸价格（cost insurance & freight，CIF）
26	非外贸产出和投入（non-traded output and input）
27	费用效果分析（cost effectiveness analysis，CEA）
28	非外贸货物（non-traded goods）
29	费用效益分析（cost benefit analysis，CBA）
30	风险分析（risk analysis）
31	费用效果比（cost effectiveness ratio）
32	分配分析（distribution analysis）
33	福利费用（welfare cost）
34	福利效益（welfare benefit）
35	公共产品（public goods）
36	供给价（supply price）
37	规模经济（economies of scale）

38	国民收入平减指数（GDP deflator）
39	耗减补偿（depletion premium）
40	核算单位（unit of account）
41	环境估价（environment valuation）
42	环境可持续性（environment sustainability）
43	官方汇率（official exchange rate，OER）
44	换算系数（conversion factor）
45	汇率溢价（foreign exchange premium）
46	环境卫生（environment sanitation）
47	或有估价法（contingent valuation method，CVM）
48	机会成本（opportunity cost）
49	基准收益率（hurdle cut-off rate）
50	计算单位（numeraire）
51	价格扭曲（price distortion）
52	价格指数（price index）
53	交叉补贴（cross-subsidization）
54	加权平均资金成本（weighted average cost of capital，WACC）
55	接受补偿意愿（willingness to accept，WTA）
56	交易费（transaction costs）
57	进口平价（import parity price）
58	经济补贴（economic subsidy）
59	经济费用（economic cost）
60	经济分析（economic analysis）
61	经济规模（economies scale）
62	经济价格（economic price）
63	经济评估（economic appraisal）
64	经济净现值（economic net present value，ENPV）
65	经济内部收益率（economic internal rate of return，EIRR）
66	经济生存能力（economic viability）
67	经济寿命（economic life）
68	经济效率（economic efficiency）
69	经济效益（economic benefit）
70	经济资源（economic resource）
71	净现值（net present value，NPV）
72	矩阵方法（matrix approach）
73	口岸价（border price）
74	离岸价格（free on board，FOB）
75	临界点（也称转换值）（switch value）
76	利息备付率（interest coverage ratio，ICR）
77	劳动力机会成本（opportunity cost of labor）
78	敏感性分析（sensitivity analysis）
79	敏感性指标（sensitivity indicator）
80	名义价格（nominal prices）

续表

81	年金化值（annuities value）
82	内部收益率（internal rate of return，IRR）
83	平均增量财务费用（average incremental financial cost，AIFC）
84	平均增量成本（average incremental cost，AIC）
85	平均增量经济费用（average incremental economic cost，AIEC）
86	评估（appraisal）
87	评价（evaluation）
88	权益资金（equity）
89	人力资本法（human capital method）
90	融资主体（financing entity）
91	时价（current price）
92	时间偏好率（time preference rate）
93	实际汇率（real exchange rate）
94	实际价格（real prices）
95	实际价值（real value）
96	实物量（volume terms）
97	使用价值（use value）
98	世界价格（world price）
99	私人融资（private financing）
100	替代（substitution）
101	通货膨胀率（inflation rate）
102	外部效果（也称外部性）（externalities）
103	外贸货物（traded goods）
104	外贸投入和产出（trade input and output）
105	土地的机会成本（opportunity cost of land）
106	无项目（without-project）
107	无形的（intangible）
108	显示偏好（revealed preference）
109	现存价值（existence value）
110	息税前利润（earnings before interest and tax，EBIT）
111	效果费用比（effectiveness cost ratio）
112	现金流出（量）（cash outflow，CO）
113	现金流（量）（cash flow，CF）
114	现金流入（量）（cash inflow，CI）
115	现值（present value，PV）
116	相对价格作用（relative price effect）
117	项目备选方案（project option）
118	项目框架（project rramework）
119	消费者剩余（consumer surplus）
120	项目周期（project cycle）
121	需求价格（demand price）
122	需求曲线（demand curve）
123	意愿调查评估法（contingent valuation）

124	要求回报率(required rate of return,RRR)
125	隐含价值法(hedonic method)
126	盈亏平衡点(break-even point)
127	影响陈述(impact statement)
128	影子汇率(shadow exchange rate)
129	影子工资系数(shadow wage rate factor,SWRF)
130	影子汇率系数(shadow exchange rate factor,SERF)
131	影子价格(shadow price)
132	影子工资率(shadow wage rate,SWR)
133	有项目(with-project)
134	预备费(contingency allowance in an estimate)
135	预备费(contingency)
136	增量产出(incremental output)
137	增量投入(incremental input)
138	增量效益(incremental benefit)
139	债务资金(debt)
140	折旧(depreciation)
141	折现(discounting)
142	折现率(discount rate)
143	支付能力(ability-to-pay,ATP)
144	终值(final value,FV)
145	资产负债率(liability on asset ratio,LOAR)
146	资金的财务机会成本(financial opportunity cost of capital,FOCC)
147	支付意愿(willingness to pay,WTP)
148	准股本资金(quasi-equity)
149	转移支付(transfer payment)
150	资本金(equity)
151	资本化价值(capitalized value)
152	资本金净利润率(return on equity,ROE)
153	资源成本(resource cost)
154	总投资收益率(return on investment,ROI)
155	最低可接受收益率(minimum acceptable rate of return,MARR)

注:按首字汉语拼音排序。